가치평가와 투자비법

Valuation & Investment Secret

가치평가와 투자비법
Valuation & Investment Secret

초판 1쇄 발행 2016년 12월 1일

지은이 한국M&A거래소
펴낸이 장길수
펴낸곳 지식과감성#
출판등록 제2012-000081호

디자인 김수진
편집 이현, 이다래
교정 이규재
마케팅 고은빛

주소 서울시 금천구 가산동 60-5 갑을그레이트밸리 B동 507호
전화 070-4651-3730~4
팩스 070-4325-7006
이메일 ksbookup@naver.com
홈페이지 www.knsbookup.com

ISBN 979-11-5961-345-6(13320)
값 19,500원

ⓒ 한국M&A거래소 2016 Printed in Korea

잘못된 책은 구입하신 곳에서 바꾸어 드립니다.
이 책의 전부 또는 일부 내용을 재사용하려면 사전에 저작권자와 펴낸곳의 동의를 받아야 합니다.

이 도서의 국립중앙도서관 출판예정도서목록(CIP)은 서지정보유통지원시스템
홈페이지(http://seoji.nl.go.kr)와 국가자료공동목록시스템(http://www.nl.go.kr/kolisnet)에서
이용하실 수 있습니다. (CIP제어번호 : CIP2016028180)

홈페이지 바로가기

9종 가치평가 엑셀 프로그램 별매!

기업가치평가는 가치경영의 일환이자 측도이며
이해관계자에게는 신뢰와 믿음을 주고
기업에게는 자신감으로 위기관리능력을 높이는 효과가 있다

가치평가와 투자비법

한국M&A거래소 지음

Valuation & Investment Secret

발간사

본 서는 기업가치, 기술가치, 엔젤 및 벤처가치, 저작권가치, 투자 포트폴리오, 브랜드가치, 제품가치, 신용가치, 공정가치로 나뉘어 각 파트 별로 분야별 가치평가의 개요와 프로세스방법, 사례, 보고서작성 등에 대해 서술하였다.

기업경영은 경영에 필요한 많은 팩터(Factor)들을 다뤄야 하지만 그 결과는 그 조직의 가치로 평가 받는다. 그 기업의 수익성, 성장성, 경쟁성, 윤리성 그리고 비전과 전략 등 모두가 결국 그 기업의 가치증감에 귀결된다는 것이다.

다시 말해서 한 기업의 경영성과 및 사업비전은 일정시점의 기업가치가 얼마이냐 와 일정기간 이후에 가치가 얼마나 증대하고 있느냐와 같은 맥락의 의미이다.

한국M&A거래소(KMX)는 M&A을 진행 하는 동안 매도기업에 대해 매도자와 매수자간에 많은 인식의 차이가 있다는 것을 경험해 왔다.

가장 중요한 차이는 M&A(매도)기업에 대해 매도자가 생각하고 있는 기업가치와 매수자가 생각하고 있는 기업가치에 큰 괴리가 있다는 것이고 이러한 차이를 상호 극복 못하면 인수합병 성사(M&A Deal)가 어렵다는 것이다.

그래서 한국M&A거래소(KMS)는 그 동안 기업의 가치평가에 대한 중요성을 인식하고, 객관적인 기준을 마련하여 진행해 왔으나 좀 더 많은 이해관계자들이 M&A 혹은 투자를 포함하여 다양한 목적과 분야에서라도 가치평가 전반에 대하여 객관적인 논리와 근거를 가지고 합리적으로 접근하고 확산하기를 바라는 마음으로 이 책을 발간하였다.

아무쪼록 이 책이 M&A전문가를 포함하여 회계사, 경영지도사, 경영컨설턴트 그리고 가치평가나 투자 및 M&A에 관심 있는 모든 분에게 참고서로 활용되어 객관적인 논리와 기준을 제시할 수 있는 이정표가 되기를 기대한다.

한국M&A거래소/한국M&A투자협회 회장 **이창현**

머리말

기업은 영리를 목적으로 하며 이익 없이는 존재가치가 없다는 것은 모두가 알고 있다. 그러나 이익 추구에만 매달리다 보면 마치 사랑하는 연인이 별 이유 없이 떠나게 되는 연애의 이치와 같이 고객과 수익도 점차 멀어져 가게 된다.

이제는 수익추구보다는 가치추구라는 새로운 패러다임으로 멀어져 가는 고객과 수익을 챙겨야 할 때이다.

현대의 기업경영은 표준화로 대량 생산하는 시대에서 제품에 개성을 입혀 주어야 하는 개성화 시대로 전환되었고, 이성적인 마케팅 기법에서 감성적인 마케팅 기법으로 바뀌면서 가치추구를 근저로 한 가치경영(Value Management) 시대에 진입하게 되었다.

수익경영이 수익성을 위해 사람이 돈을 버는 방식이라면 가치경영은 가치가 돈을 벌게 하는 방식으로 이겨 놓고 전쟁을 벌이는 선승구전(先勝求戰) 전략이자 이제껏 모르고 있었던 무형자산이 돈을 벌게 하는 새로운 경영방식이다.

우리가 몰랐던 일류기업과 이류기업의 차이가 바로 이것이며 기업이 얼마만큼의 무형자산을 가지고 얼마나 활용하는가에 따라 일류와 이류가 판가름된다고 보아야 한다.

무형자산(Intangible Assets)이란 회사의 신뢰도, 명성, 브랜드, 기업문화, 내부 시스템, 경영능력 및 역량, 상품개발력, 기술, 혁신력 등을 말하는 것으로 기업이 가지고 있는 고유한 지적 자산과 인적 자산을 총칭하는 것이다. 이러한 자산은 우리가 만질 수도 없고 볼 수도 없는 것으로써 회사의 재무상태표(Balance Sheet)에 기재되어 있지도 않은 숨어있는 자산인 것이다.

투자자 입장에서 보아도, 보이지도 않는 기업의 고유한 무형자산을 진정한 기업가치로 돌출시켜 인식하는 능력에 따라 일류투자자와 이류투자자로 갈라지는데, 성공적인 투자란 기업의 무형자산을 제대로 보고 평가하는 기술과 안목이 결정하는 것이다.

가치경영의 일환이자 측도로서 가치평가는 기업의 투자자와 이해관계자 모두에게 신뢰와 믿음을 주며 기업에게는 자신감과 자긍심을 가져와 줄 뿐 아니라 다양한 무형자산을 진정한 핵심가치로 떠오르게 해주는 역할을 한다.

기업의 모든 행위와 유·무형의 자산들은 모두가 그들만의 고유한 지적자산과 인적자산을 가지고 있다. 이러한 지적자산과 인적자산은 시장에서 검정되고 평가되는데 이러한 핵심가치를 찾아내어 적극적으로 활용하기 위해서도 먼저 가치평가가 선행되어야 하는 이유가 여기에 있다.

작금 한국산업계에서 요구되는 많은 유무형의 가치평가 중에서 비교적 기본이 되고 꼭 필요한 가치평가, 즉 기업가치, 기술가치, 브랜드 가치, 제품가치, 지적재산권(IP)가치 그리고 스타트업, 엔젤, 벤처기업가치 등을 선별하여 "가치평가와 투자비법"라는 제목으로 정리를 해보았다.

특히 각 가치평가에 대한 실전프로그램을 직접 개발하여 산업현장에서 흔히 접해 볼 수 있는 아래의 궁금증을 중심으로 쉽게 풀어 볼 수 있도록 9개 Part로 구성하고 시스템 프로그램을 부록에서 가치평가 도구상자(Valuation Tool Box) 안에 넣어 소개하였다.

① 내가 알고 싶은 회사의 기업 가치는 얼마나 될까?
② 기술가치는 어떻게 평가하며 어디에 활용할 수 있을까?
③ 스타트업, 엔젤, 벤처기업의 평가는 기존의 기업가치평가와는 어떻게 다르며 안전한 투자회수 방안은 없는가?
④ 지적재산권, 저작권 평가는 어떻게 하는가?
⑤ 투자성향에 따른 나의 투자 포트폴리오와 투자실적에 대한 투자분석은 어떻게 하는 것인가?
⑥ 브랜드란 무엇이며 기업의 브랜드 가치평가와 영업권평가는 어떻게 하는가?
⑦ 기업의 상품력, 제품 포트폴리오를 분석해 보고 평가해 볼 수 있는 방법은 없는가?
⑧ 기업의 신용평가는 어떠한 항목으로 평가하며 어느 등급이 있는가?
⑨ 한국 국제회계기준(KIFRS)에 있는 공정가치평가는 어떻게 하는 것인가?

경영지식은 책으로 전달이 가능하나 가치평가 실무는 실전에 부딪치면서 습득되는 것이다. 본 서에 있는 시스템 프로그램 사용법은 자전거 타기와 똑 같다. 자전거 탈줄 모를때는 처음에 넘어지고 균형을 잡기 힘들지만 배워놓으면 자전거 타기가 쉬운것과 마찬가지로 부록의 가치평가 실전 프로그램(가치평가 도구상자)은 그 실습과 활용을 통하여 단기간에 가치평가전문 지식 함양과 함께 전문평가인으로 입문시켜 줄 것이다.

한국산업에 꼭 필요하지만 시중에서 쉽게 찾을 수 없는 가치평가의 이론과 실제를 시스템으로 총 정리하여 소개함으로서 한국산업이 가치평가를 통하여 일상적으로 시장에서 인정받고 가치증진을 창출할 수 있는 계기가 되었으면 한다.

따라서 가치평가를 공부하고자 하는 사람은 누구나 쉽게 접근할 수 있고 한눈에 볼 수 있는 가치평가의 이론과 실제를 기업과 투자자의 입장에서 한국M&A거래소가 먼저 미력하나마 총대를 매고 산업현장에 제시한다.

향후 보완되고 업데이트되어 명실공히 가치평가의 바이블(Bible)로 인정받고 지속적으로 발전하여 산업전반에 걸쳐 가치평가업무에 이정표가 되었으면 싶다.

2016년 12월 대표집필 **강필종**

CONTENTS 목차

발간사　4
머리말　5

PART 01　기업가치평가

Chapter 01　기업가치평가학　12
Chapter 02　기업가치평가를 위한 기본정보 입력　32
Chapter 03　본질적 기업가치평가　40
Chapter 04　DCF 가치평가　42
Chapter 05　EBITDA 가치평가　44
Chapter 06　청산가치평가　45
Chapter 07　기업가치평가 보고서　47
Chapter 08　자료저장과 복구기능　51

PART 02　기술가치평가

Chapter 01　기술가치평가학　54
Chapter 02　기술가치평가를 위한 기본정보 입력　76
Chapter 03　기본정보로 작성되는 현금흐름표　78
Chapter 04　기술가치 예비평가와 사업화 타당성평가　79
Chapter 05　수익법 기술가치평가　85
Chapter 06　역사적 원가 기술가치평가　92
Chapter 07　로열티법 기술가치평가　94
Chapter 08　시장법 기술가치평가　101
Chapter 09　기술가치평가 보고서　106

PART 03 엔젤 및 벤처, 스타트업 가치평가

- Chapter 01 엔젤 및 벤처, 스타트업 투자가치평가학 112
- Chapter 02 엔젤 및 벤처투자 기본정보 입력과 가치평가표 Ⅰ 131
- Chapter 03 엔젤 및 벤처투자 비계량적 기본정보 입력과 가치평가표 Ⅱ 140
- Chapter 04 엔젤 및 벤처 단계별 투자 기본정보 입력과 가치평가표 Ⅲ 143
- Chapter 05 스타트업(Startup) 가치평가 기본정보 입력과 가치평가표 148
- Chapter 06 엔젤 및 벤처, 스타트업 가치평가 보고서 153

PART 04 저작권 가치평가

- Chapter 01 저작권 가치평가(Copyright Valuation)학 158
- Chapter 02 저작권 가치평가 기본정보 입력 167
- Chapter 03 저작물 가치평가표 170
- Chapter 04 저작물 가치평가 보고서 172

PART 05 투자 포트폴리오

- Chapter 01 투자 포트폴리오(Portfolio)학 176
- Chapter 02 투자 포트폴리오 기본정보 입력과 나의 투자 포트폴리오표 183
- Chapter 03 투자 포트폴리오 실적입력과 실적분석표 185
- Chapter 04 포트폴리오 투자정보 입력과 투자판단표 187
- Chapter 05 투자 포트폴리오 보고서 189

PART 06 브랜드 가치평가

- Chapter 01 브랜드 가치평가학 194
- Chapter 02 브랜드 가치평가 기본정보 입력 208
- Chapter 03 브랜드 및 영업권 가치평가표 212
- Chapter 04 브랜드 및 영업권 가치평가 보고서 215

PART 07 제품력 평가

- **Chapter 01** 제품력 평가학   218
- **Chapter 02** 제품 포트폴리오와 제품력 기본정보 입력   223
- **Chapter 03** 제품력 포트폴리오 도표(BCG)와 제품력 분석 도표   227
- **Chapter 04** 제품력 가치평가 보고서   229

PART 08 신용가치평가

- **Chapter 01** 신용평가학   232
- **Chapter 02** 신용평가를 위한 재무제표와 기본정보 입력   240
- **Chapter 03** 기업 경영분석비율표   243
- **Chapter 04** 종합경영 능력평가표   245
- **Chapter 05** 금융기관 신용평가표   246
- **Chapter 06** 기업공개(IPO) 신용평가표   248
- **Chapter 07** 회사채 금융등급 추정표   250
- **Chapter 08** 신용평가 보고서   251

PART 09 공정가치평가

- **Chapter 01** 공정가치   256
- **Chapter 02** 공정가치와 평가   260
- **Chapter 03** 공정가치와 무형자산   265

APPENDIX 시스템 프로그램

기업가치평가 시스템 프로그램(valuation) / 기술가치평가 시스템 프로그램(techvalue) / 엔젤&벤처 투자 가치평가 프로그램(venturevalue) / 저작권 가치평가 시스템 프로그램(copyright) / 투자 포트폴리오(Portfolio) 작성 프로그램(invporfolio) / 브랜드 가치평가와 영업권 평가 시스템 프로그램(brandv) / 제품 포트폴리오와 제품력 평가시스템 프로그램(productportfolio) / 신용평가 자가진단 시스템 프로그램(credit2) / 중장기 사업계획 시스템프로그램(BPM)

PART 01

기업가치평가
Corporate Valuation

- **Chapter 01**   기업가치평가학
- **Chapter 02**   기업가치평가를 위한 기본정보 입력
- **Chapter 03**   본질적 기업가치평가
- **Chapter 04**   DCF 가치평가
- **Chapter 05**   EBITDA 가치평가
- **Chapter 06**   청산가치평가
- **Chapter 07**   가치평가 보고서
- **Chapter 08**   자료저장과 복구기능

Chapter 01

기업가치평가학(Corp. Valuation)

1) 기업가치평가란 무엇인가

(1) 기업가치평가 정의

기업가치평가란 기업의 실체를 분석하고 그 기업이 가지고 있는 능력을 금액으로 환산하여 값을 매기는 경제적인 개념이며 무형가치와 지적재산권도 포함되어 있는 것으로 간주된다.

기업가치평가는 기업 내부적으로는 경영자가 창조가치를 위하여 지속적인 성장을 유도하는 유익한 촉매가 되며 대외적으로는 기업의 인수 합병 그리고 투자 유치 등에 요긴한 판단정보가 된다. 기업의 청산, 구조조정, 기업회생에서는 의사결정의 기준이 되는 것으로 가치평가는 기업가치를 측도하는 수단과 기준이 될 뿐 아니라 기업경영에도 필요하고 요긴하기 때문에 경제 산업계에서 점차 중요성이 대두되고 있다.

(2) 가치평가의 본질

a. 가치평가의 본성(Nature)은 무엇인가

가치평가에는 누구나 묵계적으로 인정하는 본성이 존재하고 있어 이러한 특성을 가치평가 원칙으로 정리해 보면 아래와 같다.

(1) 가치평가금액과 기업 매매가격은 다르다.
(2) 매매가격은 누구나 파악할 수 있지만 가치는 누구나 파악할 수 없다.
(3) 가치평가금액은 평가자에 따라, 목적에 따라, 시기에 따라, 그리고 여건과 환경에 따라 다르다.

(4) 가치평가는 통계와 수학을 동원하여 가능한 한 객관적인 이론으로 실시하여 가치를 추정하는 판단자료이지 절대적인 숫자가 아니다.
(5) 가치평가를 하기 전에 평가자와 의뢰자는 마음속으로 일정한 수준의 평가금액을 가지고 있다.

b. 기업가치 평가는 언제(When), 왜(Why) 실시하는가

(1) 인수합병(M&A)할 때 실시한다.
(2) 청산할 때 실시한다.
(3) 합작투자할 때 실시한다.
(4) 투자유치할 때 실시한다.
(5) 회생기업절차를 진행할 때 실시한다.
(6) IPO(기업공개)할 때 실시한다.
(7) 후계자 승계를 할 때 실시한다.
(8) 세무 및 증여나 기업 소송 시 세법에 따라 가치평가를 실시한다.
(9) 경영전략과 가치창출을 위하여 내부적으로 스스로 실시한다.

c. 기업가치 평가는 무엇을(What)을 대상으로 평가하는가

(1) 사업 전체
(2) 주식
(3) 부채
(4) 실물자산
(5) 영업권 등 무형자산
(6) 브랜드
(7) 기술
(8) 경영능력
(9) 신용
(10) 기타

d. 기업가치 평가는 어떤 방식(How)으로 가치평가에 접근할 것인가

접근방법에는 일반적으로 다음의 3가지 방법이 있는데 이를 가리켜 가치평가 3대 접근법이라 말하고 하며 모든 가치평가의 바이블(Bible)이 된다.

(1) 자산가치 접근방법은 장부가격 중심의 순자산가치를 기준으로 한 가장 보수적인 접근법이다.
(2) 수익가치 접근방법은 현재와 미래의 수익을 추정하고 현금흐름 할인법을 통하여 수익자본화를 응용한 접근법이다.
(3) 시장가치(상대가치) 접근방법은 유사기업의 시장가격을 비교하거나 시장에서 인정받는 가치를 활용하는 접근법이다.

e. 기업가치에는 어떠한 종류가 있는가

(1) 사업전체 역사적 원가가치
(2) 장부가치
(3) 실현가능 가치
(4) 현재가치
(5) 시장가치
(6) 청산가치
(7) 공정가치
(8) 투자가치
(9) 내재가치

f. 기업가치평가에 영향을 주는 주요 내용은 무엇인가?

기업가치평가는 재무제표와 회사의 소개자료 그리고 경영자와의 인터뷰와 시장조사 등 다각적인 방법에 의하여 평가를 실시하는데 직·간접적으로 영향을 주는 14가지 가치평가 항목을 열거하면 아래와 같다.

(1) 수익률과 잠재수익률
(2) 성장률과 잠재성장률
(3) 미래 수익성과 수익의 지속성
(4) Owner 회장(사장)의 영향력과 의존도
(5) 임직원 구성과 능력
(6) 제품의 가격수준과 경쟁력
(7) 제품의 수익성과 포트폴리오
(8) 기술력과 개발능력
(9) 시장의 경쟁력과 경쟁 업체와의 경쟁력
(10) 사업의 안정성
(11) 운영자금 및 투자자금의 조달과 재원
(12) 지역의 독점성
(13) 자산의 건전성
(14) 고객분포도와 고객의 의존도

g. 기업가치평가에 참고하여야 할 비법이 있다.

만일 기업가치평가에 대하여 가장 실무적이고 실전적인 비법이 무엇이냐고 묻는다면 아래의 7가지가 참고하여야 할 실무비법이다.

(1) 비정상적인 항목을 파악하라
(2) 자료의 정확성, 회계의 투명성과 일관성을 확인하라
(3) 소송, 법률적인 하자, 부실자산과 채권유무를 조사하라
(4) 비지니스 모델이 무엇인지 파악하고 타 업체와 비교해 보라
(5) 경영자의 역량과 마케팅 전략을 검토하라
(6) 사업계획의 수익성과 현금흐름을 분석하라
(7) 가능한 간단한 평가방법을 선택하라

h. 기업가치평가는 누가 실시하는가?

(1) 기업가치 평가 전문기관
(2) 기업인수 합병 중개회사와 컨설팅 회사
(3) 컨설턴트
(4) 신용&기술보증기금, 은행, 증권회사
(5) 기업 내에서 자체평가

(3) 기업가치평가 진행도

기업가치평가의 정의와 본질을 간략히 도표로 압축해 보면 아래와 같은 진행도가 만들어진다. 이제 기업가치평가는 어떻게 진행되고 실시되는지 그 흐름을 화살표 방향으로 연관시켜 생각해 보자.

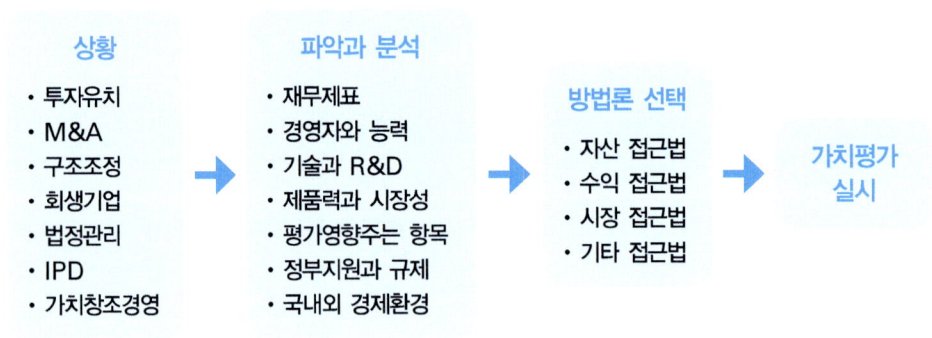

선택된 방법론으로 실시된 가치평가는 기업의 순자산가치와 비교해 보면 다양하고 재미있는 차이를 알 수가 있다.

기업의 가치는 기업의 자산성과 수익성 그리고 경영능력 등이 모두 포함되고 시장의 상대가치까지 반영하고 있기 때문에 기업의 장부상에 나타나는 순 자산가치보다는 많은 것이 일반적이고 그 차이는 기업의 영업권 혹은 브랜드 가치 혹은 기술력 등 여러 형태로 기여된 것이다. 필요하다면 기여된 가치를 세분하여 별도로 평가해 나가기도 한다.

가치평가에는 공정성이 담보되어야 함은 말할 것도 없고, 시장에서 그 평가된 가치대로 누가 얼마의 금액을 지불하고 그 기업을 인수할 수 있겠느냐? 라는 의문을 가져보는 것이 공정한 가치평가를 위하여 한번 쯤 재고할 필요성이 요구된다.

2) 기업가치평가방법에 활용되는 방식(Method)은 무엇이 있나

기업가치 평가방법은 다양하고 많으나 일반적으로 가장 빈번히 쓰이는 방식은 아래와 같으며 그 중에서도 1), 2), 3) 방식을 제외하고는 비상장 중소기업가치평가에는 거의 활용되지 않고 있다.

(1) 기업공개 시 적용되는 본질가치법(유가증권평가법)

기업공개 시의 기업가치평가공식은=(본질가치+상대가치) /2이며, 본질가치는 자산가치와 수익가치를 2:3의 비중으로 가중치를 두어 계산하는 것이 일반적이지만 필요에 따라 달리할 수도 있다.

(2) 현금흐름에 의한 기업가치 평가법(DCF법)

현금흐름을 기준으로 현재가치를 할인 계산하여 기업의 가치를 평가하는 방법으로 IMF 이후 현금흐름에 의한 평가가 현실적으로 대세가 되어 현금흐름창출능력 기준으로 기업가치평가의 척도가 된다.

(3) EBITDA에 의한 기업가치 평가

이론상으로 영업이익에다 법인세 및 상각비를 합산한 것이 EBITDA이며 EBITDA의 몇 배수를 기업평가에 반영하는지가 관건이다. 통상 업종과 상황에 따라 크게 차이가 날 수 있어 4배수에서 10배수가 일반적으로 적용하는 배수의 범위이다. 물론 20배수, 30배수 이상으로 하는 경우도 있다.

(4) LBO(Leverage Buy Out)법

LBO는 채무인수 합병으로서 인수 후 피인수회사의 자산을 담보로 대출을 일으키거나 자산을 매각하여 인수자금을 확보하는 것으로 한국에서는 대법원 판례에 따라 일부 LBO 거래형태가 불법으로 판단하고 있다.

(5) RIM(Residual Income Model)법에 의한 가치평가

잔여기간 가치평가법이란 주당 장부가액을 중심으로 미래수익률과 성장률에 따른 잔여이익을 산출하여 주당 장부가액에다 합산하는 것으로서 공식은 다음과 같다.
RIM=주당 순자산가치+((자본 수익률−자본 비용률)/(자본 비용률−성장률)×(주당 순자산가치))

(6) 주가배수 모형법에 의한 기업가치평가

상대가치평가법의 한 종류로 주가배수모형은 현재 주가를 주요 주당 변수로 나눈 값을 기준으로 하여 유사기업이나 경쟁업체의 주가배수와 상호 비교하여 높은 배수, 낮은 배수 그리고 평균 배수를 고려한 후 적정한 배수로 적합한 기업가치평가를 하는 것이다.

(7) 배당할인모형법에 의한 기업가치평가

현재의 배당금에서 성장률을 반영하여 미래의 배당금을 산출하고 미래의 배당금을 요구수익률에서 성장률을 뺀 퍼센트(%)로 나누면 주식의 현재 가치가 되는 기업의 가치평가방식이다.

(8) 옵션가치모형법에 의한 기업가치평가

옵션가치평가법은 증권이나 금융거래에서 사용하는 옵션가격 결정 모형을 실물자산의 가치평가에 적용하는 것이다.

(9) 기타

고든법, 초과이익 자본가치평가법, 블랙−숄즈모형법 등이 있으나 비상장 기업의 중소기업 가치평가에는 실제 사용하지 않는다.

아직 한국에는 국가가 공인한 가치평가전문기관이나 가치평가 전문인 제도가 없다. 기업가치평가협회가 있고 국제적인 평가기관의 한국지사도 있지만 평가에 대한 공신력과 정확성을 어느 기관이 가지고 있는가 판단하기에 어려운 게 현실이다.

왜냐하면, 기업가치평가란 워낙 주관성이 강하고 경우의 수가 많아 가변성이 너무 큰 데다가 가치평가의 역사가 짧아 아직 체계적인 시스템이 공인되어 있지 못하고 있기 때문이다.

따라서 기업가치평가는 지속적으로 시장사례를 집대성하여 합리적이고 과학적인 평가가 이루어지도록 산업별, 업종별로 세분화되어 특성에 부합될 수 있는 최선의 표준화 평가툴(시스템)이 국가 차원의 지원하에 연구되고 개발되어야 한다. 머지않은 장래에 가장 과학적이고 합리적이며 정확한 기업가치평가 제도가 정립되기를 기대해 본다.

3) 기업가치평가에 자주 쓰이는 용어들은 무엇인가

가치평가에 대한 전반적인 이해를 위해서는 이미 다 알고 있는 용어와 내용일 수 있지만 한 번 더 되새기는 의미로 용어를 정리할 필요가 있다.

용어는 기업가치평가를 위한 1) 기본용어와 2) 전문 용어로 편의상 구분하여 설명하였으니 숙지하시기 바라며 간략한 설명이 미흡하여 충분한 이해가 되지 않는 경우는 별도로 정보바다(인터넷)에서 참조하시기 바란다.

(1) 기업가치평가를 시작하기 전에 알아야 할 기본용어

1. 순자산

순자산이란 자산총액에서 부채를 뺀 것을 말한다. 결과적으로는 총자본(총자산)에서 타인자본을 뺀 자기자본액과 같은 의미가 된다.

2. 총자본(총자산)

총자본은 재무상태표의 대변 합계액이며 총자산은 차변 합계액으로 상호 일치하거나 동일한 금액의 의미를 지니고 있다.

3. 처분자산 예상손실액

기업의 청산이나 처분 혹은 매각 시에 시장에서 매각될 수 있는 시장가격과 장부상의 자산가격의 차이를 말하는데 만일 시장가격이 더 높다면 처분자산은 손실이 아닌 예상처분 수익액이 될 것이다.

4. 차입금

차입금은 회사의 대내외 기관이나 개인에게 차입한 금액을 말하며 주로 금융기관으로부터 차입한 금액을 말한다.

5. 자기자본(자본금)

자기자본은 자본금에다 그동안 영업을 통해 축적된 이익잉여금과 자본거래에서 수반된 자본잉여금 및 각종 잉여금을 합친 금액이다. 총자본에서 타인자본을 뺀 금액과도 같다.

6. 주식발행 총수

회사가 현재까지 실제적으로 발행된 주식 총수량을 말한다.

7. 현금및 현금성 자산

회사가 보유한 현금과 단기성 혹은 유동성 예금을 말한다. 장기적으로 묶여 있는 장기성 적금이나 별단예금 혹은 예탁성 예금은 포함되지 아니한다.

8. 유동부채

부채 중에서 1년 미만이거나 단기성의 채무를 말한다. 대표적인 것이 매입채무와 미지급금이 있다.

9. 영업이익(Operating Profit)

영업이익이란 기업의 순수 영업성적을 나타내는 손익으로서 가장 중요한 경영성과 지표가 된다. 매출 총이익에서 영업비와 일반관리비를 공제한 후의 금액이다.

10. 세후 영업이익

세후 영업이익은 영업이익에서 법인세 등을 공제한 후의 금액이다.

11. 법인세

법인세는 국내 법인세법에 따라 부과되는 국세로서 중소기업과 대기업의 분류에 따라 다르게 적용되지만 일반적으로 약 22.5%에서 상하로 움직인다.

12. 세전 이익
세전 이익은 영업이익에서 이자와 영업외손익을 가감한 후의 경상이익을 말한다.

13. 순이익
순이익은 세전 이익에서 법인세를 공제한 후의 금액을 말한다.

14. 이자율(%)
이자는 금융거래의 핵심이자 금융고객과의 연결고리 지표이다.
이자율은 수신금리와 여신금리로 대별되며 기업이나 고객 입장에서는 예금금리와 차입(대출)금리로 구별된다. 예금과 대출에도 종류가 많고 금리도 다양하기에 어떤 금리를 적용할 것인가는 쉽지가 않다. 금리는 주로 신용에 의거 변동되어 적용되지만 수신금리(예금 금리)는 그 변동폭이 크지 않지만 여신금리(차입금리)는 신용과 기업평가, 담보유무 등 상황에 따라 그 변동폭이 적지 않다.

15. 지급이자
지급이자는 회사의 차입금과 사채에 대하여 지급되는 이자액을 말한다. 회사의 지급이자율을 산출할 때에는 차입금 전체에 대한 가중평균값으로 이자율을 산출한다.

16. 감가상각비
감가상각비는 회사의 유형자산을 내용연수로 나누어 상각하여 비용화되는 자산을 말하며 방법에는 정율법과 정액법이 있다.

17. 운영자금(Working Capital)
운영자금이란 당기의 유동자산과 유동부채를 전기와 비교하여 증감된 차이액을 합산한 것으로 유동자산의 증가는 보유자금의 감소를 유동부채의 증가는 보유자금의 증가를 말하는 것이다. 업종과 경영상태에 따라 운영자금으로 인하여 자금이 부족할지 아니면 자금이 잉여가 될지 판단하기 위하여 운영자금을 아래와 같이 산출한다.

− 매출채권금 증감액

− 재고자산 증감액

− 기타 유동자산 증감액

+ 매입채무 증감액

+ 기타 유동부채 증감액

―――――――――――――――――――――――

운영자금 합계(합계가 −운영자금 증가(자금부족), +이면 운영자금 감소(자금잉여)

18. 영업 현금흐름

현금흐름계산은 일반적으로 세후 영업이익에다 감가상각 및 대손 상각을 합치고 운영자금을 반영시켜서 만드는 것이다.

+ 세후 영업이익

+ 감가상각 & 기타 상각

+ 운영자금(Working Capital)

―――――――――――――――――――――――

= 영업 현금흐름(Cash Flow from Operation)

19. 순(잉여) 현금흐름

현금흐름에다 투자(Capital Expenditure)를 반영한 현금흐름을 말하며 이것이 순 현금흐름이 된다.

+ 세후 영업이익

+ 감가상각 & 기타

+ 운영자금(Working Capital)

−자본적 지출(Capital Expenditure)을 포함하여 투자 및 재무 활동으로 인한 지출.

―――――――――――――――――――――――

= 순(잉여) 현금흐름(Free Cash Flow)

20. 할인된 현금흐름

현금흐름을 현재가치로 할인한 것을 말한다.

공식은 =현금흐름 x(1 − 할인률)^기간

(2) 기업가치평가에 사용되는 전문용어

1. 추정평균성장률

기업은 영속적인 영구 기업을 가정한다. 프로젝트 기간을 정하였을 경우 그 기간 이후에도 지속적으로 기업은 영위되고 영업 및 수익창출과 현금흐름은 계속된다고 볼 수 있다.

추정평균성장률이란 프로젝트기간이나 일정 기간이 종료되는 시점에서 그 이후 기업은 어느 정도 성장을 할 것인가를 예측하는 것으로 통상 매출이나 영업이익의 증가율로 추정해 볼 수 있다. 성장률은 프로젝트 기간 동안의 평균 성장률을 그대로 사용하여도 되고 국내외 경제동향과 기업의 현실을 감안하여 조정하여 적용하여도 된다.

2. 프로젝트 기간(n)

프로젝트 기간의 의미는 다양하게 해석되고 적용될 수 있다. 일반적으로 프로젝트 기간은 사업평가에 적용되는 기간을 말하는 것으로 통상 5년 혹은 3년~12년 범위 내에서 정해진다.

3. 신규 프로젝트 투자액

프로젝트에 투입되는 총금액을 말하는 것으로 투자액은 기대되는 투자수익으로 적절한 기간 내에 회수되어야 하는 본성을 가지고 있는 것이 신규 프로젝트 투자액이다.

4. 기술 사용 기간

기술 사용 기간은 기술가치평가에서 고려해야 할 기간으로 기술의 특허기간이나 기술 수명 혹은 실제적인 기술이 유효한 차별화된 적용 기간을 말한다.

5. 할인률(%)

할인률이란 기업가치평가나 현재가치 계산을 포함하여 모든 금융 및 분석에 절대적으로 필요한 것으로 금융기관의 차입금 금리 수준이거나 최소한도의 기대수익률일 수가 있지만 투자자가 기대하는 수익률이거나 공정한 시장금리에서 선택하여 정하는 것이 일반적이다.
평가목적에 따라 회사의 자본 비용에다 법인세혜택분을 반영시키고 위험가능성의 요인(Factor)를 추가로 반영시켜 할인률을 산출하는 방법도 있다.

6. 환원율

한국의 IPO 시장 진입 시 기업가치와 주식가격을 산정하는 기준으로 환원율을 사용한다. 환원율은 기업의 재산가치와 수익가치를 산출하는 과정에서 수익가치를 할인률로 나누어 계산하는데 할인률의 계산근거 및 방식을 설명하기 위하여 도입된 것이다.

미국에서는 Discount Rate라고 표시하는데 한국은 통상 정기예금 이자의 2~3배수의 이자율을 적용하여 환원율이라고 한다.

그러나 평가대상 회사와 경제 및 금융시장에 따라 그 배수를 조정할 수 있으며 투자자 보호 명분을 앞세울 경우는 그 배수를 조금 높게 책정하여 투자를 유치하게 된다.

환원율이 높을 경우 기업가치평가가 내려가서 그만큼 투자액이 줄어들 수 있고 환원율이 낮을 경우는 그 반대의 현상이 일어난다..

7. 리스크 프리미엄률(%)

WACC(가중평균 자본 비용)계산에 요구되는 율로 해당 산업이나 기업 투자 시에 고려되는 리스크를 자본 비용에 반영시키기 위하여 위험도를 보상하는 비율을 정하는 것이다. 국가와 산업에 따라 그 율이 다르지만 일반적으로 5~6% 정도의 프리미엄률을 정하는 게 일반적이다.

8. 개별 신용평가위험계수

투자는 항시 리스크가 따라오게 되어 있어 그 리스크에 대한 보상 심리로 리스크 프리미엄률을 감안하여 투자자 기대수익률을 생각하게 되고, 더 나아가 해당기업의 신용평가 위험계수도 생각해 보게 된다.

해당 투자기업의 신용평가나 위험을 고려하여 리스크를 감안하면 얼마가 적절한 보상계수인지를 산정해 보는 것이다. 통상 2~3의 계수범위 내에서 결정한다.

9. 정기예금(안전자산) 수익률(%)

리스크가 전혀 없는 안전자산의 수익률로 일반적으로 정기예금 혹은 국공채와 외평채에 대한 이자율 또는 시장에서의 유통 수익률을 말한다.

10. 가중치──수익가치/자산가치

유가증권법의 본질가치 평가는 수익가치와 자산가치를 합산하여 평균을 내는 것으로 그 반영되는 비율을 가중치로 표시하는 것이다. 일반적으로 수익가치 3와 자산가치 2을 가중치로 한다.

11. 개별기술강도점수(%)

기술가치평가에 요구되는 용어로서 보유한 기술을 법적인 측면에서 보호받고 인정받는 기술과 상업적인 측면으로 시장에서 인정받고 평가받을 수 있는 기술로 나뉘어 평가하고 합산 하여 점수(%)를 매기는 것이다.

물론 기술가치평가를 다르게도 평가할 수 있지만 개별 기술강도평가 방법이 비교적 쉽고 보편적인 방식 중의 한 방법이다.

12. 산업평균 기술 요소율(%)

기업가치는 일반적으로는 기업의 순자산가치보다 많다. 그 순자산가치보다 많은 차이액이 기업의 영업능력, 상표(Brand), 기술의 가치로 간주될 수 있는 기업 무형가치이다. 기업 무형가치 중 기술가치로서의 비중은 얼마나 되는지를 산출한 값이 바로 기술 요소율이다. 기업마다 기술 요소율은 다를 수 있으나 해당 산업에 속해 있는 기업들의 기술 요소율을 평균하면 산업평균 기술 요소율이 되는 것으로 그 산업평균 기술 요소율은 대략적으로 평균하면 40%~80% 내에서 통상 결정된다.

13. 기술 기여도

기술 기여도는 상기에서 설명한 개별기술강도 점수에다 산업평균 기술 요소율(%)을 곱하면 기술기여도가 산출된다.

14. 청산기업 Owner비용

기업의 대주주가 회장 혹은 사장인 경우에 Owner의 비용은 만만치 않다. 만일 이 기업이 청산되거나 매각되어 계속 기업으로 운영될 경우에는 향후 기업의 운영경비는 이러한 비용 지출을 절감할 수 있으며 향후 수익가치는 이러한 비용절감으로 인한 수익증가를 기대해 볼 수 있다. 이러한 비용지출을 청산기업 Owner비용이라고 한다.

15. 재평가된 순자산가치

기업의 청산 혹은 매각인 경우 자산가치를 시장가격으로 재평가하여야 할 필요성이 대두된다. 자산의 시장가격 즉 매각될 수 있는 가격으로 재평가한 것을 재평가된 순자산가치라고 한다.

16. 재평가된 수익가치

기업의 청산 혹은 매각인 경우 회사를 인수하여 운영한다는 계속 기업의 가정하에서 미래 수익성을 재평가할 필요가 있다. 특히 전 경영자나 Owner의 과도한 비용들을 파악하여 절감할 부분과 구조조정으로 인한 절감항목을 고려하여 수익가치를 재평가하는 것이다.

17. 할인된 재평가 수익가치

재평가된 수익가치는 미래의 추정치이기에 현재가치로 할인을 한 것을 할인된 재평가 수익가치라고 한다.

18. EBITDA

EBITDA(Earnings Before Interest, Tax, Depreciation and Amortization)란 감가상각 및 대손상각, 이자 세금 전의 이익을 말하는데 산출 방법은 순이익에서 이자, 세금 그리고 감가상각을 합산하는 일반적인 방법과 영업이익에서 감가상각비만을 합산하는 간편 방법이 있다.

19. EBITDA 배수

M&A나 기업 평가 시 EBITDA의 몇 배수로 주고 받을 것인가를 단순하게 결정하여 기업가치를 정하는 것이 EBITDA 평가방법이다. 그 평가방법에 가장 중요한 것이 EBITDA 배수

이며 통상 4~12에서 결정되는데 간혹 우량기업이나 정략적인 매입인수에서는 20배까지 가는 경우도 있다.

20. EBITDA 가치평가

EBITDA에다 EBITDA 배수를 곱하고 회사의 현금과 예금을 더하고 나서 금융부채(차입금)을 공제하면 EBITDA 기업평가가치가 되는 것이다.

국내에서는 많이 사용하고 있지 않지만 미국이나 유럽에서는 많이 쓰이고 있는 방식으로 계산이 간단하고 편리한 장점이 있지만 회사의 부실자산이나 숨겨진 기업실체를 파악할 수 없다는 단점이 있다.

21. 주식가치평가

총 기업가치에서 발행주식 총수를 나누어 주당 주식가격을 산출한다. 시장에서 실제 거래되는 주식가격과 비교하여 주당 주식가격이 과대 혹은 과소 평가되었는지 검증할 수 있다.

22. 가중평균 자본 비용(WACC)

자본은 자기자본과 타인자본으로 구성되어 있고 이러한 자본조달에 대한 비용을 가중평균값으로 계산한 것이 자본 비용이다.

타인자본은 외부에서 차입한 금리나 회사채의 금리가 되며 자기자본을 무위험 수익률에다 위험프리미엄이 합쳐진 수익률을 말한다.

다른 뜻으로는 투자자의 기대수익률이 되기도 한다. 타인자본금리와 자기자본금리의 산술평균 값이 가중평균자본 비용이라고 한다.

23. 자기 자본 비용

자기자본(Equity)이란 회사의 자본금과 잉여금을 말하며 주주의 몫을 말한다.

자기자본 비용이란 주주의 몫인 자본금에 대하여 주주가 요구하는 기대수익을 자본 비용이라고 할 수 있으며 구체적으로 설명하면 은행예금을 통한 가장 안전한 수익률에다 투자로 인하여 발생할 수 있는 위험비용을 합친 금액이기도 하다.

24. 타인 자본 비용

타인자본 비용이란 타인에게서 차입한 자금에 대하여 지출되는 금융비용을 말한다.
회사는 회사채를 발행할 수도 있고 금융기관에서 차입을 하기도 하고 관계회사로부터도 자금을 빌릴 수 있는데 이에 따른 금융비용, 즉 지급이자를 말하기도 한다.

25. 유가증권법에 의한 본질가치평가

자산가치와 수익가치를 합하여 가중평균을 내는 것이 본질가치평가이다. 본질가치에다 시장의 동종업체에 대한 주식가격을 비교하여 상대가치를 반영하면 보다 적합한 기업가치평가가 이루어진다.

26. 수익가치

세후 순이익을 발행주식 총수로 나누면 1주당 수익가치가 산정된다.
세후 순이익은 매년마다 상이하기에 산출하고자 하는 각 회계연도에다 가중치를 두어 산술평균을 내어 평균 세후 순이익을 계산하고 발행주식 총수를 나누면 된다. 가중치는 현재 연도를 가장 높게 주고 현재에서 멀어질수록 낮은 가중치를 두어 계산하는 것이 일반적이다.

27. 자산가치

자산가치란 순자산을 발행주식 총수로 나누면 1주당 자산가치가 산정된다.
순자산은 총자산에다 총부채를 감하면 자기자본이 나오는데 자기자본이 순자산으로 간주된다.

28. 본질가치

본질가치란 수익가치와 자산가치에 의하여 산출된 1주당 가격을 수익가치와 본질가치에 가중치를 두어 산술평균으로 계산한 값이 본질가치이다.
가중치를 얼마로 하느냐가 관건이나 통상 자산가치를 1로 하면 수익가치를 1.5배수로 하는 것이 일반적이며 가중치가 본질가치에 큰 영향을 미친다. 물론 업종과 산업 혹은 경우에 따라 그 배수를 다르게 계산할 수가 있다.

29. 상대가치(동종업체)

기업가치평가에서 기업 고유의 자산과 수익을 분석하는 것도 중요하지만 기업이 시장에서 평가받는 시장가치도 큰 의미가 있다.

시장가치란 동종업체, 유사업체 혹은 경쟁업체가 시장에서 평가받거나 실제 거래된 시장가치를 분석하고 상호 비교하여 회사의 실제적인 시중가치를 유추 해석하는 것이며 다르게 표현하면 상대가치라고도 한다.

그 방법론은 동종업체나 유사업체의 주식가격과 PBR(주가 자산비율)이나 PER(주가 수익비율) 등을 분석하여 회사의 주식가격과 자산 및 수익률 배수를 비교하여 기업가치평가의 높고 낮음을 상대적으로 판단하는 것이다.

30. 잔존가치(Residual Value)

잔존가치란 추정기간 이후의 영업현금흐름을 기준으로 추정기간 종료시점에서의 영업현금흐름에다 성장률을 반영한 후에 자본 비용률 혹은 할인률로 나누어 잔존가치를 산출하는 것을 말하며 공식은 다음과 같다.

=(영업현금흐름×(1+성장률))/자본 비용률 혹은 할인률

31. 할인된 잔존가치

잔존가치를 할인률로 할인하여 현재가치를 산출한 것을 말하며 공식은 다음과 같다.

=잔존가치/(1+할인률)^기간

32. EBIT(Earnings Before Interest and Tax)

이자와 세금 전 순이익을 말한다

33. EVA

경제적 부가가치라고 하며 산출 공식은 다음과 같다.

경제적 부가가치(EVA)=세후 영업이익−자본 비용(WACC)

자본 비용(WACC)= 투하자본(IC) x 가중평균 자본 비용률

34. VA(Value Added)

부가가치라고 하며 산출 공식은 다음과 같다.
부가가치 = 매출−재료비−필수적인 직접 변동비

35. ROIC(Return On Invested Capital)

세후 영업이익을 투하자본으로 나눈 수익률을 말하는 것으로서 투하자본 수익률이라고 한다. 공식은 다음과 같다.
ROIC=세후 영업이익/투하자본(IC)

36. IC(Invested Capital)

투하자본 계산에는 영업자산 투하자본과 재무 투자자본으로 구분되나 영업자산의 정확한 구분이 쉽지 않아 일반적으로 재무 투하자본으로 계산한다.
투하자본은 총자본(총자산)에서 유동부채(단기 차입금 제외)를 공제하거나 혹은 자기자본에다 차입금을 합산한 것이 투하자본(IC)이 된다.

37. ROI(Return On Investment)

세후 영업이익을 투자액으로 나눈 율(%)을 말하며 투자에 대한 영업이익을 표시하는 수익률이다. 영업이익을 계산할 때 세전 영업이익을 적용하는 방법과 세후 영업이익을 적용하는 방법이 있으며 때에 따라 세전 영업이익으로 산출할 수도 있다.

38. 자본수익률(ROE)

자본 수익률이란 자기자본 수익률을 말하는 것으로 그 공식은 =순이익/자기자본으로 표시된다.

39. 주식 평가법

주식 평가법에는 상장회사 주식평가와 비상장회사 주식평가가 있다.
상장회사 주식평가는 주식의 시가가 바로 그 기업의 기업가치를 나타내는 것으로 PBR(주가자산비율), PSR(주가 매출액 비율), PER(주가 수익비율)을 분석하고 주당 가격이 주당자산, 주당매출액, 주당수익금의 몇 배수가 되느냐를 일정한 기준치를 정하여 상호 비교함으로써 저평가가 되었는지 아니면 고평가가 되었는지를 평가하는 것이다. 비상장회사 주식평가는 본장에서 배우게 된다.

40. NPV(Net Present Value)
현금흐름의 연도별 누계치에서 투자액을 차감한 것을 현재가치로 환산한 순 현재가치를 말한다.

41. PV(Present Value)
현금흐름을 현재가치로 환산한 것을 말한다

42. 내부수익률(IRR)
내부수익률(IRR)이란 미래에 발생될 수 있는 일련의 현금수입의 현재가치 합계액이 최초투자액과 일치되는 즉, 0이 되는 시점에 산출되는 할인률을 말한다.

43. 기간회수법(Pay Back Period)
최초 투자액이 현금흐름에 의거 회수되는 일련의 현금수입을 기준으로 투자 후 완전회수(100%)가 되는 시점까지의 기간을 중요시하는 것으로 투자결정에 필요한 방법론이다. 내부수익률은 회수되는 시점까지의 할인률을 산출하는 것이고 기간회수법은 그 기간을 산출하는 것이다.
자본적 지출일 경우는 일반적으로 투자액이 5년 이내에 회수하는 것을 선호한다.

44. Risk Adjusted Capital
투자에 대한 수익률을 평가 시 안전자산에 대한 투자와 위험자산에 대한 투자의 수익률을 같은 기준으로 평가할 수가 없는 것이며 같은 수익률일 경우 안전자산에 대한 투자 수익률을 보다 높게 평가할 수밖에 없다. 투자수익률에 위험요인에 대한 프리미엄을 붙여서 위험투자 수익률기준을 만들어 조정하는 것이다.

기업가치평가를 위한 기본정보 입력

1) 업체현황

부록의 시스템 프로그램에 있는 피평가업체 현황표는 기업가치평가뿐 아니라 본 서의 각종 다른 가치평가업무에도 본격적인 평가실시 이전에 구비하여야 할 평가대상기업의 주요정보 업체현황표(샘플)이다. 샘플양식과 사용요령이 모두 동일하므로 본 장에서만 기술하고 다른 Part의 가치평가에서는 피평가업체 현황표에 관한 기술을 생략한다.

관리번호 14565

피평가 업체 현황

	업 체 명		한국산업㈜	대 표 자		김수동	
	사업자등록번호		123-45-6780	설립연월일		2000.5	
D C F 가 치 평 가	주소	본사	주소:	경기도 안산시 대부동 안상공단 23-5	전화:	031-750-3582	
			대지 (m2):	50	팩스:	031-750-3583	
			건물 (m2):	30	소유/임차	임차	
		공장	주소:	경기도 안산시 대부동 안상공단 23-5	전화:	031-750-3585	
			대지 (m2):	350	팩스:	031-750-3583	
			건물 (m2):	200	소유/임차	임차	
	Web Site		www.bizdoctor.kr	E-mail		work1@daum.net	
	보유기술 현황		정밀 압출기술	특허현황		A형 배관설비	
	주 생산품목		1	배관설비	매출액	25,000	백만 원
			2	유량계	수출액	500	천 불
			3	미터기	추가항목		

D C F 가 치 평 가	주요주주 지분율		김수동	52.0%		자본금	600		백만 원
			김명희	25.0%					
			고수봉	15.0%		액면가	500		원
	업력 (회계결산 연수)		8		년	주식 수량	1,000,000		주
	기업형태	1	상장 (4)	등록(3)	외감 (2)	기타 (1)	기타법인		
	업종		제조 생산			관계회사			
	경쟁업체		곡성정밀㈜			경쟁상태	우위		
	주요고객		현대상사			판매형태	주문판매		
내정 평가 가격 (천 원)						기타사항			

신청	평가 및 진단		평가기준일	2016.5.6	평가대상	기업 가치평가		
담당	피평가사		협의자	기획실	직위:	전문위원	성명 :	홍길동
	연락처		전화:	010-2546-5258	평가기관명	한국 가치평가연구소		

본 분석 및 평가서를 (　　)가 정한 절차와 평가원칙에 따라 정히 실시하였음을 확인 함.

(인)

Note

1. 상기의 옅은파랑색이 있는 칸은 모두 입력하여야 한다.
2. 선택된 평가대상이나 방법에 따라 DCF 가치평가, EBITDA 가치평가, 유가증권법 가치평가 등 자동으로 바뀐다.

2) 기본정보 입력

기업가치평가를 위해서 기본정보를 설정하는 페이지이다. 가장 기본이 되는 것은 피평가업체의 과거, 현재 그리고 미래 5년치 사업계획이 반영된 손익계산서와 재무상태표가 요구된다.

기업가치평가 입력카드

1 가치평가를 위한 회사의 기본정보

회사의 상호, 사업연도, 화폐단위, 제조업구분 등 기본정보와 가치평가 가중치를 입력한다.

상호	계획시작 년도	통화단위	통화	업종
한국산업㈜	2018	천	원	제조업

2017 (현재 연도)	2018 (1차 연도)	2019 (2차 연도)	2020 (3차 연도)	2021 (4차 연도)	2022 (5차 연도)
2	1.5	1	1	1	1

자산가치와 수익가치의 가중치 입력

자산가치	수익가치
2	3

2 기업가치평가 정보

기업가치를 위한 기본정보를 입력한다.

정기예금 이자	2.0%	법인세율(주민세 포함)	22.5%
자본환원 율 배수	6.0	할인률(Discount Rate)은	8.0%
발행주식 주	1,000,000	EBITDA 가치평가 배수	6
주당시가	25	자본비용(WACC)	7.10%

투자(CAPEX)계획	2018(1차연도)	2019(2차연도)	2020(3차연도)	2021(4차연도)	2022(5차연도)
	850,000	–	250,000	50,000	–

3 재무제표 정보 입력과 상대가치평가를 위한 유사회사정보

상대가치평가를 위하여 유사회사 혹은 기준회사의 주가 및 경상이익과 순자산을 입력한다.

단위: 천 원

동종업계 평균 영업손익률	8%
유사회사 및 기준회사 의 주가	–
유사회사 및 기준회사 의 주당 순이익	–
유사회사 및 기준회사 의 주당 순자산	–

평가회사 재무제표 입력   손익계산서    재무상태표

4 청산가치 평가

청산가치평가를 위해서는 자산의 진실성 즉 부실자산 여부를 파악하여야 한다.

1. 시장가격이 장부가격 대비 토지는 몇 %를 회수할 수 있느냐?	110%
2. 시장가격이 장부가격 대비 건물, 구축물은 몇 %를 회수할 수 있느냐?	70%
3. 시장가격이 장부가격 대비 설비등 기타 고정자산은 몇 % 회수가능?	50%
4. 재고자산의 부실유무 등 시장가격으로 평가하면 몇 % 회수가능?	68%
5. 외상매출금의 부실유무 등 실제 회수가능한 %는 얼마나 되느냐?	90%
6. 유가증권 등 투자, 관계회사채권 등 회수가능성은 몇 %가 되느냐?	95%
7. 회장 및 대표자 비용조정 ←	200,000

Note:

1. 옅은파랑색이 있는 칸만 입력한다.
2. 주사위를 클릭하면 재무제표 입력창으로 이동된다. (2–1)
3. 자본비용(WACC)에 있는 화살표를 클릭하면 자본비용 산출표 입력창으로 이동된다. (2–2)
4. 청산가치평가 마지막 절에 있는 화살표를 클릭하면 청산가치 구조조정액 입력창으로 이동된다. (2–3)

2-1) 손익계산서와 재무상태표 입력

본 장은 재무제표 입력창(샘플)로서 평가대상기업의 재무제표를 입수하여 관련 자료를 입력한다.

한국산업㈜

5 개년 손익계산서

단위: 천원

계정과목		2017 금액	%	2018 금액	%	2019 금액	%	2020 금액	%	2021 금액	%	2022 금액	%
매출	제품매출	22,459,773		25,828,739		28,928,188		32,399,570		36,287,519		40,642,021	
	상품매출	0		0		0		0		0		0	
	매출합계	22,459,773	100%	25,828,739	100%	28,928,188	100%	32,399,570	100%	36,287,519	100%	40,642,021	100%
매출원가	재료비	8,988,568	40.0%	10,336,853	40.0%	11,577,276	40.0%	12,966,549	40.0%	14,522,534	40.0%	16,265,239	40.0%
	재료비	8,988,568	40.0%	10,336,853	40.0%	11,577,276	40.0%	12,966,549	40.0%	14,522,534	40.0%	16,265,239	40.0%
	직접인건비	233,591	1.0%	280,309	1.1%	336,371	1.2%	403,645	1.2%	484,374	1.3%	581,249	1.4%
	간접인건비	1,118,677	5.0%	1,342,412	5.2%	1,610,895	5.6%	1,933,074	6.0%	2,319,688	6.4%	2,783,626	6.8%
	인건비	1,352,268	6.0%	1,622,722	6.3%	1,947,266	6.7%	2,336,719	7.2%	2,804,063	7.7%	3,364,876	8.3%
	감가상각비	227,713	1.0%	227,713	0.9%	227,713	0.8%	227,713	0.7%	227,713	0.6%	227,713	0.6%
	제조경비	868,203	3.9%	955,023	3.7%	1,050,526	3.6%	1,155,578	3.6%	1,271,136	3.5%	1,398,250	3.4%
	운반경비	0	0.0%	0	0.0%	0	0.0%	0	0.0%	0	0.0%	0	0.0%
	감가상각과 경비	1,095,916	4.9%	1,182,736	4.6%	1,278,239	4.4%	1,383,291	4.3%	1,498,849	4.1%	1,625,963	4.0%
매출원가 합계		11,436,752	50.9%	13,142,311	50.9%	14,802,780	51.2%	16,686,559	51.5%	18,825,446	51.9%	21,256,077	52.3%
매출총이익		11,023,021	49.1%	12,686,428	49.1%	14,125,407	48.8%	15,713,011	48.5%	17,462,072	48.1%	19,385,944	47.7%
	인건비(복리후생비 포함)	2,479,274	11.0%	2,727,201	10.6%	2,999,922	10.4%	3,299,914	10.2%	3,629,905	10.0%	3,992,896	9.8%
	감가상각비	689,323	3.1%	689,323	2.7%	689,323	2.4%	689,323	2.1%	689,323	1.9%	689,323	1.7%
	일반경비	6,834,296	30.4%	7,517,726	29.1%	8,269,498	28.6%	9,096,448	28.1%	10,006,093	27.6%	11,006,702	27.1%
	일반관리비	10,002,893	44.5%	10,934,250	42.3%	11,958,743	41.3%	13,085,685	40.4%	14,325,321	39.5%	15,688,921	38.6%
영업이익		1,020,128	4.5%	1,752,178	6.8%	2,166,665	7.5%	2,627,327	8.1%	3,136,751	8.6%	3,697,023	9.1%
	이자	309,161	1.4%	309,161	1.2%	309,161	1.1%	309,161	1.0%	309,161	0.9%	309,161	0.8%
	영업외 손익	152,710	0.7%	183,252	0.7%	219,902	0.8%	263,883	0.8%	316,659	0.9%	379,991	0.9%
영업외손익		461,871	2.1%	492,413	1.9%	529,063	1.8%	573,044	1.8%	625,820	1.7%	689,152	1.7%
세전손익		558,257	2.5%	1,259,765	4.9%	1,637,601	5.7%	2,054,283	6.3%	2,510,931	6.9%	3,007,871	7.4%
법인세 등		14,131	0.1%	283,447	1.1%	368,460	1.3%	462,214	1.4%	564,959	1.6%	676,771	1.7%
세후손익		544,126	2.4%	976,318	3.8%	1,269,141	4.4%	1,592,069	4.9%	1,945,971	5.4%	2,331,100	5.7%

	2017	2018	2019	2020	2021	2022
영업이익	1,020,128	1,752,178	2,166,665	2,627,327	3,136,751	3,697,023
EBITDA	1,937,164	2,669,214	3,083,701	3,544,363	4,053,787	4,614,059
세후영업이익	1,005,997	1,468,731	1,798,204	2,165,113	2,571,792	3,020,252

한국산업(주)

재무상태표

단위: 천원

계정과목			2017 실적	2018 추정	2019 추정	2020 추정	2021 추정	2022 추정
		현금과 예금	1,013,112	893,173	3,023,572	4,795,372	5,943,284	7,778,987
		외상매출금	3,296,817	3,791,340	4,246,300	4,755,856	5,326,559	5,965,746
		받을어음	0	0	0	0	0	0
		대손충당금	−34,820	−40,463	−57,700	−135,053	−147,563	−226,001
		미수금/선급금	42,797	42,797	42,797	42,797	42,797	42,797
		기타 미수금 (이연자산)	0	0	0	0	0	0
		기타 유동자산	844,435	844,435	844,435	844,435	844,435	844,435
	당좌자산		5,162,341	5,531,281	8,099,404	10,303,408	12,009,512	14,405,964
		원재료	4,245,004	4,881,755	5,467,565	6,123,673	6,858,514	7,681,535
		재공품	0	0	0	0	0	0
		제품	2,334,505	2,684,681	3,006,842	3,367,664	3,771,783	4,224,397
	재고자산		6,579,509	7,566,435	8,474,408	9,491,337	10,630,297	11,905,933
유동자산 합계			11,741,850	13,097,717	16,573,811	19,794,744	22,639,809	26,311,897
	투자자산		912,125	912,125	912,125	912,125	912,125	912,125
		토지 와 건물, 구축물	1,907,932					
		기계장치	70,497					
		기타 유형자산	238,637					
	유형자산		2,217,066	2,150,030	1,232,994	565,958	448,922	131,886
	무형자산 (영업권 등)		2,929,334	2,929,334	2,929,334	2,929,334	2,929,334	2,929,334
	기타 유형자산		219,027	219,027	219,027	219,027	219,027	219,027
고정자산 합계			6,277,552	6,210,516	5,293,480	4,626,444	4,509,408	4,192,372
자산 총계			18,019,402	19,308,233	21,867,291	24,421,188	27,149,217	30,504,269
		외상매입금	2,794,824	3,214,048	3,599,733	4,031,701	4,515,505	5,057,366
		미지급금	593,432	425,357	498,963	771,999	793,526	979,497
		법인세 등 미지급금	140,000	0	0	0	0	0
		단기 차입금	5,319,623	5,319,623	5,912,002	5,912,002	5,912,002	5,912,002
		단기 리스	0	0	0	0	0	0
		기타 미지급금	2,726,140	2,726,140	2,726,140	2,726,140	2,726,140	2,726,140
유동부채 합계			11,574,019	11,685,168	12,736,839	13,441,842	13,947,173	14,675,005
		장기 차입금	655,000	655,000	655,000	655,000	655,000	655,000
		장기 리스	0	0	0	0	0	0
		퇴직급여 충당금	656,759	862,723	1,100,970	1,357,794	1,634,521	1,930,641
		기타 고정 부채	4,600	0	0	0	0	0
고정부채 합계			1,316,359	1,517,723	1,755,970	2,012,794	2,289,521	2,585,641
부채 총계			12,890,378	13,202,891	14,492,808	15,454,636	16,236,694	17,260,646
		자본금	600,000	600,000	600,000	600,000	600,000	600,000
		자본잉여금	0	0	0	0	0	0
		이익잉여금	3,984,898	4,529,024	5,505,342	6,774,483	8,366,552	10,312,523
		당기순손익	544,126	976,318	1,269,141	1,592,069	1,945,971	2,331,100
자본 총계			5,129,024	6,105,342	7,374,483	8,966,552	10,912,523	13,243,623
부채와 자본 총계			18,019,402	19,308,232	21,867,291	24,421,188	27,149,218	30,504,269
		총차입금	5,974,623	5,974,623	6,567,002	6,567,002	6,567,002	6,567,002
		차입금	5,974,623	5,974,623	6,567,002	6,567,002	6,567,002	6,567,002
※ check: "0" 가 되어야함.			0	0	0	(0)	(0)	(0)
		ROIC	966,880	1,049,072	1,046,897	1,052,370	1,128,680	1,184,878
		투자자본(자산−현금−유동부채)	13,618,034	14,775,655	14,745,023	14,822,116	15,896,902	16,688,419
		투자액(CAPEX)	5,000					
		운영자금증감분(+증/−감)	20,000	0	0	0	0	0

PART 01 기업가치평가(Corporate Valuation) | 37

Note:
1. 옅은파랑색이 있는 칸에만 입력한다.
2. 과거 1년치 실적과 미래 5년치 예측 자료를 입력하는 것이며 여건에 따라 과거 2개년+ 미래 4개년, 혹은 과거 3개년+미래 3개년 등으로 설정하여 입력할 수 있다.
3. 본 서에서는 미래 5년치 예측자료를 작성하는 이론과 방법론은 다루지 않고 있으나 참고로 부록에는 사업계획 작성프로그램이 첨부되어 있으니 다운로드받아 활용할 수 있게 하였다.

2-2) 자본 비용(WACC) 정보 입력과 산출표

기본정보 입력페이지에 있는 자본비용(WACC) 화살표를 클릭하면 자본비용의 산출과정을 잘 볼 수 있는 아래의 페이지로 이동이 된다.

WACC(가중평균자본 비용)

자본은 자기자본과 타인자본으로 구성되어 있고 자본조달에 대한 평균 비용이 자본 비용이다. 타인자본은 외부에서 차입한 금리나 회사채의 금리가 되며 자기자본이란 무위험 수익률에다 위험프리미엄이 합쳐진 수익률을 말한다. 다른 의미로는 투자자의 기대수익률이 되기도 한다. 타인자본금리와 자기자본금리의 산술평균 값이 가중평균자본 비용 이라고 한다.

	금리 (%)	자기자본/차입금	금융비용
무위험 자산수익률	6%	외평채, 국민주택채권 1종 5년물 유통수익률	
증권시장 위험프리미엄	6%	미국의 경우 약 5~6% 적용	
기업 신용평가 위험계수	2.8	통상 미국의 2배수 이상임.	
위험프리미엄	17%		
자기자본 비용	23%	600,000	136,800
회사의 회사채 이자율	7%	–	–
회사의 차입금 이자율	5.5%	5,974,623	328,604
	5.00%	5,974,623	328,604
			법인세 미반영 선택
가중평균자본 비용	6%	6,574,623	465,404

자기자본 비용율은 통상 5등급(risk free, low risk, moderate risk, high risk, very high risk)으로 나뉜다. (왼쪽의 화살표를 클릭하세요.)	신용평가 위험계수	위험 프리미엄율
risk free(안전 투자): 자기자본 비용 산출목적이거나 확정된 수요에 의한 업에 투자인 경우	2~2.8	14~18%
low risk(적은 위험): 현재 수요가 증가추세에 있고 기술우위의 기업에 투자인 경우	2.9~3.5	18~22%
moderate risk(적정한 위험): 현재 수요가 있는 기술우위의 기업에 투자인 경우	3.6~4.0	22~26%
high risk(높은 위험): 신규 시장에 진출하는 기업의 투자인 경우	4.1~7.5	26~42%
very high risk(매우 높은 위험): 신생회사/벤처기업이나 새로운 신제품을 출시하는 경우	7.5 이상	42~65%

기존 회사의 일반적인 재무분석이나 가치평가인 경우는 가중평균자본 비용을 사용하고 투자 목적으로 외부기업을 분석할 경우에는 할인률을 자기자본 비용으로 대체할 수 있다. 그러나 평가목적이나 단순 할인방식을 택할 때는 대출금리로 하는 방법도 있다.

Note:
1. 옅은파랑색이 있는 칸에만 입력하며 WACC 결과값이 자동으로 산출된다.
2. 법인세 선택란을 클릭하면 법인세 혜택을 반영하거나 혹은 미반영을 선택을 할 수가 있다.

2-3) 청산가치를 위한 정보입력과 구조조정액

기본정보 입력페이지에 있는 청산가치평가 7항의 화살표를 클릭하면 청산가치에 필요한 기업의 회장 및 Owner비용의 산출을 아래와 같이 보여 준다.

Owner 회장 및 년 평균 경영진 보수와 비용 교체 및 구조조정, 합리화   단위: 천원

	현재	조정 후
급여	200,000	120,000
상여금	200,000	100,000
퇴직금	60,000	50,000
회원권, 의료지원 기밀비 등	50,000	50,000
비서 기사 차량유지비	50,000	50,000
기타 지원금	30,000	20,000
합계액		390,000
조정 후 절감 액		200,000

Note:
옅은파랑색이 있는 칸에 조정이 요구되는 정보를 입력하면 구조조정 절감액이 자동으로 산출된다.

Chapter 03

본질적 기업가치평가

본질적 기업가치평가표의 모든 데이터는 이미 입력된 기본정보에서 만들어진 자료들이며 시스템 프로그램에서 자동으로 본질적 기업가치평가표와 기업가치평가액 그리고 평가값에 대한 주석을 제공해 준다.(양식과 보고서의 모든 내용은 샘플 자료임)

한국산업㈜

본질적가치 평가방식에의한 기업평가 (상속/증여세법)

단위: 천 원

구분/년도	2016	2017	2018	2019	2020	2021	2022
자산총계	18,019,395	18,019,402	19,308,233	21,867,291	24,421,188	27,149,217	30,504,269
부채총계	10,750,392	12,890,378	13,202,891	14,492,808	15,454,636	16,236,694	17,260,646
자본총계	7,269,003	5,129,024	6,105,342	7,374,483	8,966,552	10,912,523	13,243,623
조정							
순자산	7,269,003	5,129,024	6,105,342	7,374,483	8,966,552	10,912,523	13,243,623
세전손익	50,000	558,257	1,259,765	1,637,601	2,054,283	2,510,931	3,007,871
법인세율	22.5%	2.5%	22.5%	22.5%	22.5%	22.5%	22.5%
법인세	11,250	14,131	283,447	368,460	462,214	564,959	676,771
당기순이익	38,750	544,126	976,318	1,269,141	1,592,069	1,945,971	2,331,100
발행주식수	1,000,000	1,000,000	1,000,000	1,000,000	1,000,000	1,000,000	1,000,000
주당순자산	7.269	5.129	6.105	7.374	8.967	10.913	13.244
주당평균순자산(과거/미래)	6.168		9.321				
주당수익	0.039	0.544	0.976	1.269	1.592	1.946	2.331
가중치	2	2	1.5	1	1	1	1
자본환원율	0.478		1.564				
	12.00%		12.00%				
수익가치	3.985		13.034				
본질가치 가중치			자산가치	2	수익가치	3	
기업평가 기준년도	현재 3년간 기업가치평가		미래 5년간 기업가치평가		평균 기업가치평가		
주당평균가격		4.06		11.55			7.81
본질적 가치평가		4,061,194		11,548,891			7,805,042

* 상기의 옅은파랑색란의 숫자는 과거년도의 자료이므로 입력을 하여야 함.

1. 최근 3년간의 재무실적에 기초한 기업가치는 4,061백만 원이고 주당 가격은 4.06천 원이다.
2. 향후 5년간의 사업계획과 재무전략에 기초한 기업가치는 11,549백만 원이고 주당 가격은 11.55천 원이다.
3. 최근 3년간과 향후 5년간의 단순평균한 기업가치는 7,805백만 원이고 주당가격은 7.81천 원이다.
4. 가치평가는 유사회사와의 주당경상이익 및 순자산을 비교하여 상대가치를 반영시킬 수도 있으나 본 가치평가에서는 반영하지 않았다.
5. 유가증권법(상속과 증여세법 포함)의 평가는 과거(최근) 3년간 가중평균값에 의한다.
6. 자본조정은 유가증권발행 및 공시 등에 관한 규정시행세칙 제5조 참조한다.

Chapter 04

DCF 가치평가

DCF 기업가치평가표는 이미 입력된 기본정보에서 만들어진 숫자이며 시스템 프로그램에서 자동으로 DCF 기업가치평가표와 기업가치평가액이 산출된다.

한국산업㈜

현금할인법 (DCF) 에 의한 기업가치

단위: 천 원

		내역/년도	2017	2018	2019	2020	2021	2022	합계
		매출	22,459,773	25,828,739	28,928,188	32,399,570	36,287,519	40,642,021	
		영업이익	1,020,128	1,752,178	2,166,665	2,627,327	3,136,751	3,697,023	
		성장률		72%	24%	21%	19%	18%	30.8%
		EBITDA	1,937,164	2,669,214	3,083,701	3,544,363	4,053,787	4,614,059	
		감가상각비	917,036	917,036	917,036	917,036	917,036	917,036	
		EBIT (이자와 세금전 이익)	249,096	950,604	1,328,440	1,745,122	2,201,770	2,698,710	
22.5%		세금 (22.5%)	14,131	283,447	368,460	462,214	564,959	676,771	
		EBIAT (세후 이자전 이익)	234,965	667,157	959,980	1,282,908	1,636,810	2,021,939	
		감가상각비	917,036	917,036	917,036	917,036	917,036	917,036	
		운영자금 증감분 (+ fav/−unfav)	20,000	1,505,921	2,435,544	3,057,058	3,138,692	3,801,626	
		투자 (Capital Expenditure)	5,000	850,000	–	250,000	800,000	600,000	
		순 현금흐름 (Free Cash Flow)	1,167,001	2,240,114	4,312,560	5,007,002	4,892,539	6,140,601	
		연도 횟수	0	1	2	3	4	5	6
1		할인률 (할인률:1혹은 자본비용율:2 선택)	8.0%	8.0%	8.0%	8.0%	8.0%	8.0%	
		할인된 현금흐름 (현재가치)	1,167,001	2,074,179	3,697,325	3,974,720	3,596,162	4,179,190	17,521,576
		프로젝트후의 현금흐름(5년후 현금흐름)						6,631,850	
		평균 성장률						8.0%	
		잔존가치 (현금흐름/자본비용)						82,898,120	
		할인된 미래 잔존가치 (현재가치)						52,239,877	

현금할인방식에 의한 기업가치							69,761,453	
회사의 차입금 (금융부채)							6,567,002	
보유 현금과 예금							7,778,987	
자기자본 순 기업가치							70,973,438	
주식발행수							1,000,000	
주당가격							70.97	
주당 시가							35	
주식 프리미엄							−51%	

1. 할인된 현금흐름	17,521,576
2. 할인된 미래 현금흐름	52,239,877
3. 할인된 기업가치	69,761,453
4. 금융차입금과 보유현금	(1,211,985)
5. DCF법 순 기업가치	70,973,438

DCF법 기업가치는 상기표에서 세부내역과 산출과정을 추적할 수 있으며 DCF법 순기업가치평가액은 709.7억 원으로 산출된다.

Chapter 05 EBITDA 가치평가

기업가치평가표는 이미 입력된 기본정보에서 산출된 숫자이며 시스템 프로그램에서 자동으로 EBITDA 기업가치평가표와 기업가치평가액이 작성된다.

한국산업(주)
EBITDA 와 EVA 방식에 의한 기업평가

단위:천원

항목/년도	2017	2018	2019	2020	2021	2022
영업손익	1,020,128	1,752,178	2,166,665	2,627,327	3,136,751	3,697,023
법인세	14,131	283,447	368,460	462,214	564,959	676,771
감가상각비	917,036	917,036	917,036	917,036	917,036	917,036
EBITDA (세후)	1,923,033	2,385,767	2,715,240	3,082,149	3,488,828	3,937,288
평가 배수	6.0	6.0	6.0	6.0	6.0	6.0
기업가치	11,538,198	14,314,601	16,291,443	18,492,894	20,932,967	23,623,731
차입금	5,974,623	6,567,002	6,567,002	–	–	–
현금과 예금	5,974,623	6,567,002	6,567,002	0	0	0
년 순기업가치	11,538,198	14,314,601	16,291,443	18,492,894	20,932,967	23,623,731
EBITDA 평균기업가치	17,532,305					
평가 최종년도 기업가치	23,623,731					
발행주식 총수	1,000,000					

과거년도의 EBITDA일 경우는 그대로 계산하지만 미래년도의 EBITDA일 경우는 현재가치로 환산하여야 함.

연평균 순 기업가치는 17,532백만 원이고 주당가격은 17.5천 원이다.
최종연도 순 기업가치는 23624천 원이고 주당가격은 23.62천 원이다.
최종연도 현재가치로 환산한 순 기업가치는 17364.147백만 원이고 주당가격은 17.36천 원이다.

할인률	8.0%	현재가치=최종연도 순 기업가치/(1+r)^n				
EVA (경제적 부가가치)	(12,612,037)	(12,149,303)	(11,819,830)	(11,452,921)	(11,046,242)	(10,597,782)
NPV of EVA	(11,677,812)	(11,249,355)	(10,944,287)	(10,604,557)	(10,228,002)	(9,812,761)
Cum. NPV of EVA	(11,677,812)	(22,927,167)	(33,871,453)	(44,476,010)	(54,704,012)	(64,516,773)
평가	현재가치 EVA가 양수이면 자본조달비용을 상회하는 수익으로, 투자고려 대상이고 아니면 투자를 기피대상임.					

EVA는 세후영업손익에서 초기 투하자본을 공제한 금액임

EBITDA 법 기업가치평가액은 상기표에서 연 평균기업가치, 최종연도 기업가치와 현재가치를 산출하여 보여주고 그 산출과정을 추적해 볼 수 있다.

Chapter 06 청산가치평가

청산가치평가표의 시장평가란은 이미 입력된 기본정보에 의하여 청산가치평가액이 계산되어 청산기업가치가 연도별 그리고 평균값으로 산출되며 시스템 프로그램에서 자동으로 작성된다.

한국산업㈜
청산가치 평가

단위: 천원

계정과목			2017 실적	2018 추정	2019 추정	2020 추정	2021 추정	2022 추정	2017 시장평가	2017 차이액
		현금과 예금	1,013,112	893,173	3,023,572	4,795,372	5,943,284	7,778,987	1,013,112	0
		외상매출금	3,296,817	3,791,340	4,246,300	4,755,856	5,326,559	5,965,746	2,967,135	329,682
		받을어음	0	0	0	0	0	0	0	0
		대손충당금	-34,820	-40,463	-57,700	-135,053	-147,563	-226,001	0	-34,820
		미수금/선급금	42,797	42,797	42,797	42,797	42,797	42,797	25,678	17,119
		기타 미수금 (이연자산)	0	0	0	0	0	0	0	0
		기타 유동자산	844,435	844,435	844,435	844,435	844,435	844,435	506,661	337,774
	당좌자산		5,162,341	5,531,281	8,099,404	10,303,408	12,009,512	14,405,964	4,512,587	649,755
	재고자산		6,579,509	7,566,435	8,474,408	9,491,337	10,630,297	11,905,933	4,474,066	2,105,443
유동자산 합계			11,741,850	13,097,717	16,573,811	19,794,744	22,639,809	26,311,897	8,986,653	2,755,197
	투자자산		912,125	912,125	912,125	912,125	912,125	912,125	866,519	45,606
		토지	1,000,000						1,100,000	-100,000
		건물, 구축물	907,932						635,552	272,380
		기계장치	70,497						35,249	35,249
		기타 유형자산	238,637						119,319	119,319
	유형자산		2,217,066	0	0	0	0	0	1,890,119	326,947
	무형자산 (영업권 등)		2,929,334	2,929,334	2,929,334	2,929,334	2,929,334	2,929,334	2,929,334	0
	기타 유형자산		219,027	219,027	219,027	219,027	219,027	219,027	131,416	87,611
고정자산 합계			6,277,552	4,060,486	4,060,486	4,060,486	4,060,486	4,060,486	5,817,388	
자산 총계			18,019,402	17,158,203	20,634,297	23,855,230	26,700,295	30,372,383	14,804,041	6,947,260
	외상매입금		2,794,824	3,214,048	3,599,733	4,031,701	4,515,505	5,057,366	2,794,824	0
	미지급금		593,432	425,357	498,963	771,999	793,526	979,497	593,432	0
	법인세 등 미지급금		140,000	0	0	0	0	0	140,000	0
	단기 차입금		5,319,623	5,319,623	5,912,002	5,912,002	5,912,002	5,912,002	5,319,623	0
	단기 리스		0	0	0	0	0	0	0	0
	기타 미지급금		2,726,140	2,726,140	2,726,140	2,726,140	2,726,140	2,726,140	2,726,140	0
유동부채 합계			11,574,019	11,685,168	12,736,839	13,441,842	13,947,173	14,675,005	11,574,019	0
	장기 차입금		655,000	655,000	655,000	655,000	655,000	655,000	655,000	0
	기타 미지급금		0	0	0	0	0	0	0	0
	장기 리스		656,759	862,723	1,100,970	1,357,794	1,634,521	1,930,641	656,759	0
	퇴직급여 충당금		4,600	0	0	0	0	0	4,600	0

고정부채 합계		1,316,359	1,517,723	1,755,970	2,012,794	2,289,521	2,585,641	1,316,359	0
부채 총계		12,890,378	13,202,891	14,492,808	15,454,636	16,236,694	17,260,646	12,890,378	0
	기타 고정 부채	600,000	600,000	600,000	600,000	600,000	600,000	600,000	0
	자본금	0	0	0	0	0	0	0	0
	자본잉여금	3,984,898	4,529,024	5,505,342	6,774,483	8,366,552	10,312,523	3,984,898	0
	이익잉여금	544,126	976,318	1,269,141	1,592,069	1,945,971	2,331,100	544,126	0
자본 총계		5,129,024	6,105,342	7,374,483	8,966,552	10,912,523	13,243,623	5,129,024	0
부채 와 자본 총계		18,019,402	19,308,232	21,867,291	24,421,188	27,149,218	30,504,269	18,019,402	0

	청산가치 산출	2017	2018	2019	2020	2021	2022	평균
	순자산액(자본총계)	5,129,024						5,129,024
	자산 시장가치 재평가 손	−6,947,260						−6,947,260
1	평가된 순자산가치	−1,818,236	−1,818,236	−1,818,236	−1,818,236	−1,818,236	−1,818,236	−1,818,236
	매출액	22,459,773	25,828,739	28,928,188	32,399,570	36,287,519	40,642,021	
	세전손익	558,257	1,259,765	1,637,601	2,054,283	2,510,931	3,007,871	
	세전손익 전 Owner 회장 퇴진과 경영합리화 조정익(회생기업 기여도)	200,000	200,000	200,000	200,000	200,000	200,000	
	조정 손익	758,257	1,459,765	1,837,601	2,254,283	2,710,931	3,207,871	
	Discount (할인률)	8.0%	8.0%	8.0%	8.0%	8.0%	8.0%	
	기업가치	9,478,213	18,247,061	22,970,017	28,178,533	33,886,635	40,098,388	
2	조정된 할인기업가치	9,478,213	16,895,427	19,693,088	22,369,028	24,907,689	27,290,289	20,105,622
(1+2)	순 청산기업가치	3,829,988	7,538,595	8,937,426	10,275,396	11,544,727	12,736,027	9,143,693

천 원

* 토지, 건물 구축물계정의 금액중 토지와 분리하여 상기표의 옅은파랑색란에 입력할 것
* 시장평가는 기본정보설정에 의거 자동산출되는 것임
* 청산가치는 시장에서 재평가된 순자산가치와 기업회생후 조정된 손익에 의한 기업가치를 합하여 평균값을 산출한 것임

청산가치는 상기표에서 현재연도인 2017년 기준으로 3.83억 원이고 계속기업으로서 성장률을 반영한 미래 5년간의 평균 청산가치는 9.14억 원으로 산출된다.

Chapter 07 기업가치평가 보고서

기업가치평가보고서는 보고서에 있는 평가방법에서 5가지 평가방법 중 하나를 선택하면 관련 자료가 자동으로 형성되어 선택된 보고서를 시스템 프로그램에서 작성해 준다.

1) 본질적 기업가치평가 보고서

No. 14565

본질적 기업가치평가 보고서

피평가업체명	한국산업㈜	대표자	김수동
업종	제조 생산	평가방법	본질적 기업가치평가
소재지	경기도 안산시 대부동 안상공단 33-5	평가자	홍길동
피평가업체 연락처	010-2546-5258	일자	2014.5.6

평가내역	평가등급 및 평가액	평가의견
본질적 기업가치평가	아래 가치평가액 참조	가치평가는 유사회사와의 주당경상이익및 순자산을 비교하여 상대가치를 반영시킬수도 있어나 본 가치평가에서는 반영하지 않았음.
현재 3년간 기업가치평가	4061백만 원	현재 3년간의 재무실적에 기초한 기업가치는 4061백만 원이고 주당가격은 4.06천 원이다. 그리고 향후 5년간의 사업계획 과 재무전략에 기초한 기업가치는 11549백만 원이고 주당가격은 11.55천 원이다.
미래 5년간 기업가치평가	11549백만 원	
▶ 피평가업체 요약표	별첨	
▶ 본질적 기업가치평가	별첨	
▶ 기타 필요서류	별첨	

한국가치평가 연구소

* 상기 보고서의 공란은 평가자가 자신의 의견을 피력하기 위한 공간임.

2) DCF 가치평가 보고서

No. 14565

DCF 가치평가 보고서

피평가업체명	한국산업㈜	대표자	김수동
업종	제조 생산	평가방법	DCF 가치평가
소재지	경기도 안산시 대부동 안상공단 33-5	평가자	홍길동
피평가업체 연락처	010-2546-5258	일자	2014.5.6

평가내역	평가등급 및 평가액	평가의견
DCF 가치평가	아래 가치평가액 참조	현재와 미래의 현금흐름을 기준으로 현재가치로 할인 계산하여 기업가치 평가액을 산출한 것이다.
1. 할인된 현금흐름	17522백만 원	
2. 할인된 미래 현금흐름	52240백만 원	DCF에 따른 할인된 기업가치는 69,761백만 원이고 금융차입금과 보유현금을 반영한 DCF법 순 기업가치는 70,973백만 원이다.
3. 할인된 기업가치	69761백만 원	
4. 금융차입금과 보유현금	-1212백만 원	
5. DCF법 순 기업가치	70973백만 원	
▶ 피평가업체 요약표	별첨	
▶ DCF 가치평가	별첨	
▶ 기타 필요서류	별첨	

한국가치평가 연구소

* 상기 보고서의 공란은 평가자가 자신의 의견을 피력하기 위한 공간임.

3) EBITDA 가치평가 보고서

No. 14565

EBITDA 가치평가 보고서

피평가업체명	한국산업㈜	대표자	김수동
업종	제조 생산	평가방법	EBITDA 가치평가
소재지	경기도 안산시 대부동 안상공단 33-5	평가자	홍길동
피평가업체 연락처	010-2546-5258	일자	2014.5.6

평가내역	평가등급 및 평가액	평가의견
EBITDA 가치평가	아래 가치평가액 참조	EBITDA에다 EBITDA배수를 곱하고 금융차입금과 보유현금을 반영하여 순 기업가치평가액을 산출한다.
EBITDA 평균기업가치	17,532백만 원	(1) 평균 순 기업가치는 17,532백만 원이고 주당가격은 17.5천원이다. (2) 최종연도 순 기업가치는 23624천원 이고 주당가격은 23.62천원 이다. 그리고 (3) 최종연도 현재가치로 환산한 순 기업가치는 17364.147백만 원이고 주당가격은 17.36천원 이다.
최종년도 기업가치	23,624백만 원	
최종연도 할인 순 기업가치	17,364백만 원	
발행주식 총수	1000,000 주	
▶ 피평가업체 요약표	별첨	
▶ DCF 가치평가	별첨	
▶ 기타 필요서류	별첨	

한국가치평가 연구소

* 상기 보고서의 공란은 평가자가 자신의 의견을 피력하기 위한 공간임.

4) 청산가치평가 보고서

No. 14565

청산가치평가 보고서

피평가업체명	한국산업㈜	대표자	김수동
업종	제조 생산	평가방법	**청산가치평가**
소재지	경기도 안산시 대부동 안상공단 33-5	평가자	홍길동
피평가업체 연락처	010-2546-5258	일자	2014.5.6

평가내역	평가등급 및 평가액	평가의견
청산가치평가	아래 가치평가액 참조	*청산가치는 시장에서 재평가된 순자산가치와 기업 회생후 조정된 손익에 의한 미래 기업가치를 반영하여 평균값을 산출한 것이다.
평가된 순자산가치	-1,818백만 원	
조정된 할인기업가치	20,106백만 원	*청산가치는 현재연도인 2017연도는 3830백만 원이고, 계속기업으로서 미래의 성장률을 가미한 미래 5년간의 평균 청산가치는 9144백만 원이다.
현재연도 청산가치	3,830백만 원	
순 청산기업가치	9,144백만 원	
▶ 피평가업체 요약표	별첨	
▶ 청산가치평가	별첨	
▶ 기타 필요서류	별첨	

한국가치평가 연구소

* 상기 보고서의 공란은 평가자가 자신의 의견을 피력하기 위한 공간임.

Chapter 08 자료저장과 복구기능

부록에 있는 9가지의 가치평가 관련 시스템 프로그램에는 모든 입력자료 및 각종 보고서내용의 저장과 복구기능이 갖추어져 있다. 각 프로젝트나 평가대상별로 30개까지 저장할 수 있고 이후 언제든지 선택하여 모든자료를 복구할 수 있는 기능이 시스템에 내장되어 있다. 시스템 프로그램에 있는 이러한 자료저장과 복구기능은 모두 사용 방법과 요령이 같기 때문에 본 장에서만 자료저장과 복구기능을 기술하고 다른 파트(Part)의 가치평가에서는 그 기술과 설명을 생략한다.

1) 저장 지침

1) 저장을 원할 시에는 현재 작업을 진행 중이거나 완료된 자료(시스템상으로는 저장번호1)를 저장창고 번호 30개중에 임의로 선택하여 선택된 임의의 번호에 저장(Saving)시킨다.
2) 저장번호 1의 범위는 F8에서 F300까지이며 그 범위를 복사하거나 좌측 상단에서 'save'를 찾아 클릭하면 범위가 자동설정 되어 있어 원하는 저장번호에다 '선택하여 붙여넣기'에 '값'을 선택하여 절대값으로 붙여 넣는다.(절대값으로 저장하지 않으면 Data가 변할 수 있음)

2) 복구 지침

1) 저장이 완료되면 저장기록부에 저장번호와 업체명이 자동으로 Index 표시되어 있기에 복구 시에는 원하는 자료를 쉽게 찾을 수 있게 되어 있다.
2) 복구하려면 저장된 명단 중에서 업체명이나 저장번호를 선택하여 복구기능의 저장번호 란에 해당하는 저장번호를 입력한다. 저장번호를 입력과 동시에 모든 자료와 보고서가 순간적으로 모두 불러내어져 모든 자료와 보고서가 복구되어 볼 수가 있다.

3) 복구작업을 끝내고 새로이 가치평가업무를 실시하고자 할 때는 복구기능의 저장번호란에 항상 1이 되도록 원 위치 시켜놓아야 시스템 프로그램에서 새로이 가치평가작업을 실시할 수 있다.

4) 만일 30개의 저장공간을 다 사용하였거나 저장 Data를 별도로 보관하고 싶은경우는 저장공간이 있는 워크시트만을 그대로 복사하여 복사본을 가지고 있고 저장공간을 지우고 새로이 사용하면 무제한으로 사용이 가능하다.

PART 02

기술가치평가
IP(Tech.) Valuation

- **Chapter 01** 기술가치평가학
- **Chapter 02** 기술가치평가를 위한 기본정보 입력
- **Chapter 03** 기본정보로 작성되는 현금흐름표
- **Chapter 04** 기술가치 예비평가와 사업화 타당성평가
- **Chapter 05** 수익법 기술가치평가
- **Chapter 06** 원가법 기술가치평가
- **Chapter 07** 로열티법 기술가치평가
- **Chapter 08** 시장법 기술가치평가
- **Chapter 09** 기술가치평가 보고서

Chapter 01 기술가치평가학

기업의 지적재산(IP), 노하우(Knowhow) 그리고 특정기술이나 전반적인 기술(Technology)에 대하여 가치평가를 하는 것이 기술가치평가가 된다. 기술이나 지적재산도 하나의 자산이자 상품이며 기술 이전이나 거래가 가능한 무형의 자산인 것이다.

기술이란 독점적인 권리와 수익을 창출할 수 있는 무형의 자산으로 특허권, 실용신안권, 기술 노하우, 디자인 등을 포함한 지적재산권을 말하며, **기술가치**란 현존하는 기업이나 신규사업이 소유한 기술이 해당사업에 공헌되고 창출될 수 있는 경제적 가치를 말한다.
기술가치평가란 일반적으로 공인된 객관적인 기준과 평가원칙에 따라 금전적으로 경제적 가치를 산출하는 것이다.

우리는 기술이나 노하우가 실제적으로 기업에 기여하고 있는 것은 인정하나 그 가치가 얼마나 되는지는 잘 알 수가 없다.
설사 가치를 산출했다 하더라도 가치평가하는 사람의 주관에 따라 좌우될 수 있어 공정한 기술가치에 대한 의구심과 공인기관이 없는 기술가치평가를 신뢰하지 못하는 경우가 많다.
따라서 기술가치평가는 공인된 가치평가 기준과 원칙에 따라 평가되어 그 객관성과 공정성을 담보로 합리적으로 평가되었다는 것을 입증하는 것이 앞으로 풀어야 할 과제로 남게 된다.

그러면 무엇이 일반적으로 인정되고 객관화할 수 있는 평가기준이며 방법론일까?
기술가치평가에 대한 현재의 여건과 환경을 알아보면서 최선의 방식을 찾아 실제적인 방법론과 사례를 통하여 기술가치 전반에 관하여 추적해 보았으면 한다.

1) 기술, 기술재산권, 기술력이란 무엇인가?

창조적 활동이나 경험에 의하여 창출되거나 발견된 지식, 정보, 사상. 기술 등 것이 재산적 권리를 인정받아 자산가치가 될 수 있는 것을 기술 혹은 IP(지적재산)라고 하며 아래의 도표와 같이 그 범위가 정하여 진다.

나아가 이러한 무형의 자산을 법령 또는 조약에 따라 등록하여 보호받는 것을 기술재산권 혹은 지적재산권(IPR)이라고 하고 활용하는 지적재산과 그 주체의 능력(조직, 인력, 서비스, 개발, 혁신 등)을 종합하여 그 영향력을 추정하는 것을 기술력이라 정의 한다.

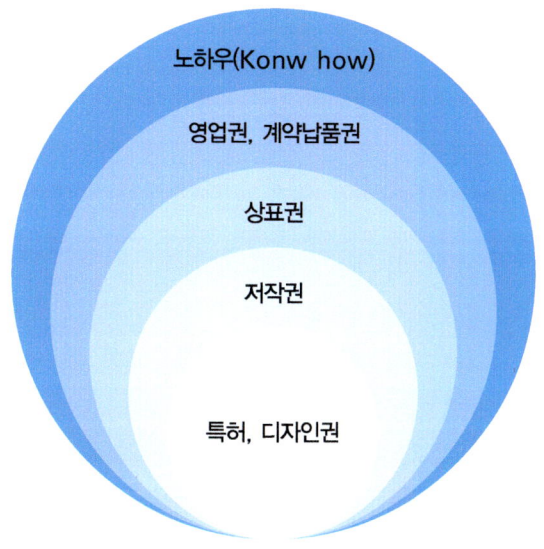

2) 기술가치평가란 무엇인가?

기술가치평가란 공정한 평가원칙과 인정되는 방법론에 입각하여 기술을 평가하여 현재와 미래의 수익에 영향을 주는 기술력을 경제적 가치로 환산하여 금액과 그 등급을 산출하는 것이다. 기술공여자와 구매자는 자신이 처한 입장에서 각기 다르게 가치를 평가할 수밖에 없어 서로 합의가 될 수 있도록 기준을 만들어 협상이 가능하도록 도와주기 위해서 공정한 기준가치를 제공하는 기술가치평가가 필요한 것이다.

그러나 기술가치평가란 워낙 주관성이 강하여 객관성과 투명성이 결여될 가능성이 높고, 기술의 공동소유자가 있을 수 있으며, 기존 기술에 대한 제한조건과 제약을 주는 기존의 계약서 등으로 인하여 기술가치평가에 의외의 복잡성과 장애를 줄 수 있다는 것에 주의하여야 한다.

3) 기술가치평가의 전제조건은 무엇인가?

기술가치평가에는 다음과 같은 기준이 전제되어야 가치평가의 객관성이 담보되고 합당한 기술가치평가로 인정 될 수 있다.
(1) 기술력 평가기준이 있어야 한다.
(2) 기술가치 평가기준이 있어야 한다.
(3) 윤리기준이 있어야 한다.
(4) 투입 정보기준(Standard of Inputed Basic Information)이 있어야 한다.
　　투입 정보기준이란 아래의 항목들이며 이것이 기술가치평가의 핵심정보가 된다.
　　-기술수명 산출
　　-현금흐름 산출
　　-할인률 산출
　　-기술기여도
　　-로얄티율
　　-기타

4) 기술가치평가 목적은 무엇인가?

기술가치평가를 하는 주된 목적은 기업가치평가를 포함한 여타 가치평가의 목적과 유사하며 아래의 9가지로 요약해 볼 수 있다.
1. 기술매매, 이전(Transfer)
2. 금융, 담보권설정
3. 현물출자
4. 전략적 제휴(Spin off, M&A, Alliance 등)

5. 소송
6. 세무, 상속
7. 투자유치
8. 로열티, 라이센싱
9. 기타

5) 기술가치평가는 언제, 왜 하는가?

기술가치평가의 시기와 필요성은 아래의 12가지로 요약된다.
(1) R&D 및 개발자금 유치 시
(2) 제품 수명(Life Cycle) 결정 시
(3) 사업전략을 결정할 시
(4) 기술 및 특허전략을 세울 시
(5) 기술만을 매각이나 이전할 시
(6) 기술 특허권 분쟁이나 소송 그리고 기술 방어를 할 시
(7) 기술을 담보로 자금융통이나 담보권 설정할 시
(8) 기술로 라이센싱을 할 시
(9) 회계 및 세무, 상속 등 조세목적으로 평가를 요구할 시
(10) M&A, 합작, 투자유치, 전략적 제휴 개발 등을 결정할 시
(11) 사업매각, 청산 그리고 사업전환 시
(12) 현물출자를 요구할 시

6) 기술가치평가에 대한 관련 법규는 무엇이 있나?

기술의 이전 및 사업화 촉진에 관한 법률(약칭: 기술 이전법)과 시행령 그리고 산업통상자원부에서 2014년 12월에 발표한 "기술가치평가 실무가이드"가 있으며 그 외에 아래의 각종 법규를 참조하면 도움이 된다.

(1) 기술정의-기술 이전사업화 촉진법, 외국인 투자촉진법 참조
(2) 기술평가기관-기술 이전사업화 촉진법 참조
(3) 기술 이전소득-소득세법 참조
(4) 현물출자-상법, 기술 이전사업화촉진법, 벤처기업육성특별법, 조세특례제한법, 외국인투자촉진법, 대덕연구개발특구육성법, 산학협력촉진법 참조
(5) 발명평가기관지정-발명진흥법 참조

7) 기술가치평가를 하는 방법은 무엇이 있나?

기술가치평가를 하는 방법에는 대별하면 아래의 4가지 접근방법론이 주류를 이루고 있다.
어느 방법론이든 한가지 방법만으로는 각기 장단점이 있기에 가치평가에 완벽한 답을 주기가 어렵지만 어느 방법을 선택할지는 기술의 특성과 시장 그리고 기업환경에 따라 정해져야 한다.

가치평가 4가지 접근법을 도식화 해 보면 아래와 같이 상호 융합된 하이브리드(Hybrid) 기술 접근법 이 새로이 만들어진다.

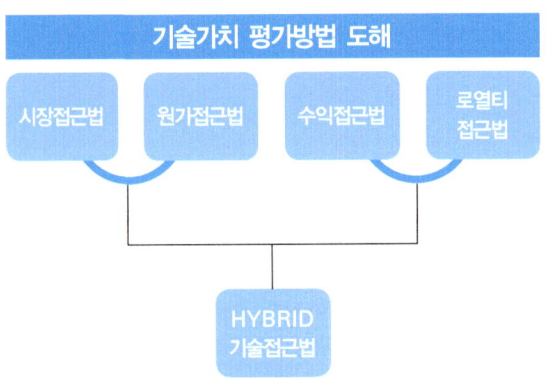

하이브리드(Hybrid) 기술 접근법은 시장접근법과 원가접근법을 상호 보완하여 융합하고 수익접근법과 로열티 접근법을 상호 보완 및 융합하여 각 평가법의 단점을 보완할 수 있게 한 것이다. 아래에 설명한 기본적인 4가지 접근법의 장단점부터 먼저 알아보자.

(1) 시장 접근법

유사한 기술과 유형이 같은 기술거래 사례를 찾아 거래된 내용을 분석해 본다. 어떠한 기술거래였는지, 실제적이고 공정한 거래였는지를 확인하고 검증하며 그 거래조건들을 기준으로 하여 우리가 평가하고자 하는 기술과 비교해 보는 것이다.

기술의 경제적인 수명과 영향력 그리고 혜택까지도 상호 비교해 보면서 우리가 평가하고자 하는 대상 기술의 기술가치평가액을 조정해 나가는 평가방법이다.

장점:
시장에서 거래되고 성사되는 유사기술의 실제 시장가치를 파악하고 접근할 수가 있는 게 장점이다.

단점:
시장에서의 실제거래라고 하나 관계 회사나 유관회사의 거래나 특수관계인의 거래가 있을 수 있어 공정한 시장가격이 아닐 수도 있다.

결론:
실제적으로 공정하고 정상적인 거래로 발생된 가격이면 매우 유용한 평가가치기준이 되고 다양한 방법으로 검증을 거친다면 유용한 방법론이 된다.

(2) 수익(소득) 접근법

일반적으로 가장 보편적으로 사용하는 것이 수익접근법이다.

기술의 예비평가를 거쳐 우선 기술사업의 사업계획(Feasibility Study)을 만들고 사업 타당성 조사와 평가를 한 후 수익으로 얻는 기업의 가치를 산출하고 기술의 기술성, 권리성, 사업성을 근거로 기술기여도를 평가한다. 그리고 미래수익가치를 현재 기업가치로 환원한 후 기술공헌도에 의거 산출하는 비교적 합리적인 기술가치 평가방법이다.

만일 수익접근법만으로 정확도를 기하기가 어려울 때는 시장접근법이나 원가접근법의 평가액을 반영하여 적절한 혼용법(하이브리드)을 시도해 보는 방법도 있다. 하이브리드란 자동차에 전기 에너지를 부가하여 획기적인 마일리지를 높인 Hybrid 자동차와 같은 의미이다.

장점:
예측되는 기업의 미래수익과 현금흐름을 추정하고 기술의 기여도를 측정하여 산출하는 기술가치평가법으로서 논리성과 일반적인 이론에 가장 부합하는 보편성이 뛰어난 방법이다.

단점:
예측하는 수익과 현금흐름의 추정성 그리고 현재가치를 산출하는데 영향력이 큰 할인률의 선택 등이 너무 주관성이 강하기에 과대 혹은 과소평가 될 수가 있다.

결론:
주관성이 강한 수익예측과 할인률 등의 단점을 가능한 한 객관적으로 검증할 수 있는 산출과정을 입증한다면 비교적 인정될 수 있는 합리적인 방법론이다.

(3) 원가 접근법

기술을 창출하거나 소요된 모든 필요경비를 집계하여 기술가치를 산출하는 것이다. 자신의 비용을 자체적으로 집계한다는 것은 객관성과 공정성이 부족할 수 있고 비용의 실제성 여부도 입증하기가 쉽지 않은 평가방법이다.
원가접근법에는 역사적원가법, 재생산원가법, 대체원가법이 있으나 부록에 있는 기술가치평가 방법에서는 간단하고 논리적이라고 사료되는 역사적원가법을 채택하여 프로그래밍되었다.

장점:
기술의 취득가격, 기술을 위한 개발 및 부대비용 그리고 모든 관련 비용 등을 실제적인 모든 지출을 기준으로 합산하는 것으로 진실되고 사실적인 기술의 원가로 어떠한 가정이나 추정이 아닌 실제적 원가가 될 수 있다.

단점:
기술에 연관된 지출과 회사 운영에 따른 지출과 식별이 어렵고 이러한 원가의 합계가 기술가

치와는 같다고 단순히 볼 수가 없다.

결론:
기술을 최근에 취득하였거나 기술비용이 체계적으로 잘 정리되어 대장에 기록되어 있다면 원가법에 의한 기술가치로 정당하게 인정받을 수 있다.

(4) 로열티 접근법

기술을 만일 제3자나 외부로부터 라이센싱을 받거나 준다면 로열티로 얼마나 지불되거나 발생되는가를 가정하여 기술가치를 평가하는 방법이다.
해당 산업의 실제적인 평균 로열티율, 할인률 그리고 기술의 경제적수명을 파악하고 대상 기술의 기술성, 시장성, 사업성 그리고 기술활용률의 토대 위에 매출과 수익에 대한 일정 부분의 로열티를 산정하여 기술가치를 평가하는 것이다.

장점:
기술을 라이센싱할 경우에 받을 수 있거나 지불하여야 할 로열티를 기준으로 하여 기술가치평가를 하는 것으로 로열티 통계 자료나 시장의 실제적인 로열티율에 의거 산업별로 기술가치를 검증하거나 객관화할 수 있다.

단점:
아직까지 한국산업의 로열티 통계자료가 미비하고 축적된 데이터가 적은데다 산업별로도 로열티의 변동폭이 커서 적합한 로열티율을 산정하기가 어렵다.

결론:
로열티를 한국산업 통계자료나 유사거래 시장자료 그리고 미국의 통계자료를 활용하고 일반적으로 인정되는 Thumb법도 원용하거나 혼합하여 적합한 로열티율을 도출해 낸다면 타당한 합리성을 가질 수 있다.

(5) 평가 대상별 평가방법 적용

평가대상에 따라 적용하는 접근법을 미리 정할 수는 없으나 통상 가치평가 시장에서 평가 대상별로 권장되는 접근방법은 다음과 같다.

번호	평가 대상	권장되는 접근방법
1	특허권과 기술	수익접근법
2	상표와 브랜드	수익접근법
3	저작권	수익접근법
4	조립기술	원가접근법
5	경영정보 소프트웨어	원가접근법
6	제품 소프트웨어	수익접근법
7	유통망 및 유통조직 네트워크	원가접근법
8	권리금	수익접근법
9	고객확보	원가접근법
10	프랜차이즈 권한	수익접근법
11	운영규정과 절차	원가접근법
12	영업권	시장접근법
13	기득권	원가접근법

Note:
로열티접근법과 하이브리드 접근법은 권장되는 접근법과 언제든지 혼용하여 사용할 수 있어 상기표에서 표시하지 않았다.

8) 기술가치 예비평가는 어떻게 하나?

기술가치 예비평가는 특정 기술이나 R&D 기술의 현 위치와 상용화 가능성을 판단하기 위한 약식평가이다. 예비평가의 기준은 기술의 완성단계, 기술의 신규성, 기술의 폭과 깊이 그리고 상용화에 필요한 시간 등 최소한의 필요한 분석에 근거하여 그 결과를 평가하는 것이다.

기술가치 예비평가에는 기술의 성숙도 지수에 따라 사업화 가능성을 가늠하는 성숙도평가와 기술 완성도평가 그리고 기술가치평가 준비 체크리스트가 있다. 기술가치평가는 가능하면 이러한 예비평가를 거쳐 본 기술가치평가에 진입하는 것이 바람직하지만 평가목적과 소요기간에 따라 예비평가를 생략할 수도 있다.

(1) 기술의 성숙도(Technology Readiness Level) 평가

기술 성숙도지수는 미국 NASA에서 기술투자위험도 관리 목적으로 개발한 것으로 기술의 현주소와 위치(Positioning)를 가늠하고 분석하는 것이다. 초기의 기초연구 단계부터 마지막 기술화 단계까지 9단계 중 평가하고자 하는 기술이 어느 단계에 와 있는지를 평가하는 것이다.

기술성숙도 지수

단계		정의	설명
기초연구 단계	1	기초실험	기초이론 정립단계
	2	개념정립	기술개발 개념 정립 및 아이디어에 대한 특허 출원단계
실험 단계	3	기본 성능검증	– 실험실 환경에서 실험 또는 전산 시뮬레이션을 통해 기본 성능이 검증될 수 있는 단계 – 개발하려는 부품/시스템의 기본설계도면을 확보하는 단계
	4	부품/시스템 성능검증	– 시험샘플을 제작하여 핵심성능에 대한 평가가 완료된 단계. – 3단계에서 도출된 다양한 결과중에서 최적의 결과를 선택하려는 단계 – 실험수준에서 기술을 통합하여 작동하는 단계
시작품 단계	5	부품/시스템 제작	– 확정된 소재/부품/시스템의 실험실 시작품 재작 및 성능평가가 완료된 단계. – 개발대상의 생산을 고려하여 설계하나 실제 제작한 시작품 샘플은 수개 미만인 단계. – 경제성을 고려하지않고 기술의 핵심성능만으로만 볼때, 실제로 판매가 될 수 있을 정도로 목표 성능을 달성한 단계.
	6	시제품 성능평가	– 파일럿 규모(복수 양산규모의 1/10정도)의 시작품 제작 및 평가가 완료된 단계. – 파일럿 규모 생산품에 대해 생산량, 생산용량, 불량률 등 제시. – 파일럿 생산을 위한 대규모 투자가 동반되는 단계. – 성능평가결과에 대해 가능하면 공인인증 기관의 성적서 확보. – 실제와 유사한 환경에서 작동 및 시현하는 단계
제품화 단계	7	시제품 신뢰성평가	– 실제환경에서 시연하여 성능검증이 이루어지는 단계. – 부품 및 소재개발의 경우 수요업체에서 직접 파일럿 시작품을 현장 평가(성능 및 신뢰성평가). – 가능하면 인증기관의 신뢰성 평가 결과 제출
	8	시제품 인증	– 표준화 및 인허가 취득단계. – 시제품이 만들어 지고 시연하는 단계
사업화 단계	9	사업화	– 본격적인 양산 및 사업화 단계. – 기술이 최종적으로 사업에 적용되어 시현되는 단계.

* ENTRI 자료를 참조한 것임.

(2) 기술사업화 완성도평가

기술사업화의 보조수단이자 예비작업으로 기술완성도 평가가 있으며 기술자산의 수익창출은 기술자산의 완성도에 따라 좌우된다. 기술자산의 완성도평가는 초기 단계에서부터 매우 중요하며 사업성과 기술치평가에 큰 영향을 주게 된다. 이러한 기술완성도 평가 시에는 R&D 혹은 기술자와의 인터뷰에도 어려운 점이 많을 뿐 아니라 기술에도 시차가 발생할 수 있어 기술완성도 평가는 의외로 어려움이 많다. 아래는 기술완성도 평가표로서 기술의 유용성과 경제성으로 구분하여 세부적인 완성도에 따라 점수를 부여하여 평가한다.

기술완성도 평가표

구분		기술완성도 세부내용
유용성	지속성	기술은 지속적으로 수익을 창출할 수 있는 정도
	수명성	본 기술의 경제적인 수명은 얼마나 갈지 정도
	특허성	특허가 있는지, 특허를 신청하면 특허를 받을 수 있는 정도
	유용성	기술이 유익하며 유용성이 어떠한지 정도
	시장성	시장에서 요구되거나 시장침투 및 확산이 가능한지 정도
경제성	기술대체성	본 기술은 현재의 어떠한 기술을 대체할 수 있는지 정도
	기술복잡성	본 기술은 어느 정도 복잡한지, 실시할 수 있는지 정도
	차별성	본 기술은 다른 기술과 비교하여 우위에 있는 차별성의 정도
	법적권리성	특허 및 법적권리는 어느 정도 보장 혹은 보호받는지 정도
	지위성	본 기술의 사회적, 전략적 지위는 어떠할 것인지 정도

(3) 기술가치 평가요인 체크리스트

기술가치를 위한 평가요인 체크리스트는 아래 표와 같이 6가지로 구분된 항목에다 세분화된 60가지 평가요인으로 구성되어 있다. 기술가치평가에 임하여 기술된 모든 평가요인을 직접 찾아 자료를 확보하고 담당자 인터뷰를 거쳐 평가자 의견을 아래 양식의 점검사항에다 간단 명료하게 기술해 놓아야 한다. 이러한 기술가치 평가요인 체크리스트 활용은 정확하고 적합한 기술가치의 본질에 접근할 수 있는 계기를 만들어 준다.

기술가치 평가요인 체크리스트

구분	번호	평가요인 내용	점검사항(확보한 자료와 의견)
기술상용요인	1	기술의 상용성	
	2	기술의 우수성	
	3	기술의 독창성	
	4	기술의 타당성	
	5	기술의 경제성	
	6	기술의 사업성	
	7	기술의 전망성	
	8	기술의 경쟁성	
	9	기술의 차별성	
	10	기술의 독자성	
	11	기술의 혁신성	
	12	추가 기술의 필요성	
	13	기술의 혁신성	
	14	기술의 수명성	
	15	기술의 완성도	

구분	번호	평가요인 내용	점검사항(확보한 자료와 의견)
기술권리요인	1	기술의 권리 범위성	
	2	기술의 권리 안정성	
	3	기술의 권리 보호성	
	4	기술의 권리 차별성	
	5	기술의 모방 용이성	
	6	기술의 대체성	
	7	기술의 특허성	
	8	기술의 독점성	
	9	기술의 활용성	

시장환경요인	1	기술의 시장환경	
	2	시장진입장벽	
	3	시장 철수용이성	
	4	산업동향과 산업환경	
	5	관련 법규와 정책	
	6	경쟁자 영향력과 환경	
	7	목표시장 규모와 점유율	
	8	독과점과 틈새시장	
	9	시장지위(Positioning)	

사업화요인	1	우호적인 사업환경	
	2	생산기반과 생산능력	
	3	사업화 전략과 계획	
	4	물류 시스템과 유통망	
	5	품질성	
	6	R&D 능력	
	7	자금조달및 여력	
	8	투자환경과 여력	
	9	경영전략 과 전술	

수익구조요인	1	원가 우위구조성	
	2	원가전략성	
	3	고정비와 변동비의 구조성	
	4	지속 성장성	
	5	지속 수익성	
	6	제품포트폴리오(제품성)	
	7	프리미엄 가격성	
	8	영업력과 마케팅능력	
	9	브랜드 인지도	

경영능력요인	1	경영자의 이력	
	2	경영자의 경영능력과 기술능력	
	3	경영자의 평판도	
	4	경영자의 신뢰도	
	5	경영자의 리더십	
	6	기업문화	
	7	핵심인력과 기술인력확보성	
	8	조직의 혁신성	
	9	팀워크	

9) 기술가치평가 흐름도를 알아보자

기술가치평가를 예비평가에서 최종 보고서 작성까지 그 흐름도를 한눈에 알아보기 위해 수익접근법을 모델로 하여 아래와 같이 도식화하여 복잡할 것만 같은 기술가치평가의 흐름을 총정리 해 보았다. 수익접근법이 아닌 다른 방법의 흐름도도 이와 유사하기에 본 흐름표로 유추 해석 해 보면 된다.

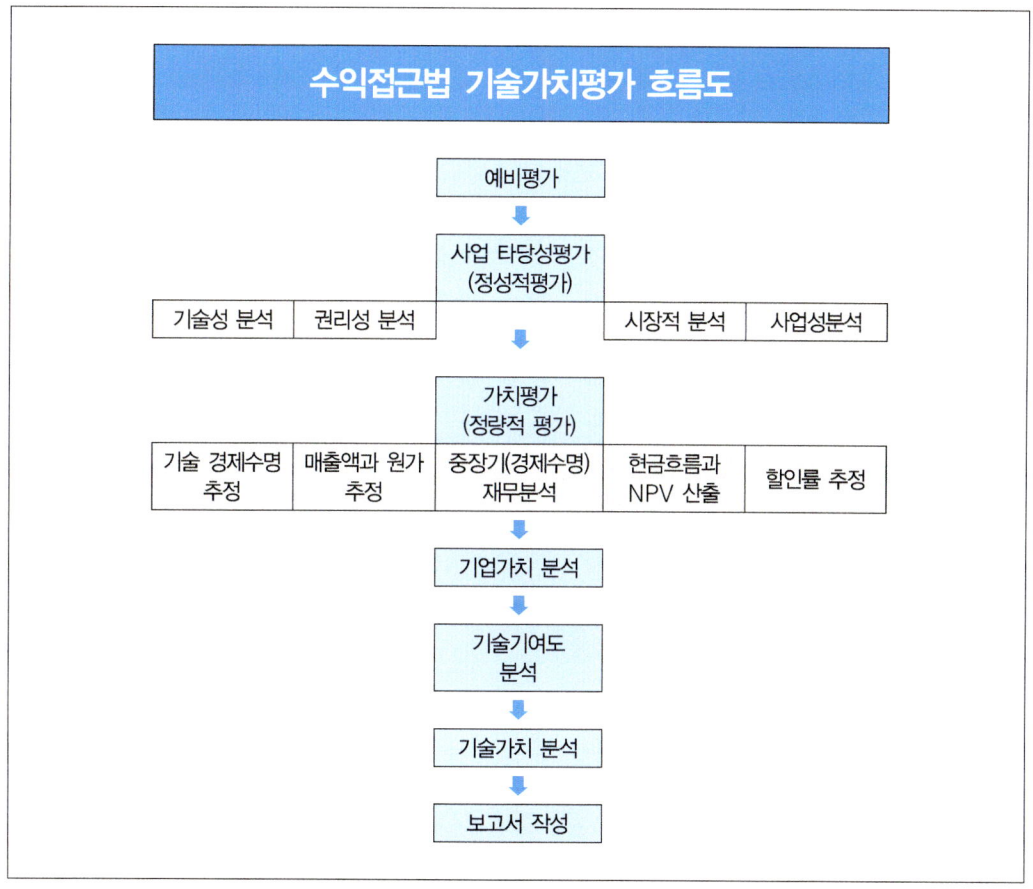

10) 기술가치 평가의 일반절차에 대하여 알아보자

기술가치 평가절차에 대해서는 산업통상자원부 기술 평가 기준 운영지침(산업통상자원부 고시 제 2014-97호)에 비교적 상세히 기술되어 있어 아래에 그 양식과 내용을 인용하여 보완하였다. 평가절차와 소요기간 그리고 수행하여야 할 내용을 정리하였으니 기술가치 평가의 일반절차로 소개한다.

	기술평가의 절차				해야 할일	
단계	단계별 내용	주요 업무활동	비고	소요기간	내용	
예비평가	평가신청	평가의뢰 및 접수	평가신청서	2일	대상 기술, 기술평가목적, 현재 R&D능력과 상황, 상용화 가능성, 현기술의 완성단계, 기술의 신규성 폭과 깊이, 상품화에 걸리는 시간 등. 사업타당성평가	
		평가수행 여부 검토	(기술)사업계획서			
	평가 계약	계약절차 기술평가계약서	기술평가계약서			
	평가 계획 수립	평가일정 계획 수립	전문가 위촉절차			
		평가팀 구성 및 외부전문가 섭외				
	대상 기술의 확인	평가대상의 부합여부 검토	사업타당성평가			
본평가	자료 수집 및 정리	기술사업계획서에 기반한 기술평가요인	기술성숙도 지수평가	6일	재무제표 및 사업계획서 확보, 분석, 기술의 영향력 및 이용상태	
		분석자료 수집 및 개략 검토				
	현장 실사	면담 및 실사	기술가치평가요인 체크리스트	3일	특허보유현황, 기술의 장단점, 시장특성, 동종 유사업체의 기술현황, 적용될 시장상황.	
	평가 요인 분석	대상 기술의 권리성, 기술성, 시장성,	최종보고서에 분석 결과 수록	4일	기술기여도작성, 기술평가실시	
		사업성 등 분석				
	평가 방법의 선정 및 적용	사업성 분석 및 평가	가치산출표			
		사업가치 및 기술가치 산출				
	평가 결과의 결정 및 보고서	전문가 의견 수렴 및 통합	최종보고서 (또는 발표자료)	4일	보고서 작성 제출	
		최종보고서 작성 및 심의	심의록			
		최종보고서 제출 및 보고				
사후관리	사후관리	평가결과 활용 모니터링	사후평가 및 고객만족도			
		사후평가 및 고객만족도 피드백				

11) 기술가치 평가방법에 적용되는 실제적인 방법론을 실습하자

기술가치 평가방법 중 가장 많이 활용되는 방법론 중 하나인 수익접근법을 중심으로 정량적 분석과 정성적분석을 함께하여 실제적으로 적용되는 방법론을 소개하고자 한다. 이러한 방법론에는 경험치 측정방법에 의한 기술가치평가와 기술기여도에 의한 기술가치평가로 구분되며 그 세부 내용과 산출과정은 다음과 같이 구성되어 있다.

(1) 경험치(Thumb Method)에 의한 기술가치평가

경험치에 의한 기술가치평가 방법은 비교적 단순한 측정방법으로 기업의 무형가치나 창출된 이익가치 중에서 기술공헌도가 얼마나 포함되어 있는지를 경험치(%)로 추정하고 경험치로 추정되는 기술공헌도율(%)만큼을 기술가치로 산정하는 것이다.

경험치로 추정되는 기술공헌도는 정확하다고 할 수는 없지만 산업계의 평균 경험통계치를 원용하는 것으로 일반적으로 기술공헌도는 25%로 추정한다. 기업의 가치총액 혹은 시가총액에다 무형가치비율을 곱하고 경험치 기술기여도율 25%를 곱하여 기술 가치를 산출하는 것으로 이것을 25% Rule법칙이라고도 한다.

기술가치평가 방법으로는 비교적 간단하고 단순한 방법이며 그 산출 공식은 다음과 같다.

☞ 무형자산가치 = 기업 시가총액-기업 순자산 장부가격
☞ 기술가치 = 무형자산가치×기술공헌도율 25%(경험치 Rule법칙)

무형자산가치에는 기술가치가 얼마나 포함되어 있느냐를 판단하기는 까다롭지만 간단하게 경험통계치에 의거하여 기업 무형가치에서 25%를 곱하여 단순 계산하거나 혹은 "기술가치=창출된 이익×25%"로 단순 계산하는 방법이다. 이는 기업의 무형가치나 창출된 이익의 25%가 기술의 몫으로 해석한다는 논리에 근거를 두고 있다.

무형자산이란 눈에 보이지 않거나 만져지지 않고 형상이 없는 자산을 말하는 것으로 그 종류

에는 ① 영업권, ② 특허권, 지적재산권, 독자적인 기술 ③ 상표권, 브랜드 등 모든 지적재산권(IP)이 포함되어 있는 것으로 간주된다.

(2) 기술기여도에 의한 기술가치평가

기술기여도에 의한 기술가치평가는 기업이 가지고 있는 기술을 개별적이고 구체적인 항목으로 평가하는 것으로 기술은 법적기술과 상용기술로 구분하고 구분된 기술 안에서 다시 세부 항목으로 평가한 기술강도율을 가지고 기술 기여도율을 산출하는 것으로 산업통상자원부 기술가치평가 실무가이드를 참조하여 아래와 같은 공식으로 기술가치평가를 산출하게 된다.

☞ 기술기여도 기술가치(가치)평가 = 기업가치총액(시가 총액)×기술기여도율
☞ 기술기여도율 = 기술요소율×기술강도율
☞ 기술요소율 = 무형자산가치 비율×기술자산 구성비율
☞ 무형자산가치비율 = 무형자산가치 / 시가총액

a. 기업가치총액

기술가치는 기업가치총액에서 기술기여도율을 곱한 것으로 기업가치 총액 혹은 주식 시가총액을 먼저 알아야 한다. 상장회사인 경우는 시가총액을 쉽게 산출할 수 있지만 비상장기업은 별도의 방법으로 기업가치를 산출하여야 한다.
일반적인 기업가치산출은 통상 DCF(할인현금흐름)방법을 사용하여 산출하는 것이다. 기업가치산출 방법에 대하여는 Part 1 기업가치평가를 참조하기 바란다.

b. 기술요소율

무형자산가치비율은 상기 공식에 따라 계산할 수 있고 기술자산 구성비율은 무형자산 중 기술자산의 구성비율을 말하는 것으로 그 계산은 다음과 같이 산정한다.
기술자산구성비율 = 연구개발비(R&D) /(연구개발비 + 광고선전비 +교육훈련비)

c. 기술강도율

기술강도율은 개별 기술강도를 최대한 계량화로 접근하여 객관적인 점수를 부여하는 것으로

법적 보호 강도와 상용 우위성 강도로 구분되어 아래의 세부 항목별로 개별 평가하는 것이다.

1. 법적 보호 강도
① 권리 보호성: 기술이나 특허권이 얼마나 보호되는지 그 강도에 따라 평가한다.
② 권리 안전성: 기술이나 특허권 보호가 얼마나 안전하게 보장되는지 평가한다.
③ 권리 기간성: 기술이나 특허권이 보장되고 보호되는 안정된 기간을 평가한다.
④ 경쟁기술 방어성: 기술이나 특허권이 어떤 침해로부터 방어하거나 보호되는 능력을 평가한다.

2. 상용 우위성강도
① 상용성: 기술이 시장에서 활용될 수 있는 역량을 평가한다.
② 시장성: 기술이 시장에 진출하고 인정받아 성장할 수 있는 역량을 평가한다.
③ 생산성(용이성): 현장에서 생산이 용이한지를 평가한다.
④ 자립도성: 기술이 타 기술에 의존하지 않은 채 독자적인 실행력을 평가한다.
⑤ 파급 효과성: 기술이 미치는 영향력의 전반적인 효과를 평가한다.
⑥ 수익성: 기술에 의한 저원가와 판매가 그리고 생산성에 의한 수익 역량을 평가한다.
⑦ 기술혁신 능력성: R&D조직과 활동역량을 평가한다.
⑧ 기술혁신 리더십: 기술환경과 관리 그리고 경영자의 기술경륜과 역량을 평가한다.

본 항목의 평가는 시스템 프로그램에도 있어 이에 따라 평가를 실시하게 된다. 상기의 개별항목에 대한 총평가 점수는 100점 만점 기준으로 항목별로 평가하여 종합점수를 산출하는 것이며, 산출방법은 법적 보호 강도와 상업적 우위성 강도에 각기 50점을 주고 필요하다면 각 항목에다 가중치를 두어 조정된 평가 점수를 합산하면 객관적인 기술 강도율이 되는 것이다.

12) 기술가치평가의 실제적인 산출과정을 예시해 본다

기업가치액 산출은 여러 방법이 있으나 일반적으로 DCF(할인현금흐름)방식을 택하여 산출하고 기술강도율은 전 장에서 설명한 바와 같이 법적 보호 강도와 상용 우위성강도를 각기 세부항목으로 평가하여 산출한다.

재무관련항목들은 피평가회사의 재무제표를 기준으로 발췌하여 계산하고 각 기술 관련 비율은 각 기술가치 평가요인을 결합하여 산출하는 것이다.

이해를 돕기 위해 아래의 실제적인 2가지 기술가치평가방법을 간략히 예시하였고 산출 공식도 열거하였다.

(1) 기술가치평가액 I

시가총액 순자산액	무형자산 가치액	무형자산 가치액 비율	경험치기술기여도율	기술가치평가액
100	70	30%	25%	7.5

*(경험치 기술가치평가=총기업가치(시가총액)×(무형자산가치비율×경험치 기술공헌도율)

(2) 기술가치평가액 II

법적 보호강도	상업적 우위도강도	기술강도율
35%	45%	80%

*기술강도율=상업적우위도 강도+법적보호강도

연구개발비	광고선전비	교육훈련비	기술관련 총비용	기술자산구성비율	기술요소율
5	2	2	10	50%	15%

*기술자산 구성비율=기술관련 총비용/연구개발비
*기술요소율=무형자산가치비율×기술자산구성비율
*기술기여도율=기술강도율(80%)×기술요소율(15%)

기업가치(시가)총액	기술기여도율	기술가치평가액
100	12%	12

*기술기여도 기술가치평가=총기업가치(시가총액)×기술기여도율

상기표에서 보는 것과 같이 기술가치평가는 객관적이고 과학적인 방법에 의하여 아무리 합리성을 기한다 하더라도 평가목적이나 방법에 따라 그 평가금액에는 차이가 있을 수가 있다.

이러한 기술가치 평가방법에는 세부적으로 계량적 평가와 비계량적 평가를 병용하여 기술시장에 부합되게끔 추가적인 평가를 실시하여 보완할 수도 있다.

13) 기술사업화란 무엇인가

기술자산(IP)은 비즈니스(사업화)로 연결하는 과정을 기술사업화라고 한다. 기술사업화의 성공측도는 일반적으로 투자수익률(ROI=5년간 평균수익/평균투자액) 즉, 투자액 대비 기술자산 수익성 크기가 좌우하는 것이며 그 공식과 도해를 정리해 보면 다음과 같이 간략히 설명된다.

(1) 기술자산 수익성 공식

$$\text{기술자산 수익성} = \frac{\text{기술자산}}{\text{R\&D 투자}} \times \frac{\text{수익}}{\text{기술자산}}$$

(2) 기술사업화 도해표

R&D 투자 → 기술자산형성 → 기술사업화 → 수익창출

14) 기술사업화 타당성평가는 어떻게 하는가

기술사업화를 위해서는 사업추진 타당성을 평가하여야 하는 것으로 기술 완성도 평가수준보다 깊이 있는 기술평가를 수행하는 과정이며, 대상기술의 사업적 활용이 가능한지 전략적인 관점에서 기술이 적용될 신규 사업 가능성에 대한 분석과정이라고 할 수 있다.

기술사업화의 성공여부를 가늠하고 실패를 최소화하기 위해서 사전에 기술사업화 타당성평가를 실시해 보아야 한다.

참고로 기술사업화 성공가능성 평가에는 여러 가지 방법이 있으며 특히 Bruce Merrifield-Ohe 박사가 창안한 BMO법이 본 방식과 평가내용이 유사함을 밝혀둔다.

아래의 기술사업화 타당성평가에서 70점 이상 상위 2번째 단계인 우수점수를 획득하지 못하면 기술사업화는 실패할 가능성이 높아 사업화를 보류하거나 재검토를 고려하여야 한다.

기술사업화 타당성 평가항목

기술사업화 타당성 평가

해당등급에 마크(x)를 하세요.

대항목	중항목	소항목	평가점수				
			아주약함(2)	약함(4)	보통(6)	우수(8)	아주우수(10)
사업 매력도	시장규모	5년후 시장규모, 이익가능성			x		
	성장성	기술/상품성숙도, 예상 성장률, 응용가능제품수		x			
	경쟁상황	시장침투 능력, 특허기술				x	
	수익성	수익률, 성장률, 수익의 규모			x		
	리스크분산	시장의 세분화	x				
사업 능력도	기술능력	기술개발력, 기술수준, 기술성숙도			x		
	생산능력	기존시설 및 활용도, 원부자재동원				x	
	자금능력	소요자금규모, 동원능력					x
	마케팅능력	시장접근능력, 유통능력	x				
	경영요인	최고경영자 지원, 개발 책임자, 팀워크			x		
	합계점수	56	4	8	18	16	10

합계점수 평가: 30 미만 아주약함, 30~49 약함, 50~69 보통, 70~89 우수, 90~100 아주우수

상기표에 의하면 기술사업화 타당성 평가 점수는 56점으로 평가등급은 보통 등급으로 표시된다. 기술사업화 타당성평가는 시장이나 벤치마킹할 수 있는 사업아이템과 비교하여 얼마나 우위 혹은 열세에 있는지 분석하고 평가하는 방법으로 사업매력도와 사업능력도로 구분하여 평가한다. 평가요령은 아래와 같다.

(1) 사업매력도 평가요령

1. 시장규모는 나라와 산업에 따라 격차가 많으나 창업 5년 후 전체 시장규모가 10억, 100억, 1000억, 5000억, 1조 이상의 5단계 기준으로 평가한다.

2. 성장성은 창업 후 5년간의 연평균성장률이 20% 이상, 15% 이상, 10% 이상, 5% 이상과 미만 5단계 기준으로 평가한다.
3. 경쟁상항은 보유하는 특허기술, 수명, 시장침투력을 기준으로 평가한다.
4. 수익성은 영업이익률 기준으로 최소한도 20%이상, 성장률과 수익의 규모를 가늠하여 평가한다.
5. 리스크 분산은 시장의 세분화가 많고 다양하면 높은 점수를 주고 그러하지 않으면 낮은 점수를 준다.

(2) 사업능력도 평가요령

1. 기술력이 갖추어 있으며 기술확보가 용이하다.
2. 생산능력은 제조시설이 확보 혹은 임차가 용이하거나 사용에 불편이 없어야 하고 원부자재 동원이 용이하다.
3. 자금능력은 자금규모및 소요가 많지를 않고 조달이 용이하다.
4. 마케팅능력은 자체 내에서 우수하고 준비된 마케팅 계획이 있어야 하고 방안이 준비되어야 한다.
5. 경영능력은 팀 구성(팀워크)이 잘 되어 있고 경험과 경륜 있는 매니지먼트로부터 지원이 가능하여야 한다.

15) 기술 이전이란 무엇인가

기술 이전에는 소유권을 이전하는 방법과 실시권을 허용하는 방법으로 나뉘며 실시권에는 전용적인 독점권을 부여하느냐 여부에 따라 구분된다.

참고로 BM특허 관련 정보는 www.kipo.go.kr에서 검색하면 알 수가 있고 기술이전이나 기술정보를 제공하거나 도와주는 기술관련 컨설팅사도 주위에서 쉽게 찾아볼 수 있다.

특히 정부나 지방자치체에서는 기술에 대한 각종 지원센타를 운용하고 있어 방문하여 상담하고 적극 활용하면 도움이 된다.

Chapter 02 기술가치평가를 위한 기본정보 입력

기술가치평가를 위해서는 피평가업체의 재무정보가 기본으로 필요하다. 부록에 있는 시스템 프로그램에서는 기본정보로서 비교적 간단한 재무정보를 아래와 같이 예시하니 하기에 있는 재무 데이터만은 최소한도 준비하여야 한다.

기술가치평가를 위해 아래 기본정보 입력표의 옅은파랑색이 있는 입력란에 요구되는 기본정보 자료 입력을 시작으로 가치평가를 실시한다.

기업가치 산출을 위한 기본정보 입력

한국산업(주)

단위: 천 원

	Start up	1차 연도	2차 연도	3차 연도	4차 연도	5차 연도
매출						
매출액		500,000				
연간 매출증감율 추정			30.0%	27.7%	20.5%	15.0%
매출원가		176,250				
매출총이익		323,750				
매출총이익률추정		64.8%	64.5%	64.5%	64.5%	64.5%
판매 및 일반관리비						
판매비		40,000				
일반관리비		177,500				
비용합계		217,500				
감가상각비(매출원가와 판매 및 일반관리비에 포함된 감가비)	2,500	6,667	9,167	10,833	12,500	
판매 및 일반관리비 증가율			25.0%	44.0%	31.0%	25.0%
운영자금	–	47,438	61,050	75,488	90,750	90,750
재고자산	–	6,038	7,770	9,608	11,550	11,550
매출채권 및 미수금	–	57,500	74,000	91,500	110,000	110,000

매입채무 및 미지급금(-로 입력함)		-	(16,100)	(20,720)	(25,620)	(30,800)	(30,800)
자본적지출(CAPEX)			30,000	20,000	10,000	10,000	10,000
자본지부 정보							
자본지부 합계	125,000						
자본금	125,000						
차입금(부채)	-						
차입금 이자율	4.0%						
상환기간	5						
자본기대수익률(세전)	20.0%						
5년 후 성장률 (가능하면 물가인상률을 초과하지 말 것)	5.0%						
유사기술기업 매출액(시장가치평가목적)	650,000						

Note

1. 기술가치평가나 기업가치평가에는 공히 평가 대상 기업의 재무제표가 요구된다. 재무제표 자료는 과거 3년치와 미래 5년치가 가장 적합하나 부록에 있는 시스템 프로그램에서는 보다 간편하게 접근하고 쉽게 평가결과를 도출하기 위해 과거 1년도와 미래 4개년도 총 5개년도를 가지고 간편히 기술가치평가를 할 수 있는 재무기본정보 입력표가 준비되어 있다.

2. 중단기 기간에 따라 가치평가 결과물은 달라질 수 있으나 기술가치는 비교적 미래의 수익에 기반을 두는 경우로서 총 5개년도(과거연도+미래연도)로 융통성 있게 사용하는 것을 권장한다.

3. 재무제표로부터 꼭 필요한 최소한도의 자료가 열거되었으니 본 자료는 기술가치평가를 위한 기본정보자료로 활용된다.

Chapter 03

기본정보로 작성되는 현금흐름표

재무제표 중의 하나인 현금흐름표는 기업가치평가와 기술가치평가에 공히 활용되는 주요 자료이다. 재무제표에서 발췌된 기본정보로 현금흐름표가 작성되는 것이며 시스템 프로그램에서는 자동으로 현금흐름표가 작성된다.

현금흐름표

	1차 연도 월평균	1차 연도	2차 연도	3차 연도	4차 연도	5차 연도
매출	41,667	500,000	650,000	830,050	1,000,210	1,150,242
매출원가	14,688	176,250	230,750	294,668	355,075	408,336
매출총이익	26,979	323,750	419,250	535,382	645,136	741,906
매출총이익률	64.8%	64.8%	64.5%	64.5%	64.5%	64.5%
판매비와 일반관리비						
판매비	3,333	40,000	50,000	72,000	94,320	117,900
일반관리비	14,792	177,500	221,875	319,500	418,545	523,181
	–	–	–	–	–	–
판매비와 일반관리비 합계	18,125	217,500	271,875	391,500	512,865	641,081
세전 영업손익	8,854	106,250	147,375	143,882	132,271	100,825
감가상각비	208	2,500	6,667	9,167	10,833	12,500
변동 운영자금	3,953	47,438	13,613	14,438	15,263	–
재고	503	6,038	1,733	1,838	1,943	–
외상매출 및 미수금	4,792	57,500	16,500	17,500	18,500	–
외상매입 및 미지급금	(1,342)	(16,100)	(4,620)	(4,900)	(5,180)	–
자본적지출(CAPEX)	2,500	30,000	20,000	10,000	10,000	10,000
연도별 현금흐름						

Chapter 04 기술가치 예비평가와 사업화 타당성평가

기술가치 예비평가에는 1) 기술의 성숙도 지수에 따라 기술의 현재 위치를 파악하는 것과 2) 기술 완성도 3) 기술가치평가 준비 체크리스트 3가지로 구성되어 있다. 그리고 기술의 사업화가 실제로 가능한지를 전략적 관점에서 평가하는 4) 사업화 타당성평가가 본 장에서 예비평가와 구분하여 기술되었다.

1) 기술의 성숙도 평가

기술가치 예비평가는 특정 기술이나 R&D 기술의 상용화 여부를 판단하기 위한 약식평가로 현재의 기술단계가 어느 단계에 해당하는지를 파악하여 아래의 옅은파랑색 란에 성숙도지수의 해당 단계번호를 입력한다.

기술성숙도 지수

단계		정의	설명
기초연구 단계	1	기초실험	기초이론 정립단계
	2	개념정립	기술개발 개념 정립 및 아이디어에 대한 특허 출원단계
실험 단계	3	기본 성능검증	- 실험실 환경에서 실험 또는 전산 시뮬레이션을 통해 기본 성능이 검증될수 있는 단계 - 개발하려는 부품/시스템의 기본설계도면을 확보하는 단계
	4	부품/시스템 성능검증	- 시험샘플을 제작하여 핵심성능에 대한 평가가 완료된 단계. - 3단계에서 도출된 다양한 결과중에서 최적의 결과를 선택하려는 단계 - 실험수준에서 기술을 통합하여 작동하는 단계

단계		정의	설명
시작품 단계	5	부품/시스템 제작	- 확정된 소재/부품/시스템의 실험실 시작품 재작 및 성능평가가 완료된 단계. - 개발대상의 생산을 고려하여 설계하나 실제 제작한 시작품 샘플은 수개 미만인 단계. - 경제성을 고려하지않고 기술의 핵심성능만으로만 볼때, 실제로 판매가 될 수 있을 정도로 목표 성능을 달성한 단계.
시작품 단계	6	시제품 성능평가	- 파일롯 규모(복수 양산규모의 1/10정도)의 시작품 제작 및 평가가 완료된 단계. - 파일롯 규모 생산품에 대해 생산량, 생산용량, 불량률 등 제시. - 파일롯 생산을 위한 대규모 투자가 동반되는 단계. - 성능평가결과에 대해 가능하면 공인인증 기관의 성적서 확보. - 실제와 유사한 환경에서 작동 및 시현하는 단계
제품화 단계	7	시제품 신뢰성평가	- 실제환경에서 시연하여 성능검증이 이루어지는 단계. - 부품 및 소재개발의 경우 수요업체에서 직접 파일롯 시작품을 현장 평가(성능 및 신뢰성평가). - 가능하면 인증기관의 신뢰성 평가 결과 제출
	8	시제품 인증	- 표준화 및 인허가 취득단계. - 시제품이 만들어 지고 시연하는 단계
사업화 단계	9	사업화	- 본격적인 양산 및 사업화 단계. - 기술이 최종적으로 사업에 적용되어 시현되는 단계.

* ENTRI 자료를 참조한 것임.

본 평가대상 기술은 현재 몇 단계 수준에 있는가?   6   단계

2) 기술 완성도 평가

기술 완성도 평가는 예비평가의 한 단계로서 대상기술의 평가를 기술의 유용성과 경제성으로 구분하고 각 5개의 세부항목으로 아래와 같이 구성되어 있다.

기술 완성도 평가는 현장의 기술자, R&D요원 그리고 경영자와의 면담과 관련기술의 시장조사 및 내부자료의 검증을 통하여 이루어 져야 한다.

평가점수는 아주 약함(2점)과 아주 우수(10점)사이에 5단계로 구분되며 등급별 2점씩 차이가 나고 합계점수는 100점 만점으로 하여 평가점수를 내고 있다.

범례에 의하면 적어도 70점 이상을 획득하여야 기술 완성도에 어느 정도 진입한 것으로 해석이 된다.

기술 완성도 평가항목

기술 완성도 평가

해당등급에 마크(x)를 하세요.

구분	항목	세부내용	아주 약함 (2)	약함 (4)	보통 (6)	우수 (8)	아주 우수 (10)
유용성	지속성	기술이 지속적으로 수익을 창출할 수 있는 정도				x	
	수명성	본 기술의 경제적인 수명은 얼마나 갈지 정도				x	
	특허성	특허가 있는지, 특허를 신청하면 특허를 받을 수 있는 정도				x	
	유용성	기술이 유익하며 유용성이 어떠한지 정도			x		
	시장성	시장에서 요구되거나 시장침투및 확산이 가능한지 정도	x				
경제성	기술대체성	본 기술은 현재의 어떠한 기술을 대체할 수 있는지 정도		x			
	기술복잡성	본 기술은 어느 정도 복잡한것인지 실시가능성의 정도				x	
	차별성	본 기술은 다른 기술과 비교하여 우위에 있는 차별성의 정도					x
	법적권리성	특허 및 법적권리는 어느 정도 보장 혹은 보호받는 정도	x	x			
	지위성	본 기술의 사회적, 전략적 지위는 어떠할 것인지 정도				x	
합계점수		66	4	8	12	32	10

합계점수 평가: 30 미만 아주약함, 30~49 약함, 50~69 보통, 70~89 우수, 90~100 아주우수

기술 완성도 평가 점수는 66점으로 평가등급은 보통 등급으로 표시된다.

3) 기술가치 평가요인 체크리스트

기술가치평가를 위한 체크리스트는 아래와 같이 6가지로 구분된 항목에다 세분화된 60가지 평가요인으로 구성되어 있다. 기술가치평가에 임하여 열거된 모든 평가요인을 찾아 객관적 자료를 확보하고 가능하면 담당자와의 인터뷰를 거쳐 증빙 자료와 의견을 기술하여 기술가치평가 준비에 완벽을 기하여야 한다.

기술가치 평가요인 체크리스트

구분	번호	평가요인 내용	점검사항(확보한 자료와 의견)
기술상용요인	1	기술의 상용성	
	2	기술의 우수성	
	3	기술의 독창성	
	4	기술의 타당성	
	5	기술의 경제성	
	6	기술의 사업성	
	7	기술의 전망성	
	8	기술의 경쟁성	
	9	기술의 차별성	
	10	기술의 독자성	
	11	기술의 혁신성	
	12	추가 기술의필요성	
	13	기술의 혁신성	
	14	기술의 수명성	
	15	기술의 완성도	

구분	번호	평가요인 내용	점검사항(확보한 자료와 의견)
기술권리요인	1	기술의 권리 범위성	
	2	기술의 권리 안정성	
	3	기술의 권리 보호성	
	4	기술의 권리 차별성	
	5	기술의 모방 용이성	
	6	기술의 대체성	
	7	기술의 특허성	
	8	기술의 독점성	
	9	기술의 활용성	

분류	번호	항목
시장환경요인	1	기술의 시장환경
	2	시장진입장벽
	3	시장 철수용이성
	4	산업동향과 산업환경
	5	관련 법규와 정책
	6	경쟁자 영향력과 환경
	7	목표시장 규모와 점유율
	8	독과점과 틈새시장
	9	시장지위(Positioning)
사업화요인	1	우호적인 사업환경
	2	생산기반과 생산능력
	3	사업화 전략과 계획
	4	물류시스템과 유통망
	5	품질성
	6	R&D 능력
	7	자금조달및 여력
	8	투자환경과 여력
	9	경영전략 과 전술
수익구조요인	1	원가 우위구조성
	2	원가전략성
	3	고정비와 변동비의 구조성
	4	지속 성장성
	5	지속 수익성
	6	제품포트폴리오(제품성)
	7	프리미엄 가격성
	8	영업력과 마케팅능력
	9	브랜드 인지도
경영능력요인	1	경영자의 이력
	2	경영자의 경영능력과 기술능력
	3	경영자의 평판도
	4	경영자의 신뢰도
	5	경영자의 리더십
	6	기업문화
	7	핵심인력과 기술인력확보성
	8	조직의 혁신성
	9	팀워크

4) 기술사업화 타당성평가

기술사업화 성공을 위해서는 사업추진 타당성을 평가하여야 하는 것으로 기술 예비 평가수준보다 한 단계 높은 평가와 심사를 통하여 기술 사업화의 결정 여부를 판단하는 절차이다. 대상 기술의 사업화가 실제로 가능한지 사업전략적인 관점에서 검토하여 해당되는 평가 점수란에 마크(X) 표시를 하면 합계점수가 타당성 평가 점수가 되어 기술사업화 가능성 및 성공여부를 타진 해 보는 것이다.

기술사업화 타당성 평가항목

기술사업화 타당성 평가

해당등급에 마크(x)를 하세요.

대항목	중항목	소항목	아주약함(2)	약함(4)	보통(6)	우수(8)	아주우수(10)
사업 매력도	시장규모	5년후 시장규모, 이익가능성			X		
	성장성	기술/상품성숙도, 예상 성장률, 응용가능제품수		X			
	경쟁상황	대응능력, 특허				X	
	수익성	수익률, 수익의 규모			X		
	리스크분산		X				
사업 능력도	기술능력	기술개발력, 기술수준, 기술성숙도			X		
	생산능력	기준시설, 원부자재동원				X	
	자금능력	소요자금규모, 동원능력					X
	마케팅능력	시장접근능력, 유통능력	X				
	경영요인	최고경영자 지원, 개발 책임자				X	
	합계점수	56	4	8	18	16	10

합계점수 평가: 30 미만 아주약함, 30~49 약함, 50~69 보통, 70~89 우수, 90~100 아주우수

상기표의 기술사업화 타당성 평가 점수는 56점으로 등급은 평가등급 범례에 따라 보통 등급으로 표시된다. 최소한도 70점 이상인 우수등급을 획득하지 못하면 사업화 타당성 기반이 약하여 기술사업화가 어렵다고 보아야 한다.

수익법 기술가치평가

시스템 프로그램에 있는 수익법 기술가치평가표 중심으로 실제적인 기술가치평가를 실례로 하여 그 산출과정을 추적해 본다.

1) 수익법 기술가치평가표

한국산업㈜

수익법 기술가치평가

A. 개별 기술 강도 (왼쪽의 화살표를 클릭하세요.)

		만점점수	평가점수	가중치
법적기술	1. 권리 보호성	24.0%	24.0%	
	2. 권리 안정성	28.0%	25.0%	
	3. 권리 기간성	24.0%	21.0%	
	4. 권리 기술성	24.0%	20.0%	
	합계	100.0%	90.0%	1.0

		만점점수	평가점수	가중치
상용기술	1. 상용성	15.0%	13.0%	
	2. 시장성	15.0%	14.0%	
	3. 생산성	12.0%	12.0%	
	4. 자립도성	8.0%	6.0%	
	5. 파급효과성	12.0%	8.0%	
	6. 수익성	12.0%	9.0%	
	7. 기술혁신능력성	12.0%	5.0%	
	8. 기술혁신리더십	14.0%	12.0%	
	합계	100.0%	79.0%	1.0
	가중치 반영한 100점 만점 대비 개별기술 강도 점수		84.5%	

B. 산업 기술요소

　　일반적으로 적용되는 산업평균 기술 요소　　　　　　　100.0%　　65.0%

　　산업기술요소=최대 무형자산가치비율 x 평균 기술자산가치비율
　　무형자산가치비율=무형자산/주식시가총액
　　　　　무형자산=주식시가총액−순자산장부가액
　　기술자산가치비율=연구개발비/(연구개발비+광고선전비+교육훈련비)
　　(산업통상자원부 기술가치평가 실무가이드를 참조하였음)

C. 기술 기여도 (=개별기술강도 x 산업기술요소)　　　　　54.9%

D. 기술가치 평가 (DCF 방식에 의한 현금흐름 현재가치)

1차연도	2차연도	3차연도	4차연도	5차연도	6차연도	7차연도	8차연도
30,549	124,978	194,562	247,803	304,369	311,793	319,398	327,188
기술 수명 (연수)과 현금흐름 합계						8	1,860,639

기술가치 평가액 = 현금흐름 현재가치 x 기술기여도　　　1,021,956　단위:천 원

Note

1. 수익법 기술가치평가는 가치평가 방법 4가지 중(수익법, 원가법, 로얄티법, 시장법)에서 가장 보편적이고 현실성 있는 기술가치평가 방법론 중의 하나이다.
2. 개별 기술강도에 표시되어 있는 화살표를 클릭해 보면 구체적인 기술강도평가과정과 내역을 볼 수가 있도록 이동이 된다.
3. 수익법 기술가치평가표에는 A. 개별 기술강도, B. 산업기술요소, C. 기술기여도, D. 기술가치평가액이 순서대로 절차에 따라 공식에 의거 산출되고 있다.
4. 상기 표의 B. 산업기술요소는 산출하는 공식이 열거되어 있고 산업별 기술요소율은 제조업과 서비스업을 구분하여 산업통상자원부 기술가치평가 실무가이드에서 제공하고 있어나 그 산출과정과 계산이 복잡하여 통상 적용되는 산업평균 기술요소율 65%로 가정하였다.
5. 경우에 따라서는 로얄티법이나 시장가치법에서 산출된 각 기술가치평가액을 수익법 기술가치평가액과 함께 가중치로 평균하여 기술가치값을 구할 수 있는데 필요하다면 이러한 Hybrid법(혼합)을 활용할 수도 있다.

2) 기술강도평가분석표 입력

수익법 기술가치평가표에 화살표가 있는 A. 개별기술강도를 클릭하면 아래의 기술강도평가분석표로 이동되어 개별기술강도를 평가하고 산출하게 된다.

평가 점수는 해당되는 평점분류표에 의거하여 해당되는 점수를 찾아서 입력한다.

(1) 법적 보호강도

법적 기술	기술강도 평가 요소		A		B		C		D		E	평가 점수
1. 권리 보호성	특허 권리의 지역범위가 어디까지냐 (지역, 국내, 국외)	6.0	세계 전역	5.0	일부 해외 지역	4.0	국내 지역	3.0	국내 일부 지방	2.0	지역 범위 없음	6.0
	특허 권리의 보호 강도는 어떠하냐	6.0	아주 강함	5.0	강함	4.0	보통	3.0	조금 약함	2.0	약함	6.0
	특허 권리의 충실성은 어떠하냐	6.0	아주 강함	5.0	강함	4.0	보통	3.0	조금 약함	2.0	약함	6.0
	특허 법적권리성이 어떠하냐	6.0	권리성 아주 우수	5.0	권리성 우수	4.0	보통	3.0	권리성 적다	2.0	권리성 없다	6.0
		24.0										24.0
2. 권리 안정성	특허 권리의 안정성은 어떠하냐	6.0	아주 강함	5.0	강함	4.0	보통	3.0	조금 약함	2.0	약함	6.0
	특허 권리의 완성도는 어떠하냐	6.0	아주 강함	5.0	강함	4.0	보통	3.0	조금 약함	2.0	약함	6.0
	특허 기술의 독창성은 어느 정도이냐	4.0	아주 강함	3.5	강함	3.0	보통	2.5	조금 약함	1.5	약함	3.0
	특허 기술의 확장성은 어떠하냐	6.0	아주 강함	5.0	강함	4.0	보통	3.0	조금 약함	2.0	약함	5.0
	특허기술의 학습가치는 어떠하냐	6.0	충분한 기술	5.0	유익한 기술	4.0	보통	3.0	지원 필요	2.0	많은 지원 필요	5.0
		28.0										25.0
3. 권리 기간성	특허 권리의 기간은 언제까지이냐	8.0	15년 이상	6.0	15년 미만	5.0	10년 미만	4.0	8년 미만	2.0	5년 미만	8.0
	특허기술의 경제적인 수명은 어느 정도이냐	8.0	10년 이상	6.0	6~1년 미만	5.0	6년	4.0	5년 미만	2.0	3년 미만	8.0
	특허 기술의 영향력은 어느 정도이냐	8.0	아주 강함	6.0	강함	5.0	보통	4.0	조금 약함	2.0	약함	5.0
		24.0										21.0

	평가요소	A		B		C		D		E		평가점수
4. 경쟁 기술 방어성	특허 기술의 기능적 우위성은 어떠하냐	6.0	아주 강함	5.0	강함	4.0	보통	3.0	조금 약함	2.0	약함	6.0
	특허 기술의 타 기술에 대한 방어성은 어떠하냐	6.0	아주 강함	5.0	강함	4.0	보통	3.0	조금 약함	2.0	약함	5.0
	선행기술과의 차별성은 있느냐	6.0	아주 강함	5.0	강함	4.0	보통	3.0	조금 약함	2.0	약함	4.0
	특허 기술의 경쟁력은 어떠한가	6.0	아주 강함	5.0	강함	4.0	보통	3.0	조금 약함	2.0	약함	5.0
		24.0										20.0
	종합점수	100.0		81.5		66.0		50.5		31.5		90.0
	가중치											1.0

(2) 상용 우위성 강도

상용기술	기술강도 평가 요소	평점분류										평가점수
		A		B		C		D		E		
1. 상용성	제품화 개발역량 및 가능성	3.0	아주 강함	2.5	강함	2.0	보통	1.5	조금 약함	1.0	약함	3.0
	제품화 기획추진 능력 및 가능성	3.0	아주 강함	2.5	강함	2.0	보통	1.5	조금 약함	1.0	약함	3.0
	제품의 마케팅 능력 및 용이성	3.0	아주 강함	2.5	강함	2.0	보통	1.5	조금 약함	1.0	약함	3.0
	제품화(사업화)의 소요기간성	3.0	6개월 이내	2.5	6개월 ~1년	2.0	1년	1.5	1~2년	1.0	2년 이상	3.0
	제품화(사업화) 자금의 필요성과 규모성	3.0	자금 불필요	2.5	최소 자금	2.0	보통 자금	1.5	어느 정도 자금	1.0	많은 자금	1.0
		15.0										13.0
2. 시장성	시장진출 및 진입의 용이성	3.0	아주 강함	3.5	강함	3.0	보통	2.5	조금 약함	1.5	약함	3.0
	시장진출 후 성장가능성	2.0	아주 강함	1.5	강함	1.0	보통	0.5	조금 약함	0.0	약함	2.0
	제품의 지역적 적용성은 어떠한가	3.0	세계 전지역	3.5	세계 일부 지역	3.0	국내 지역	2.5	일부 국내 지역	1.5	없음	3.0
	제품의 우수성(디자인, 편리성, 기능성, 차별성)	3.0	아주 강함	3.5	강함	3.0	보통	2.5	조금 약함	1.5	약함	3.0
	유사기술의 시장진출 성공여부는 어떠한가	2.0	아주 강함	1.5	강함	1.0	보통	0.5	조금 약함	0.0	약함	1.5
	기술제품에 대한 고객의 구매의지는 어떠한가	2.0	강한 구매 의지	1.5	정도 구매 의지	1.0	알 수 없음	0.5	일부 구매 의지	0.0	구매 의지 없음	1.5
		15.0										14.0

	항목											
3. 생산성	제품화를 위한 투자와 설비, 인원의 필요성	3.0	필요 없음	2.5	일부 필요	2.0	보통	1.5	어느 정도 필요	1.0	많이 필요	3.0
	생산시설 구입 및 구비 능력	3.0	20년	2.5	15년	2.0	10년	1.5	8년	1.0	5년	3.0
	생산기술 응용 및 확장성	3.0	아주 강함	2.5	강함	2.0	보통	1.5	조금 약함	1.0	약함	3.0
	생산의 용이성	3.0	아주 강함	2.5	강함	2.0	보통	1.5	조금 약함	1.0	약함	3.0
			12.0									12.0
4. 자립도성	전체인용 기술건수 대비 자신의 특허기술이용 건수율은?	4.0	95% 이상	3.5	80% 이상	3.0	50% 이상	2.5	30% 이상	1.5	30% 미만	2.5
	특허기술과 축적된 기술 활용도는 어느 정도?	4.0	아주 강함	3.5	강함	3.0	보통	2.5	조금 약함	1.5	약함	3.5
			8.0									6.0
5. 파급 효과성	경쟁업체의 관심과 파급효과는 어떠한가	2.0	관심과 효과 강함	1.5	부분 관심과 효과	1.0	알 수 없음	0.5	일부 관심	0.0	무관심, 무효과	1.0
	경쟁사의 영향력(시장 점유율)은 어떤 변화가 있는가	2.0	큰 감소 변화	1.5	부분 감소 변화	1.0	알 수 없음	0.5	약한 변화	0.0	무변화	1.0
	특허기술로 인하여 인원 감축효과가 있느냐	2.0	아주 강함	1.5	강함	1.0	보통	0.5	조금 약함	0.0	약함	1.0
	원가절감 및 수율향상 효과가 있느냐	2.0	아주 강함	1.5	강함	1.0	보통	0.5	조금 약함	0.0	약함	2.0
	기존 기술을 대체하는 효과가 있느냐	2.0	아주 강함	1.5	강함	1.0	보통	0.0	조금	0.0	약함	2.0
	외부구입 혹은 수입을 대체하는 효과가 있느냐	2.0	아주 강함	1.5		1.0	보통	0.5	조금 약함	0.0	약함	1.0
			12.0									8.0
6. 수익성	신기술의 경제적(수익적)인 유효수명은 어떠한가	4.0	10년 이상	3.5	6~10년	3.0	6년	2.5	5년 미만	1.5	2년 미만	3.0
	신기술로 인하여 높은 가격을 유지할 수 있느냐	4.0	아주 강함	3.5	강함	3.0	보통	2.5	조금 약함	1.5	약함	3.0
	신기술에 의한 원가혁신으로 절감효과가 있느냐	4.0	아주 강함	3.5	강함	3.0	아주 강함		보통	조금 약함	1.5	약함	3.0
			12.0									9.0

	항목											
7. 기술 혁신 능력성	기술사업화 실적-상용화 실적	2.0	아주 강함	1.5	강함	1.0	보통	0.5	조금 약함	0.0	약함	0.0
	기술사업화 실적-특허출원 및 특허, 의장, 실용신안, BM 실적	2.0	아주 강함	1.5	강함	1.0	보통	0.5	조금 약함	0.0	약함	1.0
	기술사업화 실적-기술에 관한 인증과 수상실적	2.0	아주 강함	1.5	강함	1.0	보통	0.5	조금 약함	0.0	약함	1.5
	R&D 활동- 매출액 대비 기술연구비 투자비율은?	2.0	20% 이상	1.5	15% 이상	1.0	10% 이상	0.5	5% 이상	0.0	5% 미만	1.0
	R&D 활동-기술개발인력은 충분하며 학위 및 자격증 구비 여부는	2.0	아주 강함	1.5	강함	1.0	보통	0.5	조금 약함	0.0	약함	0.5
	R&D 활동- 기술연구소 및 기술연구부서의 조직과 활동상은	2.0	아주 강함	1.5	강함	1.0	보통	0.5	조금 약함	0.0	약함	0.5
		12.0										4.5
8. 기술 혁신 리더십	기술혁신, 창의적인 연구환경과 동기부여가 어느 정도 제공되는가	0.0	아주 강함	0.0	강함	0.0	보통	0.0	조금 약함	0.0	약함	0.0
	기술 및 특허관리와 기술에 대한 도전과 방어관리능력은 어떤가	0.0	아주 강함	0.0	강함	0.0	보통	0.0	조금 약함	0.0	약함	0.0
	본 기술에 대한 기술개발과 지원이 지속적으로 언제까지 가능한가	2.0	지속적인 기간	1.5	필요한 기간	1.0	보통	0.5	1년 미만	0.0	없음	1.5
	대체기술의 존재유무와 대체가능성은 어떠한가	2.0	대체기술 없음	1.5	작은 대체기술	1.0	보통	0.5	부분 대체기술	0.0	대체기술 없음	1.5
	기술의 복잡성은 어떠하며 Copy 가능성은 어떠한가	2.0	기술복사 불가능	1.5	기술복사 어려움	1.0	보통	0.5	부분 기술복사	0.0	기술복사가 용이	2.0
	기술의 차별적인 시장에서의 위치는 어떠한가	2.0	아주 우위의 위치	1.5	우위의 위치	1.0	보통	0.5	일부 부정적 위치	0.0	부정적인 위치	1.5
	기술 리더십의 전략적 지위는 어떠한가	2.0	강한 리더십	1.5	부분적 리더십	1.0	보통	0.5	기술 리더십 약함	0.0	기술 리더십 없음	1.5
	경영자의 기술수준과 이해도 그리고 보유기술은 있는가	2.0	아주 강함	1.5	강함	1.0	보통	0.5	조금 약함	0.0	약함	2.0
	경영자의 기술경력은 어느 정도인가	2.0	20년 이상	1.5	15년 이상	1.0	10년 이상	0.5	5년 이상	0.0	5년 미만	2.0
		14.0										12.0
종합점수			100.0		83.5		64.0		44.5		21.0	78.5
상용기술 가중치												1.0
산업평균 기술요소율												65%
보유기술 사용연수												8년

Note

1. 기술강도 평가 분석표는 법적기술 강도 4종목 16항목, 상용기술 강도 8종목 41항목으로 구성되어 있고 법적기술과 상용기술을 각기 100점 만점을 기준으로 하였다. 합산을 할 경우 업종과 기술의 특성에 따라 법적기술과 상용기술의 중요도 비중만큼 가중치를 둘 수 있게 되어 있다. 일반적으로 그 비중을 법적기술 0.7: 상용기술 1로 하고 있지만 이것도 정해 놓은 것은 없고 업종의 특성과 기술성격에 따라, 가중치가 달리 적용될 수 있다.
2. 각 항목별 내용이나 평가 점수, 가중치와 평가방법은 주관성이 다소 강할 수 있어 최대한 객관적인 평가와 입증방안이 함께 제시되어야 한다.
 가중치를 반영한 종합평가 점수공식은 아래와 같다.
 ((법적기술×가중치1)+(상용기술×가중치2))/가중치1+가중치2
3. 일반적으로 적용되는 산업평균기술요소는 무형자산을 100%로 볼 때 기술가치가 차지하는 비율이며 통상적으로 65%를 적용한다. 산업평균 기술요소율을 분석표 하단의 입력란에 입력하거나 필요하다면 별도로 공식에 의거 산출하여 입력할 수 있다.
4. 보유기술 특허기간이나 잔류기간 혹은 사용연수는 분석표 하단의 입력란에 입력한다.

Chapter 06 역사적 원가 기술가치평가

시스템 프로그램에 있는 역사적 원가 기술가치표를 중심으로 실제적인 기술가치평가를 가상의 숫자를 입력하여 그 산출과정을 추적해 본다.

역사적 원가 기술가치

통화	단위: 천 원	기술관련 비용발생 기준연도 입력	금액 2015	2014	2013	2012	Total	Total
기술관련 비용발생 기준연도 입력		1. 기술관련 조사인력	5,000	5,000	5,000	6,000	21,000	
		2. 기술자					–	
		3. 연구인력. 보조자					–	
		4. 기타 인력					–	
		소계	5,000	5,000	5,000	6,000	21,000	21,000
기술.특허. 지적재산(IP)에 관련된 연구개발비(R&D)		1. R&D 소프트웨어 구입					–	
		2. R&D 장비구입					–	
		3. 프로토 타입 제조와 테스트비용				2,000	2,000	
		4. R&D 출장비와 교육훈련비					–	
		5. 하청이나 협력업자 지출비용					–	
		6. 운영및 관리비용					–	
		7. 기타 비용					–	
		소계	–	–	–	2,000	2,000	2,000
기술.특허. 지적재산(IP)에 관련된 법적인 비용과 관리비용		1. 지적재산권, 특허권 등의 법률적인 제반비용					–	
		2. 준비기간 제반비용					–	
		3. 지적재산권, 특허권등 신청비용					–	
		4. 지적재산권, 특허권 관리비용				60,000	60,000	
		5. 번역비, 설계비					–	
		6. 등록비					–	
		7. 기타비용					–	
		소계	–	–	–	60,000	60,000	60,000

상기에 예시되지 않은 항목	1. 비용내용기술				–	–	
	2. 비용내용기술					–	
	3. 비용내용기술				80,000	80,000	
	소계	–	–	–	80,000	80,000	80,000
	합계	5,000	5,000	5,000	148,000	163,000	163,000

역사적 원가 합계	163,000
	163,000
물가인상률	5.0%
역사적 원가 기술가치	187,091

Note

1. 원가접근법은 역사적접근법, 대체원가접근법, 재생산 원가법이 있으나 그중 일반적으로 많이 통용되는 역사적접근법을 채택하여 프로그래밍이 되었으며 만일 기술이 최근에 취득되었거나 기술 개발비용이 체계적으로 정리되어 기록된 경우는 적합한 기술가치 평가방법이다.

2. 역사적 원가 기술가치를 위한 제반 비용은 재무제표의 비용항목이나 금액과 일치되지 않을 수 있으며 독자적인 증빙에 의거, 계산된 비용을 입력할 수 있다. 마지막 "상기에 예시되지 않은 항목"은 만일 원가적 기술가치표에 예시되지 않는 비용항목이 있다면 사용자가 그러한 비용항목을 3가지까지 정하여 추가로 입력할 수 있다.

Chapter 07

로열티법 기술가치평가

시스템 프로그램에 있는 로열티법 기술가치평가표를 중심으로 실제적인 기술가치평가를 가상의 숫자를 입력하여 그 산출과정을 추적해 본다. (산업통산자원부 기술가치평가 실무가이드 참조)

1) 로열티법 기술가치평가표

로열티접근법에 의한 기술 가치평가

평가대상 자산	정밀 유도기술										
결산연도	2015										

결산연도의 매출액		500,000									
기술 수명기간 년수		1	2	3	4	5	6	7	8	9	10
매출신장율(전년도 대비)		25.00%	30.00%	27.70%	20.50%	15.00%	5.00%	5.00%	5.00%	5.00%	5.00%
년도별 영업이익률		20.75%	23.32%	25.98%	27.71%	28.63%	28.63%	28.63%	28.63%	28.63%	28.63%
매출신장율(전년도 대비)		25.00%	30.00%	27.70%	20.50%	15.00%	5.00%	5.00%			
년도별 영업이익률		20.75%	23.32%	25.98%	27.71%	28.63%	28.63%	28.63%			
평균영업이익률		26.54%					일반적으로 매출신장율은 6년째 부터 (경제성장률 + 인플레이션)율 내로 제한하여 성장률을 추정하는 것이며 본장에서는 물가상승율을 적용함.				
추정 로열티 (Thumb법은 영업이익의 25%임)											
기술 이용률 비중		86%									
Thumb 로열티율 (평균영업이익률xThumb율x기술공헌도율)		5.71%	산업평균 시장로열티율		3.33%	산업평균 시장로열티율					
로열티율 선택	Thumb법	5.71%									
법인세 등		22.5%									
할인률(왼쪽 화살표를 클릭하세요)		11.40%									
기술 수명(년)		8.0									

단위: 천 원

	2015	2016	2017	2018	2019	2020	2021	2022			
매출	500,000	625,000	812,500	1,037,563	1,250,263	1,437,802	1,509,692	1,585,177			
영업이익	103,750	145,753	211,066	287,473		411,708	432,293	453,908			
로열티액	28,527	35,658	46,356	59,197	71,332	82,032	86,133	90,440			
법인세 등	6,419	8,023	10,430	13,319	16,050	18,457	19,380	20,349			
세후손익	22,108	27,635	35,926	45,877	55,282	63,575	66,753	70,091			

로열티 순현재가치(로열티 기술가치평가액)		227,741	천 원

Note

1. 기술을 제3자에게 라이센싱을 주거나 받을 경우에 적용되는 기술가치평가 방법이다.
2. 한국산업의 로열티율은 통계자료가 미비하여 미국의 로열티통계자료를 원용하기도 하고 한국산업의 로열티자료와 혼용하여 사용하기도 한다. 이러한 제한된 상황에서 일반적으로 통용되는 Thumb 로열티율과 산업평균 시장로열티율 중에서 선택하여 사용한다.
3. Thumb법 로열티산출 공식은 상기 표에 표기되어 있고 산업평균법 로열티산출은 왼쪽의 화살표를 클릭하면 해당 장으로 이동되어 상세히 산출과정을 안내하고 있다.
4. 결론적으로 로열티접근법 기술가치평가액은 로열티 전체금액을 할인률로 현재가치(NPV)화 한 것이다.
5. 업종별 로열티율 산출과 기술이용률 및 할인률은 화살표를 클릭하여 해당 장으로 이동되어 그 산출내용을 추적해 나갈 수 있게 연결되어 있다.
6. 연결되어 있는 내용은 본 장에서 계속하여 항목별로 도표와 설명으로 이어지게 기술되어 있다.

2) 업종별 로열티율과 로열티 조정계수율표

로열티접근법에 의한 기술가치평가표에 화살표가 있는 "Thumb 로열티율"을 클릭하면 해당 장으로 이동되어 업종별 로열티율과 조정계수율이 아래와 같이 나타난다. 해당되거나 적합한 로열티율을 선택하고 조정계수로 조정된 로열티율을 산출하는 것이다.

(1) 한국 업종별 로열티율

아래의 로열티 통계표는 산업통상자원부 기술가치평가 실무가이드를 인용하였다.

한국 업종별 상관행법 로열티 적정범위 통계표

산업	구분	상장기업 하한	상장기업 중앙	상장기업 상한	비상장기업 하한	비상장기업 중앙	비상장기업 상한
	농업, 임업 및 어업					3.20%	
	광업					2.87%	
제조업	식료품 제조업	1.34%	1.65%	2.60%	2.02	2.24%	4.12%
	음료 제조업	1.90%	4.06%	4.81%		5.10%	
	담배 제조업		8.58%				
	섬유제품 제조업; 의복 제외	0.45%	0.98%	3.23%	1.84%	2.07%	3.18
	의복, 의복액세서리 및 모피제품 제조업	1.78%	2.05%	3.58%	1.80%	2.03%	2.98
	가죽, 가방 및 신발 제조업		1.36%		1.52%	2.33%	3.73%
	목재 및 나무제품 제조업; 가구제외		1.01%		1.35%	1.93%	2.61%
	펄프, 종이 및 종이제품 제조업	1.49%	1.66%	3.11%	1.81%	2.02%	3.38%
	인쇄 및 기록매체 복제업		2.05%		2.25%	2.44%	3.21%
	코크스, 연탄 및 석유정제품 제조업		3.05%		1.35%	2.23%	2.89%
	화학물질 및 화학제품 제조업; 의약품 제외	1.97%	2.53%	4.97%	2.24%	2.55%	5.38%
	의료용 물질 및 의약품 제조업	2.96%	3.57%	5.12%	2.54%	4.28%	5.35%
	고무제품 및 플라스틱제품 제조업	1.73%	2.13%	3.56%	1.99%	2.24%	4.21%
	비금속 광물제품 제조업	1.95%	2.29%	5.63%	2.30%	2.51%	5.11%
	1차 금속 제조업	1.53%	2.01%	4.06%	1.86%	2.13%	3.32%
	금속가공제품 제조업; 기계 및 가구 제외	1.51%	1.91%	2.90%	2.26%	2.53%	4.04%
	전자부품, 컴퓨터, 영상, 음향 및 통신장비 제조업	1.88%	2.38%	5.04%	2.06%	2.37%	4.92%
	의료, 정밀, 광학기기 및 시계 제조업	2.55%	3.84%	5.01%	2.50%	2.93%	5.39%
	전기장비 제조업	1.79%	2.12%	3.01%	2.01%	2.27%	4.13%
	기타 기계 및 장비 제조업	2.06%	2.61%	4.36%	2.29%	2.54%	4.24%
	자동차 및 트레일러 제조업	1.33%	1.58%	3.19%	1.84%	2.09%	3.37%
	기타 운송장비 제조업	2.89%	3.84%	5.07%	2.34%	2.65%	4.40%
	가구 제조업		3.20%		1.85%	2.11%	3.89%
	기타 제품 제조업		3.80%		1.92%	2.17%	3.16%
비제조업	전기, 가스, 증기 및 수도사업					3.37%	
	하수·폐기물처리, 원료재생 및 환경복원업				2.72%	3.64%	4.02%
	건설업	1.22%	1.55%	2.86%	1.73%	1.94%	3.16%
	도매 및 소매업				1.71%	2.02%	4.11%
	운수업					3.49%	
	숙박 및 음식점업					1.28%	
	출판, 영상, 방송통신 및 정보서비스업				2.12%	2.66%	5.71%
	금융 및 보험업					9.29%	
	부동산업 및 임대업					4.93%	
	전문, 과학 및 기술 서비스업				2.33%	2.76%	4.68%
	사업시설관리 및 사업지원서비스업				2.17%	2.32%	2.99%
	공공행정, 국방 및 사회보장 행정					1.63%	
	교육 서비스업				1.14%	1.99%	2.96%
	보건업 및 사회복지 서비스업					5.45%	
	예술, 스포츠 및 여가관련 서비스업					3.98%	
	협회 및 단체, 수리 및 기타 개인 서비스업				1.18%	1.53%	2.02%
	평균 로열티율		2.63%			2.83	

이미 로열티율이 정해진 (1)Thumb법을 제외하고는 아래의 옅은파랑색 란에 해당되는 로열티율을 입력하고 로열티조정계수율을 작성 한다.

하한	상한	상하한차이
2.33%	4.68%	2.35%

첨부된 한국산업 혹은 미국산업의 로열티율에서 해당업종의 로열티율을 선택하고 하한율과 상한율을 입력하며 미국산업의 로열티율은 상.하한 구분없이 동일률로 입력함.

Note

　　기술 평가대상업체의 평균 로열티율은 아래의 4가지 중에서 선택할 수 있으며 시장상황과 기술특성 및 평가목적에 따라 정해진다.

(1) Thumb법 (영업이익의 25%)
(2) 한국업종별 로열티율(상관례 평균)
(3) 시장에서의 유사거래의 로열티율
(4) 미국의 산업별 평균로열티율(미국 로열티율의 통계는 미국에서 통용되는 실적 통계자료임)

(2) 미국 로열티율

미국 로열티율 통계표

번호	산업분류	조사업체수	평균로열티율
1	액서사리	1	8.90%
2	항공	3	4.00%
3	의류	3	6.80%
4	자동차	8	3.30%
5	유아용품	1	6.00%
6	빵, 제과	1	5.20%
7	서적, 출판	1	7.50%
8	건설	1	5.60%
9	비즈니스 서비스	1	11.90%
10	화학	7	4.30%
11	어린이용품	1	6.30%
12	컴퓨터	6	4.60%
13	소비재	3	4.80%
14	교육	1	8.30%
15	전자	9	5.10%
16	에너지와 환경	4	8.00%
17	오락, 엔터테인먼트	1	15.50%
18	진단, 시료	1	3.50%
19	유통	1	5.20%
20	패스트푸드	1	5.10%
21	식품	7	4.40%
22	신발	1	10.00%
23	후렌차이즈	1	5.00%
24	가구	1	7.00%
25	건강	7	6.40%
26	힐링/레저	2	4.50%
27	가정용품	1	7.00%
28	산업재	1	6.40%
29	인터넷	2	8.20%
30	일반 제조업	2	6.40%
31	기계, 공기구	5	4.80%
32	유지보수	1	6.90%
33	방송, 미디어	2	6.50%
34	음악, 비디오	1	7.00%
35	의료장비	1	4.00%
36	선물용품	1	8.30%
37	개인서비스	1	12.50%
38	제약	6	7.50%
39	창업시작	1	20.00%
40	백신	1	7.50%
41	동물건강	1	4.50%
42	농업	1	4.00%
43	프린팅	1	5.40%
44	출판	1	10.60%
45	바이오	1	7.00%
46	부동산	1	7.40%
47	음식, 요식업	1	4.60%
48	소매업	1	6.10%
49	세미콘넥터	4	3.70%
50	서비스	2	5.90%
51	소프트웨어	6	9.60%
52	스포츠품	2	7.70%
53	문구용품	1	10.00%
54	통신	3	5.80%
55	장난감, 게임	3	9.70%
56	여행	1	5.60%
57	장난감, 인형	1	5.50%
	평균로열티율		6.90%

Note

상기표는 미국의 로열티율 통계자료를 참조한 것이며 한국산업로열티율 혹은 시장상황과는 차이가 있을 수 있다.

(3) 로열티 조정계수율

로열티 조정계수율

해당하는 란에 x 표시를 하세요.

구분	영향요인	평가점수(높을 수록 좋은것임)				
		1	2	3	4	5
기술성 5항목	기술의 경제적인 수명은 어떠한가			x		
	기술의 차별성은 있는가			x		
	기술의 우위성과 혁신성은 있는가		x			
	기술의 진행에 따른 기술전망은 어떤가	x				
	기술의 대체가능성은 있는가			x		
권리성 5항목	권리는 안정적으로 보호되는가				x	
	권리의 범위는 어느 정도인가		x			
	권리의 실시성은 어떠한가	x				
	침해발견은 용이하게 파악되는가	x				
	유사기술및 특허환경은 어떠한가	x				
시장성. 사업성 5항목	시장에서의 기술수요성은 어떤가	x				
	생산은 용이한가			x		
	지속이고 성장성은 높은가				x	
	수익성은 얼마나 좋은가	x				
	경쟁력이나 경쟁업체의 영향력은 어떤가		x			
평가항목		6	3	4	2	0
합계점수	32	6	6	12	8	0
조정계수율	42.67%					

*조정계수율=합계점수/만점 점수(75)

Note

조정점수는 총 15항목이며 항목별 5점 만점, 합계 75점 만점을 기준으로 하며 백분비를 표시한 것이나 합계점수가 30점 미만인 경우는 0%로 간주한다.

조정된 로열티	하한 (1)	상하한 차이 (2)	조정 계수율 (3)	로열티 조정률 (4)	조정된 로열티율 (5)
로열티 산출공식(하한율+(상하한 차이)x로열티 조정계수)	2.33%	2.35%	42.67%	1.00%	3.33%

* ② x ③ = ④, ① + ④ = ⑤

3) 로열티 기술이용률

로열티접근법에 의한 기술가치평가표에 화살표가 있는 "기술이용률"을 클릭하면 이동되어 아래의 로열티 기술이용률 산정표가 나타난다.

로열티 기술이용률이란 해당 IP(기술특허)나 기술이 제품에서 차지하거나 사용되는 비율을 말하는 것으로 다르게 표현하면 기술점유율이라고도 한다.

당해 기술이 포함된 제품을 열거하고 사용되는 당해 기술을 대분류와 소분류로 구분 하여 가능하면 상세하게 기술을 명기한다.

대분류 혹은 소분류된 해당기술의 사용비중 합계는 100%가 되어야 하며 "해당 로열티 기술비중"에서 기술비중율을 입력하여 해당 제품과 전체의 기술이용률이 산출하게 되어 있다.

로열티 기술 이용률(점유율)산정표

제품명	제품기술 대분류	대분류 비중%(A)	제품기술 소분류	소분류 비중%(B)	해당 로열티기술 비중%(C)	이용률 (B x C)	비고
후레임	수압성형	50%	Mold 제작	20%	80%	16%	
			Die 제작	10%	80%	8%	
			아스콘용접	20%	80%	16%	
			.	0%		0%	
			.	0%		0%	
소계		50%		50%		40%	
배관설비	신축이음재	30%	용접이음재	30%	90%	27%	
			.	0%		0%	
			.	0%		0%	
			.	0%		0%	
			.	0%		0%	
소계		30%		30%		27%	
펌프	무소음	20%	세티마 무소음	10%	90%	9%	
			세티마 저소음	10%	100%	10%	
			.	0%	0%	0%	
			.	0%		0%	
			.	0%		0%	
소계		20%		20%		19%	
합계		100%		100%		86%	

로열티 이용률   86%

시장법 기술가치평가

시스템 프로그램에 있는 시장법 기술가치평가법을 중심으로 입력절차와 산출과정을 알아본다.

1) 시장법 기술가치평가표

시장법 기술가치평가 산출 공식을 정리하면 다음과 같다.
(1) 유사기술 시장가격= 유사기술 기준기업의 매출액 × 유사기술 기술 혜택률
(2) 현재기술가치=유사기술 시장가격 × (1−물가인상률)^ 기술 경제적수명
(3) 기술혜택차이금액= 현재기술가치 × (기술혜택률 차이/유사기술 기술 혜택률)
(4) 시장접근법 기술가치평가액= 현재 기술가치 + 기술혜택 차이금액

시스템 프로그램상에서는 아래 왼쪽의 화살표를 클릭하면 상세 세부 내용으로 이동되어 산출과정을 상세히 볼 수 있다.

시장 접근법에 의한 기술가치평가	
시장가치조건	
유사기술기업 기준 매출액	650,000 천 원
유사기술 기술혜택률 (원가절감, 생산성증가, 수익증가...)	15.00%
유사기술 시장가격	97,500 천 원
기술 경제적수명 (왼쪽 화살표를 클릭하세요)	7.4 년
물가인상률	5.0%
현재기술가치	66,705 천원
기술가치평가액	
대상기술 기술혜택률(원가절감, 생산성증가, 수익증가...)	13.8%
기술혜택률차이 (원가절감, 생산성증가...)	−1.3%

기술혜택차이 금액	(5,559)	천 원
시장 기술가치평가액(현재기술가치+기술혜택차이금액)	61,146	천 원

상기표에 화살표를 클릭하면 해당 장으로 이동되어 아래와 같이 순서대로 진행되고 있으니 산출과정을 추적하면서 시장법 기술가치평가를 실시해 보자.

2) 유사기술 기술혜택률 산출

시장접근법에 의한 기술가치평가표에 화살표가 있는 "유사기술 기술혜택률"을 클릭하면 아래의 유사기술 기술혜택률 산출과정을 보여 준다.

평가대상업체의 기술혜택률(평균 로열티율)은 아래의 3가지가 있다.
(1) 시장에서의 유사기술 업체의 기술혜택률을 추정한다.
(2) 한국산업 업종별 상관행법 평균 로열티율에서 해당하는 업종의 상한, 평균, 하한값 중에 하나를 선택한다.
(3) 미국의 산업별 평균로열티율(로열티율의 통계는 미국이 앞서 있어 수많은 실례의 통계자료를 원용하는 것임) 중에서 하나를 선택한다.

따라서 상기 (1), (2), (3) 기술혜택률(로열티율)을 파악하여 선택된 산업별 평균값을 아래의 옅은파랑색이 있는 칸에 입력하여 평균값을 산출한다.

	시장기술 혜택률	한국산업 로열티율	미국산업 로열티율	평균률
해당되는 업종의 로열티 자료가 없다 하더라도 파악되거나 조사된 로열티율은 한 가지 이상 입력을 하여야 하며 평균값은 자동으로 산출된다.	15.00%	0.00%	0.00%	15.00%

3) 기술 경제적수명

시장접근법에 의한 기술가치평가표에 화살표가 있는 "기술 경제적수명"을 클릭하면 아래의 기술 경제적수명 산출과정과 방법을 보여 준다.

기술의 경제적 수명의 산출 공식은 다음과 같다.
(기술의 경제적 수명 = 특허인용수명지수 × (1 + 조정요인 평점 합계/만점점수 20) − 특허등록 후 경과연수)

아래의 기술수명조정요인 평가표는 특허인용 수명지수표와 대비하여 기술수명 조정요인을 평가하는 표로 각 영향요인별 만점은 +−2점이며, 합계 만점 기준은 +− 20점이 된다. 항목별 영향요인을 평가하여 조정점수를 산출하는 것이다. (조정 평점합계)

기술 내용연수 계산

기술 특허 등록기간 입력		
	8	년
특허인용 수명지수(TCT)	8	년
조정요인 평점합계	3.5	
특허등록후 경과년수	2	년
기술의 경제적수명	7.4	년

기술의 경제적 수명 = 특허인용수명지수 × (1 + 조정요인 평점 합계/만점점수 20) − 특허등록후 경과년수

특허인용수명지수(TCT)

특허인용수명 지수는 후방인용(Backward Citation)에 기반한 특허인용수명의 평균, Q1, Q2(중앙값), Q3에 대한 통계값을 제시함. 특히 이와 같이 산출된 Q2는 TCT(Technology Cycle Time, 기술순환주기 또는 기술수명주기)라고 함.

IPC	내용	평균	Q1	중앙값 (Q2)	Q3
A	A섹션(생활필수품)	11	5	9	14
B	B섹션(처리조작; 운수)	10.5	4	8	13
C	C섹션(화학; 야금)	10.5	4	8	13
D	D섹션(섬유; 지류)	10.5	4	8	13

E	E섹션(건조물)	12.5	5	9	15
F	F섹션(기계공학; 조명; 가열; 무기; 폭파)	10	4	8	13
G	G섹션(물리학, Physics)	9.5	3	7	12
H	H섹션(전기, Electricity)	10.5	4	8	13

Note

상기표에서 해당되는 기술(F)의 특허인용 수명지수는 8년이 된다.

기술수명 조정요인 평가

구분	영향요인	평가점수							
		−2	−1.5	−1	−0.5	0	0.5	1	1.5	2
기술적요인	대체기술 출현가능성		x							
	기술적 우월성									x
	유사·경쟁기술의 존재(수)		x							
	모방 난이도								x	
	권리강도						x			
시장적요인	시장 집중도(주도기업 존재)									x
	시장경쟁의 변화		x							
	시장경쟁강도								x	
	예상 시장점유율		x							
	신제품 출현빈도									x
영향요인 개수		0	4	0	0	0	1	0	2	3
조정요인 평점 합계		0	−6	0	0	0	0.5	0	3	6

평점합계 3.5

* 기술수명과 관련된 상기 표(특허인용수명지수와 기술수명 조정요인평가) 내용은 산업통상자원부 기술가치평가 실무가이드를 참조하였음.

4) 대상기술 기술혜택조정률

시장접근법에 의한 기술가치평가표에 화살표가 있는 "대상기술 기술혜택률"을 클릭하면 아래의 대상기술 기술혜택조정률의 산출과정과 방법을 보여 준다.

유사회사 기술과 비교하여 우열을 평가하는 것으로 각 항목별로 우수하거나 열악한 만점점수는 + − −2를 기준으로 비교점수를 부과하여 합계점수를 산출하고 조정점수는 만점 합계점수 30점을 기준으로 평가 합계가 차지하는 비율(%)을 표시한다. (합계평가점수/30점) 따라서 유사회사 기술혜택률은 이미 산출된 율에서 가져오고 대상 기술의 기술혜택률은 =기준기술혜택률 x (1+조정점수)로 산출된다.

대상기술 기술혜택 조정률

*시장에서의 유사기술을 기준으로 비교하여 항목별로 우열을 평가하여 해당하는 란에 x 표시를 하세요.

평가항목	평가항목	평가점수								
		-2	-1.5	-1	-0.5	0	0.5	1	1.5	2
기술 혜택성	기술의 경제적인 수명은 어떠한가								x	
	기술의 차별성은 있는가					x				
	기술의 우위성과 혁신성은 있는가		x							
	기술의 진행에 따른 기술전망은 어떤가								x	
	기술의 대체가능성은 있는가						x			
기술 보호성	권리는 안정적으로 보호되는가				x					
	권리의 범위는 어느 정도인가				x					
	권리의 실시성은 어떠한가			x						
	침해발견은 용이하게 파악되는가								x	
	유사기술및 특허환경은 어떠한가			x					x	
기술 사업성	시장에서의 기술수요성은 어떤가									x
	생산은 용이한가			x						
	지속적이고 성장성은 높은가				x					
	수익성은 얼마나 좋은가	x								
	경쟁력이나 경쟁업체의 영향력은 어떤가			x						
평가항목		1	5	0	3	1	1	0	4	1
합계점수	-2.5	-2	-7.5	0	-1.5	0	0.5	0	6	2
조정점수	-8.3%									

유사회사 기술혜택률	대상기술의 기술 혜택률 (유사회사 기술혜택률 x (1+ (조정점수율))
15.00%	13.75%

기술가치평가 보고서

시스템 프로그램에서는 4가지의 기술가치평가 보고서를 아래의 예시와 같이 자동으로 작성하여 제공하니 원하는 방법을 선택하여 볼 수가 있다.

1) 수익법 기술가치평가 보고서

한국산업(주)
수익법 기술가치평가 보고서

평가대상기술
정밀 유도기술   수익법 기술가치평가

1. 경제적 수명(현금흐름 기간) 추정방법과 기간
기술의 법적 수명 혹은 경제적 수명(현금흐름 기간) 추정 :   8년

2. 기술강도 평가
* 기술평가의 핵심은 기술강도를 측정하고 평가하는 것으로서 법적기술강도와 상용기술강도로 구분되어 모두 평가된다.
* 법적기술강도와 상용기술강도의 비중은 1 : 1 가중치로 하였다.
* 기술강도 평가점수표는 54항목에 대하여 평가하여 점수를 부여하고 가중치를 반영하면 총점은 84.5점으로 산출되었다.

3. 산업기술 요소
* 산업기술 요소율은 아래의 공식으로 산출되었다.
산업기술요소=최대 무형자산가치비율 x 평균 기술자산가치비율
　　　　　　　　무형자산가치비율=무형자산/주식시가총액
　　　　　　　　무형자산=주식시가총액-순자산장부가액
　　　　　　　　기술자산가치비율=연구개발비/(연구개발비+광고선전비+교육훈련비)
* 산업기술 요소율은 65%로 산출되었다.

4. 기술기여도
* 기술기여도는 기술강도와 산업기술요소율을 승하여 산출되었다.
* 평가되고 산출된 기술기여도율은 54.93%로 평가되었다.
* 수익법 기술가치는 아래의 표에서 연도별로 간단 명료하게 표시되어 있으며 현금흐름의 순현재가치(NPV)에서 기술기여도율을 승하여 산출된다.

5. 수익법 기술가치 산정표
* 할인률(WACC) 결정 (할인률 적용 예시 참조):   11.40%

단위: 천 원

구분	2015	2016	2017	2018	2019	2020	2021	2022		
매출액	500,000	650,000	830,050	1,000,210	1,150,242	1,207,754	1,268,142	1,331,549		
현금흐름	31,313	131,305	209,522	273,528	344,366	361,584	379,664	398,647		
할인 현금흐름	28,108	105,806	151,556	177,607	200,722	189,190	178,321	168,076		
순 현재가치(NPV)	1,199,386									
기술강도 점수	84.50%									
산업기술 요소율	65.00%									
기술기여도율	54.93%									
기술가치	658,763									

* 수익법 기술가치평가는 경제수명기간 동안의 추정현금흐름을 DCF방식으로 합산하여 순현재가치(NPV)는 1,199백만 원으로 산출되었고 순현재가치(NPV)에 기술기여도율 54.93%를 반영하여 수익법에 의한 기술의 가치는 658.8백만 원으로 평가되었다.

* 평가기준일   2014.5.6
* 보고일자 :

* 작성자와 서명   홍길동   한국기업평가연구소

2) 원가법 기술가치평가 보고서

한국산업(주)
원가법 기술가치평가 보고서

평가대상기술 원가법 기술가치평가
정밀 유도기술

1. 경제적 수명(현금흐름 기간) 추정방법과 기간
기술의 법률적 수명 혹은 경제적 수명(현금흐름 기간) 추정 : 8년

2. 원가법에 의한 기술가치평가
기준연도를 중심으로 평가대상 기술에 대하여 과거에서 현재까지 발생되거나 지출된 모든 항목을 집계한 것이다.
지출된 비용은 아래의 4가지로 분류된다.
  정밀 유도기술에 관련된 직접인건비
  정밀 유도기술에 관련된 연구개발비(R&D)
  정밀 유도기술에 관련된 법적인 비용과 관리비용
  정밀 유도기술 개발에 관련된 기타 비용
  해당 산업의 미국산업별 평균로열티율에서 로열티율 선택

3. 가치평가 방법론과 가정
* 평가대상 기술 사용율은 86%이며 Thumb법에 의한 로열티율은 5.71%로 산출되었다.
* 로열티 기준율은 한국 해당업종 비상장 상관행법 로열티표에서 하한 2.33%를 적용하고 조정률 1%를 반영하여 3.33%를 기준으로 하였다.
* Thumb법 로열티율을 선택하여 로열티를 아래의 표에 산정하였다.
* 물가인상률 5%를 반영하여 원가합계를 역사적원가로 기술가치로 산출하였다.

4. 원가법 기술가치 산정표

단위: 천 원

구분	2015	2014	2013	2012					합계
직접인건비	5,000	5,000	5,000	6,000					21,000
연구개발비(R&D)	-	-	-	2,000					2,000
기술관련 관리비용	-	-	-	60,000					60,000
기술(IP)개발관련비용	-	-	-	80,000					80,000
역사적 기술원가합계	5,000	5,000	5,000	148,000	-	-	-	-	163,000
물가인상률	5.00%								
역사적원가 기술가치	5,000	5,250	5,513	171,329					187,091
기술(IP)가치	187,091								

* 역사적 원가법 기술가치평가는 대상기술의 취득에 관련된 모든 지출을 합산한 것으로 물가인상률 5%를 반영하여 역사적 원가 기술가치를 산출하는 것으로 본 기술의 가치는 187백만 원으로 평가되었다.

* 평가기준일   2014.5.6
* 보고일자 :

* 작성자와 서명   홍길동   한국기업평가연구소

3) 로열티법 기술가치평가 보고서

한국산업(주)

로열티법 기술가치평가 보고서

평가대상기술 기술가치평가
정밀 유도기술

1. 경제적 수명(현금흐름 기간) 추정방법과 기간
기술의 법률적 수명 혹은 경제적 수명(현금흐름 기간) 추정 :   8년

2. 로열티법에 의한 기술가치평가
로열티를 산출하는 방법은 아래의 3가지가 있으며 해당 산업과 기술에 적합한 방법을 선택한다.
* Thumb 법에 의한 로열티율 산출은 아래의 공식으로 산출함.
  영업이익률 x Thumb법의 일반적인 율(25%) x 평가대상 기술 적용(사용)율= Thumb 법 로열티율
* 한국산업 평균 로열티율 산출
  해당 한국산업 하한기준율 + 로열티 조정률 = 한국산업평균 로열티율
* 미국 산업별 평균로열티 산출
  해당 산업의 미국산업별 평균로열티율에서 로열티율 선택

3. 가치평가 방법론과 가정
* 평가대상 기술 사용율은 86%이며 Thumb법에 의한 로열티율은 5.71%로 산출되었다.
* 로열티 기준율은 한국 해당업종 비상장 상관행법 로열티표에서 하한 2.33%를 적용하고 조정률 1%를 반영하여 3.33%를 기준으로 하였다.
* Thumb법 로열티율을 선택하여 로열티를 아래의 표에 산정하였다.

4. 원가법 기술가치 산정표
*할인률 결정 (WACC 및 할인률 적용 예시 참조):   11.40%
단위: 천 원

구분	2015	2016	2017	2018	2019	2020	2021	2022		
매출액	500,000	625,000	812,500	1,037,563	1,250,263	1,437,802	1,509,692	1,585,177		
영업이익	103,750	145,753	211,066	287,473	358,007	411,708	432,293	453,908		
로열티액	28,527	35,658	46,356	59,197	71,332	82,032	86,133	90,440		
법인세	6,419	8,023	10,430	13,319	16,050	18,457	19,380	20,349		
세후로열티수입	22,108	27,635	35,926	45,877	55,282	63,575	66,753	70,091		
할인률	11.40%									
현재가치	22,108	24,807	28,949	33,185	35,896	37,056	34,927	32,920	–	–
순 현재가치(NPV)	249,849									
기술(IP)가치	249,849									

* 로열티법 기술가치평가는 Thumb법 로열티율을 사용하여 경제수명기간 동안의 세후 로열티금액(387,248천 원)을 산출하고 할인률 11.4%로 순현재가치(NPV)를 산출하여 249.8백만 원으로 평가되었다.

* **평가기준일**   2014.5.6
* **보고일자 :**

* **작성자와 서명**   홍길동   한국기업평가연구소

4) 시장법 기술가치평가 보고서

한국산업(주)

시장법 기술가치평가 보고서

평가대상기술   시장법 기술가치평가
정밀 유도기술

1. 경제적 수명(현금흐름 기간) 추정방법과 기간
기술의 법률적 수명 혹은 경제적 수명(현금흐름 기간) 추정 :   8년

2. 시장접근법에 의한 기술가치평가 방법론과 절차
시장접근법에 의한 기술가치평가는 아래의 6단계의 절차에 의거 산출된다.
1. 유사기술업체의 기준 매출액을 알아보고 기술혜택률을 파악한다.
2. 예측물가 인상률은 입력된 기본정보에서 파악한다.
3. 유사기술 시장가격은 일반적으로 인정된 공식에 의거 산출되었다.
4. 평가대상인 기술에 대한 기술혜택률 파악한다.
5. 시장의 유사기술 과 평가대상기술의 기술혜택률에 대한 차이금액을 산출한다.
6. 유사기술 시장가격에다 기술혜택률 차이금액을 반영하여 시장 기술가치액을 산출한다.

3. 시장 기술가치평가에 대한 가정
* 시장에서의 유사기술 혜택률은 시장에서의 평가와 한국및 미국 산업의 로열티율 등과 비교하여 10.2%로 가정하였다.
* 물가상승율 추정은 기술가치평가 기본정보에 입력된 물가정보로서 5%로 하였다.
* 유사기술 시장가격은, 다음의 공식   [(매출액 x 기술혜택률) x (1-물가인상률)^기술 경제적인 수명]   으로 산출하였다.
* 평가대상 기술의 기술혜택률은 시장의 유사기술혜택률을 기준으로 기술혜택 증감률표에서 항목별로 분석하여 9.37%로 정하였다.
* 시장접근법에 의한 기술가치평가는 유사기술 시장가격에서 혜택률 차이만큼 반영하여 아래와 같이 기술가치를 산정하였다.

4. 원가법 기술가치 산정표

단위: 천 원

구분	2015				
유사업체 매출액 or 기준매출액	650,000				
유사기술 기술혜택률	10.2%				
예측물가 인상률	5.0%				
유사기술 시장가격	1,363,175				
평가대상 기술의 기술혜택률	9.37%				
기술혜택 차이율	0.85%				
기술혜택 차이 평가금액	(113,598)				
시장 기술(IP)가치	1,249,577				

* 시장기술가치평가는 매출액을 기준으로 하여 유사기술혜택률과 물가인상률을 반영하면 유사기술 시장가격은 1,363.2백만 원이 되고 평가대상의 기술혜택률 로 조정하고 나면 시장기술(IP)가치는 1,249.6백만 원으로 평가되었다.

* **평가기준일**   2014.5.6
* **보고일자 :**

* **작성자와 서명**   홍길동   한국기업평가연구소

PART 03

엔젤 및 벤처, 스타트업 가치평가

Angel & Venture,
Startup Valuation

Chapter 01 엔젤 및 벤처, 스타트업 투자가치평가학
Chapter 02 엔젤 및 벤처투자 기본정보 입력과 가치평가표 I
Chapter 03 엔젤 및 벤처투자 비계량적 기본정보 입력과 가치평가표 II
Chapter 04 엔젤 및 벤처투자 단계별 투자 기본정보 입력과 가치평가표 III
Chapter 05 스타트업(Startup) 가치평가 기본정보 입력과 가치평가표
Chapter 06 엔젤 및 벤처, 스타트업 가치평가 보고서

엔젤 및 벤처, 스타트업 투자가치평가학

사업의 실체와 실적이 없거나 미약한 엔젤 및 벤처 그리고 스타트업 기업에게는 일반적인 기업가치평가 방법이 적용될 수 없다. 따라서 그들만을 위한 평가 이론을 정립하고 이를 바탕으로 적합한 가치평가와 투자분석을 할 수 있는 엔젤 및 벤처, 스타트업 평가이론과 투자실무를 정립하여야 할 필요성이 요구되었다.

투자는 개인에서 투자기관까지 적게는 5백만 원에서 많게는 수백억까지 투자를 할 수 있는 투자 시장에서 벤처나 스타트업기업에 대한 가치평가와 정확한 투자판단이 점차 절실히 요구되었지만 이러한 요구에 대하여 이론과 실무 그리고 실제적으로 적용할 수 있는 투자분석과 가치평가 프로그램이 제대로 없는 현실을 직시하여 본 장에서 엔젤, 벤처 그리고 스타트업 투자 부문에 대하여 그 이론을 정립하고 가치평가와 투자분석을 위한 시스템 프로그램을 함께 소개한다.

1) 벤처 캐피털(Venture Capital)과 엔젤(Angel) 투자를 위한 가치평가

(1) VC(Venture Capital)란 누구인가?

벤처투자란 높은 성장성이 예측되는 신생기업에 재무적인 투자를 하는 것을 말하며 투자하는 주체를 벤처 투자자라고 한다.

벤처투자는 창업기업의 씨앗단계(Seed Stage)부터 확장단계까지 구분 없이 투자를 할 수 있으며 일반적으로 경영에는 참여하지 않고 주식이나 배당 그리고 투자회수를 통하여 벤처투자자의 수익을 극대화하는 데 목적이 있다.

한국에는 벤처투자를 활성화하고 벤처기업을 지원해 주고자 (사)한국 벤처캐피털협회가 설립되어 있으니 투자에 참조하시기 바란다.

(2) 엔젤 투자자란 누구인가?

엔젤이란 자금 여유가 있는 사람이 자신의 자금을 창업기업의 초창기에 투자하는 것을 말하며 이것을 엔젤 투자자라고 한다.

엔젤은 일반적으로 창업기업의 씨앗단계(Seed Stage)에 투자하는 것이며 창업기업의 지속적인 성장을 위해 자금이나 기타 필요한 자원을 후속지원하기도 한다.

엔젤은 자신이 잘 알고 있는 분야에서 창업기업의 이사회 멤버가 된다거나 CEO의 자문역할이나 임직원이 될 수 있다.

한국에는 많은 엔젤투자클럽이 있다. AVA, 대한, SMF, 녹색산업, 한양, KOM, 발사, 굿모닝 등 엔젤투자 지원센타에 등록된 160개의 엔젤클럽이 있으며 현재 한국엔젤 투자협회가 결성되어 있어 엔젤클럽 상호 간에 정보를 교류하면서 투자활동을 하고 있으나 클럽명칭만 걸어 놓고 전혀 활동을 하지 않는 엔젤클럽도 많은 실정이다.

그 외 클라우드펀딩 협회, 개인투자조합 등 수많은 개인투자자의 모임이 형성되어 있고 2015년도 기준으로 총 엔젤투자액은 연간 약 2천억 원 정도로 집계 되고 있다.

3) 벤처와 엔젤의 차이점은 무엇인가?

벤처와 엔젤은 혼돈하기 쉬운 용어인지라 그 명확한 구분을 위해 아래와 같이 차이점을 열거하니 구분하지 못하는 오류가 없었으면 한다.

VC vs Angel 비교표

구분	Venture Capital	Angel
주체	법인, 단체나 정부단체 혹은 정책지원금으로 투자	개인들이며 자신의 자금으로 투자.
범위	10억 원에서 100억 원	3천만 원에서 10억 원
성격	사업성, 시장성, 기술성을 기반으로 비교적 큰 자금	초기단계에서 소규모 자금
목적	수익기준 등으로 투자하고 수익을 주주에게 보상	개인기준으로 투자하고 위험과 수익을 즐김
특징	투자수익과 회수목적이 강하며 대부분 경영참여가 없음	투자수익목적과 자신의 경험과 경륜에 따라 경영참여
혜택	벤처인증제도가 있어 법인세, 취득세등 세제혜택과 신용보증 등 각종혜택 지원	엔젤투자매칭펀드 지원(적격 엔젤투자자로부터 1억을 받을 경우 투자매칭펀드에서 1억을 지원)
		엔젤투자자는 교육과정을 거쳐 전문엔젤, 리드엔젤 등이 있고 각종 혜택이 주어짐

2) 투자단계와 기대수익률표(ROI)

대부분 신생 기업은 아래의 도표와 같이 6가지 단계로 진화되는 과정을 가지고 있고 투자자 입장에서는 투자시기에 따라 단계별 기대수익률이 각기 다를 수밖에 없다. 리스크가 높은 초기 단계일수록 리스크 프리미엄이 많아 기대수익률인 ROI배수가 높게 나타나게 된다.

일반적으로 통용되는 단계별 기대 수익률과 예상 수익배수율은 아래 표와 같이 정리될 수 있다. 기대수익률과 예상수익배수는 벤처와 엔젤투자자의 기준으로서 투자시 참조할 수 있는 표준이 될 수 있다.

번호	VC & Angel 단계	기대수익률(ROI)	회수기간	예상수익 배수
1	씨앗단계	80%	5	19
2	창업단계	60%	5	10
3	초기 사업단계	50%	5	8
4	2차 사업단계	40%	5	5
5	3차 사업단계	30%	5	4
6	Bridge 단계	25%	5	3

Note
　　예상수익배수는 연간 기대수익률(ROI)을 5년간의 복리로 산출한 배수이다.

3) 자금성격 구분

자금에는 자본금으로 분류되느냐의 여부에 따라 자본자금과 비자본 자금으로 구분되는데 비자본 자금은 초기, 즉 씨앗단계에서 가족 혹은 친구나 친지에게서 빌려오거나 투입되는 초기 자금과 창업단계에서 개인적으로 금융기관으로부터 차입하는 자금을 말하는 것이며 그 외의 모든 자금은 자본자금으로 모두 회사의 자본금으로 귀속되어 아래표와 같이 구성된다.

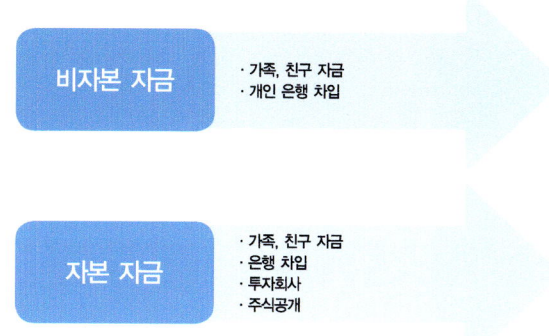

4) 투자단계별 기업의 자금조달 주기(Life Cycle)

창업하여 씨앗단계에서 성숙단계까지 기간별 과정에 투입되는 자금의 성격은 하기 도표에서 시사점으로 잘 암시해 주고있다. 매출곡선과 고정비가 만나는 지점이 손익분기점이 되며 매출곡선과 투자위험곡선이 만나는 지점은 투자위험 분기점이 된다.

이러한 도표가 바로 투자판단에 필요한 투자단계별 자금조달의 주기, 즉 Life Cycle이라고 한다.

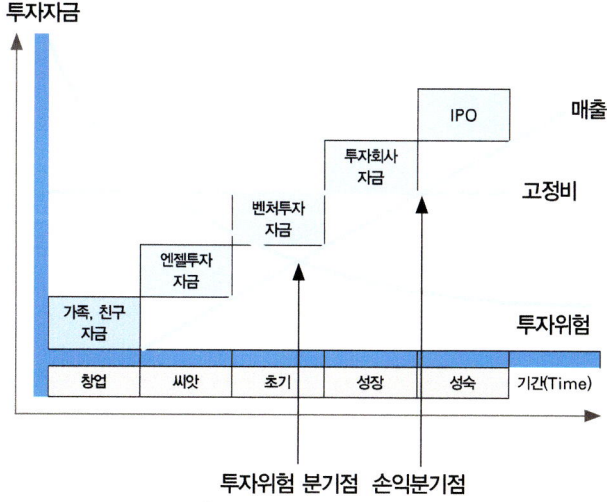

상기 도표는 투자단계별 시기를 x축 매출액을 y축으로 하여 투자위험분기점과 손익분기점을 추정하는 것이며 투자시기와 예상수익률을 감안하여 언제 투자를 하는 게 극대의 수익을 가져오고 위험을 최소화할 수 있는지를 분석할 수 것으로 투자에 응용하거나 적극 활용할 수 있는 유익한 도표이다.

5) 벤처캐피털과 엔젤투자 절차도

시작부터 투자회수까지 투자자가 거쳐야 하는 투자절차를 벤처투자와 엔젤투자로 구분하여 진행절차도를 그려보면 아래와 같다.

벤처캐피털이나 엔젤투자의 단계별 투자절차는 무엇이 다른지 눈여겨 보면서 그 미묘한 차이를 생각해 보자. 그러나 투자절차의 흐름은 거의 비슷함을 알 수가 있게 된다.

(1) VC 투자절차

(2) VC 엔젤투자절차

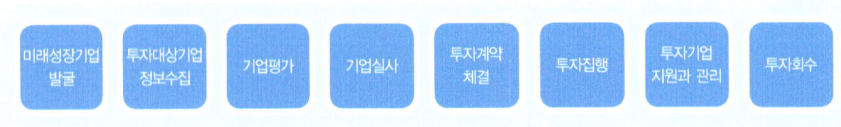

6) 창업기업(Start Up Company)/벤처기업/ 엔젤투자기업의 성공가능성판단 Check List

벤처및 엔젤 투자자는 투자하기 전에 투자대상기업의 성공가능성을 검토해 볼 수 있는 검증표가 필요하다. 본 검증표(Check List)가 절대적일 수는 없지만 성공적인 투자를 위한 투자판단에 영향을 줄 수 있는 검토 자료로 충분히 사용될 수 있다.

투자자는 투자회수까지는 고수익의 기대감도 있지만 내면에 감추어진 위험(Risk)에 항상 노출되어 있다. 투자회수율이나 수익률을 올리기 위한 투자 포트폴리오 분석이나 투자대상의 가치평가도 필요하지만 투자실패를 최소화하고 성공적인 투자를 위해 본 검증표는 투자하기 전에 하나의 검증 수단으로 한번쯤 체크해 보아야 할 것이다.

벤처기업/엔젤투자 성공가능성 Check Point 분석표

구분	평가 요소	평점 분류					가능성 평가 점수
		아주 우수	우수	보통	부족	아주 부족	
아이템 (제품, 서비스, 아이디어) (20%)	아이템(제품, 서비스, 아이디어)내용은 무엇이며 매력적이냐	X					4.0
	아이템이 속한 산업은 현재 어떠하며 우호적인가	X					3.0
	아이템(제품, 서비스, 아이디어)은 현재 어떤 상태냐	X					3.0
	아이템의 시장규모는 얼마인가	X					3.0
	아이템의 향후 시장추세는 어떠한가	X					3.0
	아이템의 경쟁자는 누구이며 어떠한가	X					3.0
	아이템의 고객은 누구이며 어떠한가	X					3.0
	아이템의 기술(지적재산)은 어느 정도이며 어떤 상태에 있느냐	X					3.0
	소계						25.0
계획성 (10%)	사업전략 및 경영전략은 있는가	X					3.0
	사업계획은 작성되어 있고 어느 상태에 있느냐	X					3.0
	판매 및 마케팅 계획은 있으며 어떠한가	X					3.0
	소계						9.0
매출성 (20%)	회사의 과거 1년간 매출은 있느냐, 있다면 어느 정도냐	X					3.0
	향후 1년간 매출은 어느 정도가 될 것 같으냐	X					3.0
	향후 5년간 매출은 어느 정도가 될 것 같으냐	X					3.0
	아이템의 시장규모, 틈새시장, 세분화시장 그리고 목표시장은 무엇이냐	X					3.0
	아이템의 향후 및 미래추세는 성장성과 전망이 있는가	X					3.0

구분	평가항목						점수
매출성 (20%)	아이템의 목표 매출 및 수익률 그리고 투자수익률은 어떠한가	X					3.0
	아이템의 원가율과 고정비와 변동비의 구성은 어떻게 되어 있나	X					3.0
	소계						21.0
팀 능력과 파트너십 (40%)	사장의 사업경험은 어디에서 어느 정도 가지고 있느냐	X					3.0
	해당 시장과 아이템에서의 사장 경험은 몇 년이며 어느 정도냐	X					3.0
	사장은 본 아이템에 얼마나 많은 시간을 투자했느냐	X					3.0
	본 사업을 수행하는 대표와 팀원의 자질과 능력은 어떠한가	X					3.0
	전략적 파트너십은 누구이며 어떠한 상태에 있느냐	X					3.0
	조력하는 전문가들은 어느 정도이며 어떤 상태에 있느냐	X					3.0
	영업과 마케팅 분야에 조력하는 사람들은 어느 정도이며 어떤 상태에 있느냐	X					3.0
	법률조력자(변호사)는 누구이며 어느 정도의 경력이 있느냐	X					3.0
	기술(지적재산)에 대한 조력자는 누구이며 어느 정도의 경력이 있느냐	X					3.0
	소계						27.0
기타 여건 (10%)	본 사업의 사회적인 환경 및 여건 그리고 각종 규제 및 지원책은 어떠한가?	X					3.0
	만일 대기업이나 실력이 있는 경쟁업체가 뛰어든다면 어떻게 될 것인가	X					3.0
	유사한 창업, 혹은 벤처기업과 비교하면 우위성은 있는가?	X					3.0
	유사한 창업기업, 벤처기업의 투자 전 값어치가 어느 정도 형성이 되어 있는가	X					3.0
	본 사업의 자금조달능력은 어떠하며 투자회수 가능성은 어떠한가?	X					3.0
	본 사업에 현재까지 얼마나 투자가 되어 있느냐	X					3.0
	소계						18.0
	종합평점						100.0
	등급	(아주 우수) 등급입니다.					A

* 성공가능성 평가점수 테이블 평가점수는 (아주 우수(A):95~100, 우수(B): 75~94, 보통(C):55~74, 부족(D):35~54, 아주부족(E): 35미만)이며 위험을 회피할 수 있는 투자는 우수 점수대인 75 이상(B)을 기준으로 함.

상기 분석표에 의하면 100점 만점에 100점이며 등급으로는 A등급으로 투자할 시에는 "아주 우수 등급"으로 표기된다.(본 점수는 가상의 평가점수이고 실제로는 정확한 평가를 하여 범례에 따라 해석하면 된다.)

7) 투자 프리젠테이션의 진실성 유무 식별 요령

투자자는 기업의 IR, 투자유치, 투자세미나 및 발표장 혹은 개별기업의 프리젠테이션이나 기업면담 시에 다양하고 정리되지 않은 많은 자료를 접할 기회가 자주 있어 이러한 자료의 청취와 검토는 소중한 시간의 낭비를 강요한다.

따라서 기업 자료의 진실성이나 진정성을 간단히 식별하는 아래의 요령을 인지한다면 시간절약 뿐 아니라 투자판단에도 도움을 줄 수 있을 것이라 사료된다.

번호	투자유치 프리젠테이션의 진실성 식별내용
1	지나치게 상세하고 길게 설명할수록 내용의 진실성이 없을 가능성이 높다.
2	발표는 명쾌한데 질의 응답 시 질문에는 구체적인 답변이 부족할 경우에 진실성이 적을 가능성이 높다.
3	1인칭이나 나라는 주어가 적고 타인을 지칭하는 대명사를 많이 사용할수록 진실성이 떨어질 가능성이 많다.
4	능동적인 문장과 문법보다는 수동적인 문장과 문법을 많이 사용하면 진실성이 낮을 가능성이 많다.
5	현재보다는 미래를 많이 표현할수록 성공가능성이 낮아질 확률이 높다.
6	제공된 자료 혹은 발표자료와 약간 거리를 두는 발표나 질의응답은 진실성이 없을 가능성이 높다.
7	기업의 주요멤버가 참여하지 않은 프리젠테이션은 신뢰와 진실성이 부족할 가능성이 높다.

8) 벤처기업/엔젤투자기업과 Startup 기업의 창업요령 10가지 Tips

여기서는 투자자가 아닌 투자대상기업의 입장에서 성공적인 창업과 성장을 위한 요령들을 다루고자 한다. 초기기업성공요령 10, 10, 10 ((1)창업요령 10가지, (2)투자유치요령 10가지, (3)투자프리젠테이션 요령 10가지)법칙을 아래에 소개하니 숙지하여 창업이라는 고속도로에서 성공으로 가는 추월차선으로 들어서야 할 것이다.

이러한 3가지 성공 추월차선의 공통점이 있다면 신규사업은 아이디어나 시장성보다는 사람에게 초점이 맞추어져 창업자의 진정어린 진실 그리고 사람 됨됨이가 성공의 해답임을 일깨워 준다.

(1) 벤처/엔젤투자기업과 Startup 기업의 성공 창업요령 10가지 Tips

번호	창업요령 10가지
1	사람이 최고다. 경험과 실력 있는 팀이 가장 먼저다.
2	대박을 생각하면 실패할 수가 있으니 조그만한 것부터 하나씩 성공을 이루어라.
3	완벽할 때까지 기다리지 말고 모든 것을 최소한도 가시적으로 만들어야 시동키가 작동된다.

4	자신의 아이디어, 시제품이나 제품, 사업계획을 알리고 말하라.
5	가능하다면 조그마한 매출이라도 일으켜라. 팔아라.
6	홍보, PR, SNS는 하되 너무 의존하지 마라.
7	가능하면 빨리 출시하거나 시작(Launch)하라.
8	좋은 투자자(엔젤투자자, 벤처투자자 등)를 찾아라.
9	생각이나 구상만 하고 있거나 기다리지 말고 행동으로 옮겨라.
10	돈이 되는 플랫폼(Platform)이 되게 하라.

(2) 벤처/엔젤투자기업과 Start up 기업의 투자유치 요령 10가지 Tips

번호	투자유치 요령 10가지
1	사람 됨됨이를 보여 주어라.
2	믿음과 신뢰를 보여 주어라.
3	열정과 사업의 성공의지를 보여 주어라.
4	본 사업에 대하여 경험이 많다는 것을 보여 주어라.
5	본 사업과 아이디어에 관련된 지식의 소유자라는 것을 보여 주어라.
6	본 사업을 유지하고 성장시킬 수 있는 기술, 즉 경영기술, 관리기술, 영업 및 마케팅의 기술이 있음을 보여 주어라.
7	사업을 이끌고 팀과 직원을 이끌어 나갈 수 있(다)는 리더십이 있다는 것을 (풍겨)보여 주어라.

(3) 벤처/엔젤투자기업과 Start up 기업의 투자유치 프리젠테이션 요령 10가지 Tips

번호	프리젠테이션(Presentation) 요령 10가지
1	프리젠테이션에 꼭 포함하여야 할 내용 10가지를 잊지 마라. (1. 사업 내용 정리, 2. 경영팀소개, 3. 시장, 4. 제품, 5. 비즈니스 모델, 6. 전략, 7. 경쟁자, 8. 진입장벽, 9. 재무, 10. 투자계획)
2	숫자와 내용은 필히 논리적이어야 하고 앞뒤가 맞아야 한다.
3	오타와 실수로 잘못된 내용이 들어가지 않도록 하라.
4	프리젠테이션 한 페이지에는 가능하면 6문단 혹은 6줄을 초과하지 마라
5	짧고 큰 글씨체로 간단 명료하게 작성하라.
6	각 페이지당 헤드라인을 표시하라.
7	말보다는 가능하면 이미지를 잘 삽입하여 활용하라.
8	프리젠테이션을 할 수 있는 기구(파워포인트, 리모콘, 도움을 주는 도구)를 잘 활용하라.
9	단정한 복장을 갖추어라.
10	충분한 연습을 하고 투자자에게 브리핑하라.

9) 용어 정리

벤처, 엔젤 그리고 스타트업기업의 가치평가에서 알아야 할 용어가 있어 아래와 같이 간략히 정리하였다. 용어의 정확한 이해가 부족하면 가치평가의 해석에 혼선과 어려움이 야기될 수 있으니 필요한 용어를 먼저 습득하여 투자분석을 효과적으로 해석하고 활용하기 바란다.

1	Pre-Money Value(PRM) 투자 전 사업의 기술이나 아이디어를 가진 기업의 가치를 말한다. =POM-Investment(투자)
2	Post-Money Value(POM) 투자 후 사업의 기술이나 아이디어를 가지고 기업의 가치를 말한다. =Terminal Value(잔존가치)의 할인률을 반영한 현재가치
3	Terminal Value(잔존가치) 잔존가치는 =순이익*P/E율
4	PER율 PER율=주당 주식가격/ 주당 수익, 그러나 주당 주식가격이 형성되지 않은 기업은(=투자수익/투자)로 하는 방법과 예상되는 투자수익배수 약 8~20배수 내에서 정한다.
5	할인률 할인률은 투자기업의 리스크와 투자 시기에 따라 다르며 창업기업에 적용하는 할인률은 일반적인 할인률보다는 높다. 아래에 참고할 수 있는 할인률 표를 첨부하였다.
6	DCF(Discounted Cash Flow): 할인현금흐름 초기 창업기업이나 VC에서는 현금흐름을 추정하기가 쉽지 않다. 공식은 DCF=1/(1+할인률)기간
7	ROI(Return on Investment): 투자수익률 ROI는 이름 그대로 투자수익률이나 초기기업이나 창업기업의 투자에는 실패 확률이 높기 때문에 ROI는 상당히 높게 형성이 된다.
6	Round(단계): 투자와 성장단계별 시기 초기 기업은 여러 단계가 있다. 즉 아이디어 단계, 엔절투자단계, 창업 투자단계, 1차 투자단계, 2차 투자단계, 증자단계 등)
7	CAGR(compound annual growth rate): 연도별 평균성장률을 복리로 산출하는 복합성장률
8	EBITDA(Earning Before Interest, Tax, Depreciation and Amortization): 이자, 감가상각, 세금 전 순이익
9	물타기(Dilution): 신주발행으로 주주의 지분율이 줄어드는 것을 말한다.
10	RRR(Return Run Ratio) 어느 한 기간의 수익률로 전체 혹은 향후의 수익률을 추정해 나가는 기준율이다.

10) 벤처 및 엔젤 투자가치 평가하는 방법

투자가치를 평가하는 데는 투자자 입장과 피투자자 입장이 극명하게 다른 시야를 가지게 된다. 투자자는 가능하면 기업가치가 낮아야 적은 투자로 많은 지분을 가질 수 있고 피투자자는 기업가치가 높게 평가되어야 원하는 투자 자금을 지분과 경영권에 손상시키지 않으면서 확보할 수 있다.

아이템이나 아이디어가 우수하고 성공가능성이 높으며 자금조달의 선택이 다양하고 많을수록 피투자자가 유리한 입장에서 투자평가가치액을 높이거나 유리한 투자유치 협상을 할 수 있다. 반대의 경우에는 투자자가 주도권을 가지고 투자자의 제안에 가까운 기업가치평가액으로 투자가 이루어 진다.

따라서 기업가치평가는 어느 쪽으로도 기울지 않는 가장 공정하고 타당한 평가를 하는 데 가능한 그 주안점을 두어야 할 필요성이 있다.
모두에게 기업가치를 올릴 수 있는 방법은 근원적으로 1) 재무실적을 향상시키고 2) 직원능력 그리고 생산성을 올려야 하며 3) 사회적인 신뢰와 평판 그리고 호감도를 증진시키는 데 있다는 것을 인식하고 공동의 노력을 기울어야 한다.

(1) 일반적 가치평가하는 방법

가치평가에는 어느 대상이든 아래의 4가지 방법론이 주류를 이루며 이것은 어디에나 활용되는 가치평가방법의 바이블이다.

1. 자산기준법
2. 수익기준법
3. 시장기준법
4. 혼합법

상기의 가치평가방법은 표현 그대로 1. 순자산을 기준으로 하는 것 2. 수익을 기준으로 하는 것 3. 시장가치와 시장에서 거래되는 사례로 평가하는 것이 있고 4. 이러한 방법을 서로 혼합하여 평가하는 방법들이다. 예를 들면 EBITDA법이나 P/E법 등도 혼합법에 의한 실예적인 방법이다.

그러나 초기기업이나 엔젤투자기업의 경우는 실적자료나 실체규명이 어려워 일반적인 평가방법을 적용하기는 무리가 따라 새로운 가치평가 방법이 별도로 요구하게 되었다.

(2) 엔젤투자기업, 벤처투자기업 가치평가하는 방법

엔젤 및 벤처투자기업을 평가하는 방법은 여러 가지가 있으나 비교적 합리적이고 일반적으로 많이 사용되는 평가방법은 아래의 8가지로 압축된다.
어느 방법이든 완전하고 절대적인 평가방법은 있을 수 없으나 상호 보완적인 방법론으로 기업의 특성과 상황에 부합되게 방법론을 선택하다 보면 보다 현실적이고 평가목적에 맞는 가치평가에 접근해 나가는 것이다.

번호	접근방법	벤처와 엔젤투자기업 평가방법
1	계량적 분석방법	VC 투자 가치평가법(기본 가치평가, 시나리오 가치평가)
2	계량적 분석방법	VC 투자 단순가치 평가법
3	계량적 분석방법	First Chicago Method(시나리오 가치평가)
4	계량적 분석방법	단순배수법을 이용한 기업가치산출법
5	비 계량적 분석방법	Scorecard Method(벤처투자가치 평가방법)
6	비 계량적 분석방법	Berkus Valuation Method(엔젤투자가치 평가방법)
7	단계별 투자평가법	단계별 투자로 물타기 방법(Dilution)
8	단계별 투자평가법	투자단계별 승수계산방법

엔젤 및 벤처투자기업을 위한 8가지 가치평가방법은 부록에 있는 시스템 프로그램에서 평가툴(Valuation Tool)로 준비되어 있고, 각 장에서는 평가 방법별로 입력되는 내용과 산출된 결과물 중심으로 기술되어 있으니 하나씩 습득해 볼 수 있다.

11) Startup 가치평가

스타트업이란 새로이 진출하는 신기술이나 선진기법의 사업으로서 빠른 속도로 성장이 예측되는 기업들이다. 일반적으로 인터넷 관련산업, 3D, 로봇산업 등 첨단 기술기업을 말하는 것으로 대부분 목표시장에 부합하는 신생 혁신기업들이 많다. 스타트업 가치평가는 벤처나 엔젤투자 가치평가와는 접근하는 방식이 다르기에 본 장에서는 스타트업 가치평가만을 중심으로 고찰해 보기로 한다.

(1) Startup 개발단계

Startup 개발단계를 규명해 보면 아래의 절차도와 같이 6단계로 전개되며 대부분 5번째의 투자유치단계에서 가치평가가 요구된다.

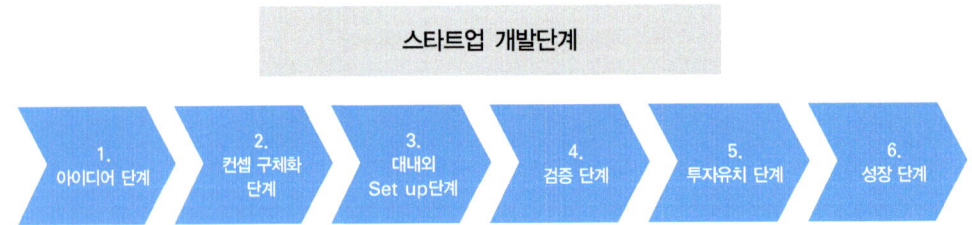

(2) Startup 평가하기

Startup 평가는 아래의 3가지(자원, 매출, 팀 구성)로 구분되며 이를 현실적으로 접근하여 하나씩 개별 평가 해 나가는 것이다.

a. Startup 기업의 자원은 무엇이 있는지 규명하고 평가한다.

1. 차별화된 기술이나 아이디어는 무엇인가
2. 제품이나 상품은 어떠한 것이 있는가
3. 자체 내 자금력과 조달할 수 있는 자금력은 어떠한가
4. 특허를 가지고 있는가

5. 고객은 누구이며 고객을 확충할 수 있는가
6. 사업을 함께 할 유능한 파트너는 누구인가

b. 매출(수입)원을 규명한다.

1. 고객의 규모와 증가율을 규명한다.
2. 충성고객율은 얼마나 될 것인지 규명한다.
3. 재구매율은 얼마가 될 것인지 규명한다.
4. Startup 기업과 관련된 소비자 및 사용자율은 얼마인지 규명한다.

c. 팀 구성의 단합, 소통 그리고 능력 등을 평가한다.

1. 적은 인원의 팀이 모든 분야(기술, 관리, 마케팅, 홍보 등)에 걸쳐 강한 실력(능력)이 있는가
2. 창업자가 팀을 신뢰하고 상호 존중하는 자세(사장의 자세)가 되어 있는가
3. 창업자의 자세가 팀의 장점을 잘 살리고 약점은 보완하는 능력(사장의 자세)이 있는가
4. 팀원의 상호 소통강도와 단합된 강도(팀의 소통과 단합력)는 어떠한가
5. 팀원은 동기부여와 주인의식(팀의 주인의식)이 있는가

상기의 주요 평가 내용만을 입체적인 시각으로 도식화 하여 상호간 선을 그어 연결 해 보면 아래와 같이 스타트업 평가를 한눈으로 그려 보면서 주요 요인들을 추적해 나갈 수 있을 것이다.

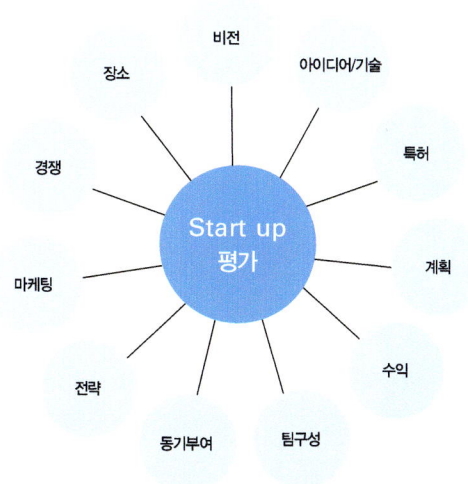

(3) Startup 가치평가방법

스타트업 가치평가방법에는 5가지가 있어 그 평가방법을 아래와 같이 하나씩 검토해 보자.

a. 일반적 평가모형 방법 가치평가

스타트업 가치평가는 일반적인 평가모형방법 따라 11가지 평가 항목에 가중치를 두고 점수를 부여하는 것으로 유사 스타트업 시장가격이나 기준가격과 대비하여 가치평가를 하는 것이다. 단점으로는 스타트업 유사기업을 찾아내어 기준 시장 가치를 추정하기가 어렵고 평가가 주관적으로 흐를 가능성이 있다.

일반적 평가모형법에 의한 가치평가

단위: 천 원

평가 항목	가중치	평가 점수	평가인자	평가액
1. 아이디어와 기술은 어떠한가	13%	150%	0.20	
2. 특허 등 독점적인 권한과 권리가 있는가	10%	120%	0.12	
3. 사업계획은 현실성과 진실성이 있는가	10%	80%	0.08	
4. 매출계획과 수익성은 어떠한가	9%	90%	0.08	
5. 팀 구성은 잘되어 있으며 수행능력은 갖추어져 있는가	9%	50%	0.05	
6. 창업자와 팀원과는 동기부여가 되어 있는가	9%	100%	0.09	
7. 전략은 어떠하며 파트너십과도 잘 연계되어 있는가	9%	60%	0.05	
8. 마케팅은 어떠한가	9%	70%	0.06	
9. 경쟁상태는 어떠하며 진입장벽은 어떠한가	9%	90%	0.08	
10. 비전은 무엇인가	9%	20%	0.02	
11. 어느 지역에 위치하는 것인지 장소는 물색되어 있는가	4%	60%	0.02	
스타트업 기준 시장가치				150,000
스타트업 평가액: 127,650	100%		0.851	127,650

* 평가점수는 상대적인 평가로서 유사한 기업이나 비교대상과의 평가에서 같으면 100%이고 더 좋으면 100%~200%이며 더 나쁘면 100%~0%로 평가함.

상기 평가표에 의하면 스타트업평가액은 기준 시장가치 대비 평가인자의 합계가 0.851로서 127,650 천원으로 평가되었다.

b. Berkus법 가치평가

매출이 전혀 없는 초기단계의 스타트업기업에 적합한 가치평가방법이다.

항목별 기준가치를 정한후 초기기업의 현 상황이 항목별로 어떻게 존재하는가의 유무에 따라 해당 항목이 가지고 있는 기준가치액을 그대로 가져와 Startup 기본 기업가치액을 형성하는 것이다. 그리고 위험인자 총합법에 의하여 가치증감액을 별도로 산출하고 기본 기업가치액에 합산하면 스타트업 가치평가액이 되는 평가방법이다. 단점으로는 항목별 기준가치액을 시장에서 유출하기가 어렵고 기준가치액으로 검증받기가 어렵다.

Berkus 법 가치평가

단위: 백만 원

스타트업 항목별 보유여부	유무	기준가치	기업가치
1. 우수한 아이디어가 있다. (기본개념, 위험이 적음)	X	500	500
2. Prototype가 되어 있다. (기술적인 위험을 줄일 수 있음)	X	500	500
3. 유능한 팀원이 현재 갖추어져 있다. (실행위험을 줄일 수 있음)	X	500	500
4. 전략적 관계가 구축되어 있다. (시장과 경쟁력위험을 줄일 수 있음)		500	–
5. 제품생산 및 판매 준비가 되어 있어 매출을 만들 수 있다. (재무와 생산의 위험을 줄일 수 있음)		500	–
Start up 기본 기업가치액			1,500

위험인자 총합법에 의한 가치증감평가

단위: 백만 원

능력과 여건 그리고 상대적인 위험(risk)인자 분석	평가표				
	아주 우수	우수	보통	부족	아주 부족
	500	250	–	(250)	(500)
1. 경영능력이 우수하다.			X		
2. 사업준비단계와 현재상태가 양호하다.			X		
3. 법률, 환경 규제상태가 우호적이다.		X			
4. 생산여건 및 환경이 좋다.			X		
5. 시장과 판매 상태가 좋다.			X		
6. 자금조달여건과 자금상태 좋다.				X	
7. 경쟁여건과 상태가 우호적이다.				X	
8. 기술능력과 국내외 환경이 좋다.				X	
9. 소송 및 기술 침해가능성이 없다.					X

10. 국제적인 여건이 우호적이고 장애가능성이 없다.			x		
11. 명성이 높다.			x		
12. 잠재적인 출구전략이 있다.		x			
가치증감액: 750	–	1,000	–	(250)	–

* 평가 점수는 아주 우수, 우수, 보통, 부족, 아주 부족의 5단계로 평가에 부여되는 금액은 상기와 같다.

투자 전 위험인자 총합법에 의한 스타트업 가치평가	2,250

Startup 기본 기업가치액(1,500백만 원)에다 위험인자 총합법에 의한 가치증감액 750백만 원을 합산하면 스타트업 가치평가액이 2,250백만 원으로 산출된다.

c. 비교인자 평가법 가치평가

비교인자 평가법은 유사한 기업의 시장가치나 시중에서 인정 받을 수 있는 기본가치를 설정하고 아래의 7가지 평가항목을 유사한 기업과 비교하여 평가 점수를 매기고 항목별 가중치를 반영한 평가인자를 아래표와 같이 만들어 Startup기본 기업가치액에다 곱하면 스타트업 가치평가액이 산출되는 방법이다.

(기본가치액(1,500)×평가인자 배수합계(1.4)=스타트업 가치평가액(1,710)

본 방식은 일반적 평가모형 방법(a.)과 산출방식이 동일하며 평가항목만 다를 뿐이다.

비교인자평가법에 의한 스타트업 가치평가

단위: 백만 원

상대적 비교인자 분석	평가표		
	가중치	평가 점수	평가인자
1. 사업가와 팀원의 능력과 준비 상태	30%	125%	0.38
2. 시장과 경제여건에 부합한 기회의 크기	25%	150%	0.38
3. 제품이나 기술의 정도	15%	100%	0.15
4. 경쟁환경의 유리한 조건	10%	100%	0.10
5. 마케팅, 홍보, 매출의 우호적인 여건	10%	60%	0.06
6. 자금의 추가적인 요구나 필요성이 없는 좋은 여건	5%	80%	0.04
7. 파트너와의 관계나 기타사항	5%	80%	0.04
평가인자 배수합계	100%		1.14
Startup 기본가치액			1,500
투자 전 스타트업 가치평가액	–	–	1,710

* 평가 점수는 상대적인 평가로 유사한 기업이나 비교대상과의 평가에서 같으면 100%이고 더 좋으면 100%~200%이며 더 나쁘면 100%~0%로 평가함.

d. 매출액 단순 Startup 가치평가

예상되는 월 평균 매출액을 중심으로 시장배수에 의하여 가치평가를 하는 단순한 방식이다. 대부분 Startup투자자는 투자수익 시장배수를 10배~20배까지 기대하고 있으며 Startup 가치평가를 위해 시장배수를 얼마로 하느냐에 따라 가치평가액이 좌우되기에 쌍방 합의에 의하여 적절하고 적합한 시장배수를 정하는 것이 중요하다.

산출과정을 간략한 표로 표시하면 아래와 같다.

단위: 백만 원

월 매출	연 매출	매출증가율	RRR	시장배수	스타트업 가치평가
100	1,200	20%	1,440	12	17,280

1. 최근 월 매출의 12배를 계산하여 연매출을 산출한다.
2. 고객증가율이나 매출증가율을 추정한다.
3. 고객증가율이나 매출증가율을 감안하여 조정된 RRR(Revenue Run Rate)을 산출한다.
4. 조정된 RRR의 10배 혹은 시장상황에 맞추어 배수를 정하여 곱하면 startup 기업가치가 된다.
5. 시장가치 배수는 유사한 거래 및 유사기업가치나 현재의 시장상황과 경제및 산업특성에 따라 정하여 지며 통상 8배~20배 사이에서 정한다.

e. 역산출 조정법 가치평가

역산출 조정법 가치평가란 투자 시에 받을 수 있는 지분율을 가지고 역으로 추정하여 스타트업 가치평가를 구현하는 것이다.

역산출 조정법에 의하여 투자전후 투자가치(Pre-Money Valuation/Post-Money Valuation)를 아래와 같이 간단히 계산해 볼 수 있다.

단위: 백만 원

투자액	획득한 투자지분	투자 후 기업가치	투자 전 기업가치
200	20%	1,000	800

만일 투자자가 2억 원을 투자하고 지분 20%를 받았다고 한다면 투자 후 기업가치(post-money valuation)는 아래의 계산식으로 10억 원이 되는 단순 논리이다.

투자 후 기업가치(postmoney valuation): 10억 원=2억 원/20%

투자 전 기업가치(pre money valuation): 8억 원=10억 원-2억 원

투자 후 기업가치(post money valuation)는 투자 전 기업가치(pre money valuation)에다 투자금(Investment Proceeds)을 합한 것이다.

투자 전 기업가치(pre money valuation)는 다양한 방법으로 산출할 수 있어 상호 협상에 의거하여 적합한 방법론을 찾아 선택하여 정하여 진다.

엔젤 및 벤처투자 기본정보 입력과 가치평가표 I

본 장은 엔젤 및 벤처투자의 가치평가 접근법중 일반적 가치평가접근법으로 아래에 5가지 방법이 기술되어 있다. 부록에 있는 시스템 프로그램에 있는 엔젤 및 벤처 일반적 가치평가표I를 중심으로 하나씩 습득해 보자.

1) 벤처투자(VC) 가치평가법(원안과 시나리오 가치평가)

벤처투자액에 대해 벤처 기업의 가치평가와 투자 지분율을 분석하는 것으로 원안을 포함하여 시나리오별로 산출하는 방법이며 다음의 결과물을 알기위한 목적으로 실시한다.

1. 투자액에 따른 투자지분과 지분율 그리고 1주당 발행가격
2. 원하는 지분율에 따른 상응한 투자액
3. 벤처기업의 투자 전과 후의 기업가치
4. 투자액에 따른 투자수익률
5. 4가지의 다양한 투자시나리오를 통한 시뮬레이션

(1) 입력을 요구하는 기본정보

1. 순이익을 산출하기 위해 원안 매출과 시나리오별 매출 그리고 순이익률을 파악하여 입력한다.
2. 투자회수 기간은 언제쯤(몇 년 후)인지 추정하여 입력한다
3. 평균 PER율을 파악하고 자료가 없다면 성공 시 기대되는 투자원금 대비 수익배수를 추정하여 입력한다.
4. 투자 전 현재의 주식발행수를 파악하여 입력한다.
5. 기대하는 5년 평균 수익률을 추정하여 입력한다.(기대수익률은 할인율로 사용할 수 있음)
6. 요구되거나 투자할 수 있는 투자금액을 파악하여 입력한다.
7. 투자와 관련하여 자신이 확보하고 싶은 지분율을 예측하여 입력한다.

VC 투자가치평가법 입력표

단위: 천 원

	VC Valuation Method	기본	시나리오 1	시나리오 2	시나리오 3	시나리오 4
1	회수 시의 추정 매출액	2,000,000	2,000,000	3,000,000	4,000,000	5,000,000
1	회수 시의 매출대비 추정 순이익률(%)	20%	20%	20%	20%	20%
2	평균 투자기간(회수기간(년))	5	5	5	5	5
3	평균 PER(Price Earning Ratio) 율(주당시가/주당 순이익)	6.0	6.0	6.0	6.0	6.0
4	주식발행수	1,200,000	1,200,000	1,200,000	2,000,000	2,000,000
5	투자자 요구수익률(Required Return Rate or ROI)	55%	55%	60%	65%	70%
6	투자자 투자액	40,000	40,000	45,000	50,000	60,000
7	투자자 지분율(합의에 의한 결정)	50%	50%	55%	60%	70%
8	신주발행가격	0.025	0.025	0.025	0.025	0.025

(2) VC 투자가치평가법 가치평가표

아래의 VC 투자가치 평가법은 여러 가지 가정을 가지고 투자나 예측치를 변동하여 가치평가를 다양한 시나리오로 시뮬레이션할 수 있다.

이러한 평가방법은 특히 민감도 분석(Sensitivity Analysis)에도 활용할 수가 있다. 즉, 1. 순수익을 증감해 보거나, 2. 회수기간(년)을 조정하거나 3. 기대수익률(%)을 증감하거나, 4. PER율을 조금 줄이거나 늘려보면서 그 시뮬레이션 결과가 어떻게 변화하는지 다양한 투자 시나리오로 자신에 적합한 벤처투자기업의 가치평가를 실시하거나 선택해 볼 수가 있는 장점이 있다.

VC 투자 가치평가법 (원안과 시나리오 가치평가)

벤처투자액에 대한 VC기업의 가치평가와 지분율 계산방법

단위: 천 원

	항목	원안	시나리오1	시나리오2	시나리오3	시나리오4
1	투자회수 시점의 순이익	400,000	400,000	600,000	800,000	1,000,000
2	투자회수 기간(연도)	5.0	5.0	5.0	5.0	5.0
3	평균 PER율	6.0	6.0	6.0	6.0	6.0
4	주식발행수(Pre-Money)	1,200,000	1,200,000	1,200,000	2,000,000	2,000,000
5	기대 수익률(할인률) RRR(Required Return Rate)(산출)	50.8%	50.8%	56.1%	61.1%	65.5%
5	기대 수익률(할인률) RRR(Required Return Rate)(입력)	55.0%	55.0%	60.0%	65.0%	70.0%
6	투자액	40,000.0	40,000.0	45,000.0	50,000.0	60,000.0
6'	지분율에 의한 요구되는 투자액	154,129.0	154,129.0	213,577.5	265,490.2	337,804.4

7	잔존가치(순이익*PER율)	2,400,000	2,400,000	3,600,000	4,800,000	6,000,000
8	할인잔존가치(NPV)	268,258	268,258	343,323	392,484	422,578
9	Post Money 가치	308,258	308,258	388,323	442,484	482,578
평가	Pre-Money 가치	268,258	268,258	343,323	392,484	422,578
11'	신주발행가격(산출)	0.224	0.224	0.286	0.196	0.211
11	신주발행가격(입력)	0.025	0.025	0.025	0.025	0.025
12	투자액지분율(입력)	50.0%	50.0%	55.0%	60.0%	70.0%
12'	투자액지분율(산출)	12.98%	12.98%	11.59%	11.30%	12.43%
13	투자액 주식수	178,932	178,932	157,286	254,788	283,971
14	총발행 주식수(Post-Money)	1,378,932	1,378,932	1,357,286	2,254,788	2,283,971
15	투자자 잔존가치	311,427	311,427	417,179	542,393	745,994
	투자자 투자수익률 배수(투자자 잔존가치/투자액)	8	8	9	11	12

투자결정 판단에 필요한 해답을 제공하는 평가분석 결과치

상기의 VC 투자가치 평가법은 다음의 결과값을 제공한다.

1. 투자하고 싶은 금액 40백만 원을 투자하면 획득할 수 있는 투자지분은 13%가 된다. 산출된 지분율에 따라 178,932주의 주식을 받을 수 있으며 1주당 신주발행가격은 223.5원이 된다.
2. 만일 투자기업에 확보하고 싶은 지분율 50%를 받고 싶다면 본 가치평가에 의거 154.1백만 원을 투자하여야 한다.
3. 투자회사의 투자 전(Pre-Money)가치는 268.3백만 원이고 투자 후(Post-money)의 기업가치는 308.3백만 원이다.
4. 투자회수 시점의 회사의 평가가치는 2,400백만 원이며, 그에 따른 투자자 지분의 가치는 311백만 원이고 수익률 50.8%가 된다.
5. 다양한 가정을 가지고 5가지 시나리오를 펼칠 수 있는 상기 가치평가표는 시뮬레이션 프로그램으로 활용해 볼 수 있다.

2) VC 투자 단순 가치평가법

요구되는 투자액을 중심으로 투자 전과 후의 벤처투자 기업가치를 가장 단순하게 산출하는 방식으로 투자 전(Pre-Money)가치와 투자 후(Post-Money)가치를 알고자 하는 데 목적이 있다.

(1) 입력을 요구하는 기본정보

1. 투자회수 시점의 예측되는 순이익을 추정하여 입력한다.
2. 투자회수 기간은 언제쯤(몇 년 후)인지 추정하여 입력한다.
3. 평균 PER율(주당시가/주당순이익)을 파악하고 자료가 없다면 성공 시 기대되는 투자원금 대비 수익배수를 추정하여 입력한다.
4. 평균 PER율(주당시가/주당순이익)을 파악하고 자료가 없다면 성공 시 기대되는 투자원금 대비 수익배수를 추정, 입력한다.
5. 목표 투자수익배수(ROI)를 추정하여 입력한다.
6. 요구되거나 투자할 수 있는 투자금액을 파악하여 입력한다.

VC 단순가치 평가법 입력표

단위: 천 원

	VC Valuation Method 2	기본정보
1	회수싯점의 순이익	300,000
2	투자회수 기간(연도)	6
3	평균 PER 율(주당시가/주당순이익)	7.0
4	잔존가치(순이익*PER율)	2,100,000
5	목표 투자수익배수(ROI)	5.0
6	요청(요구)되는 투자액	400,000

(2) VC 단순가치평가법 가치평가표

VC 투자 단순 가치평가법

천 원

번호	항목		평가 산출액
1	회수싯점의 순이익		300,000
2	투자회수 기간(연도)		6
3	평균 PER 율(주당시가/주당순이익)		7
4	잔존가치(순이익*PER율)		2,100,000
5	목표 투자수익배수(ROI)		5.0
6	요청(요구)되는 투자액		400,000
7	Post Money 가치	=잔존가치/ROI	420,000
평가	Pre-Money 가치	=POM-투자액	20,000

투자결정 판단에 필요한 해답을 제공하는 평가분석 결과치

상기의 VC 단순가치평가법은 간단하게 다음의 결과값을 제공한다.
1. 간단한 정보로 산출되는 Pre-Money 가치는 20백만 원으로 평가된다.
2. 간단한 정보로 산출되는 Post-Money 가치는 420백만 원으로 평가된다.

3) First Chicago법

각 시나리오별 성공확률을 가정하여 벤처투자의 초기단계나 엔젤투자기업의 가치를 평가하는 방법으로 다음의 결과물을 유추하는 데 사용된다.
1. 투자기업의 투자성공 확률별 가치평가 산출
2. 투자성공 시 투자기업의 가치평가(현재가치)
3. 투자성공 시 투자기업의 지분율
4. 투자성공확률을 감안한 평균투자 회수액
5. 투자기업의 연매출과 손익 추정

(1) 입력을 요구하는 기본정보

1. 투자의 성공/유지/부분실패와 완전실패의 각기 가능성을 확률(%)로 추정하여 입력한다.
2. 투자대상기업의 초기 매출액은 얼마나 되는지 추정하여 입력한다.
3. 초기 매출액에서 매년 전년도 대비 평균 어느 정도의 비율로 성장하는가를 추정하여 입력한다.
4. 투자회수는 언제(몇 년 후)인지 설정한다.
5. 투자회수가 전액불능한 실패를 제외하고 원금손실 실패의 경우는 투자액 중 일부 회수될 금액을 추정하여 입력한다.
6. 세후 순이익률은 얼마인지 추정하여 입력한다.
7. 투자 회수 시 통상 기업가치는 순익의 몇 배수가 되는지 P/E 배수를 추정하여 입력한다.
8. 순이익의 현재가치를 산출하기 위해 할인율을 얼마로 할 것인가 추정하여 입력한다.
9. 요구되는 투자액을 입력한다.

First Chicago법 입력표

단위: 천 원

	First Chicago Method	성공할 경우	명맥 유지	실패할 경우	완전 실패할 경우
1	각 시나리오별 가능성 확률 (합계 %는 100%가 됨)	20%	20%	40%	20%
2	초기 매출액	2,000,000	2,000,000	2,000,000	2,000,000
3	성공과 실패의 각 경우별로 초기매출액에서 연 성장률	18%	5%	2%	0%
4	투자회수 기간(년)	5	5	5	5
5	실패의 경우 연후 청산가치			100,000	–
6	세후 순 수익률	20%	20%	0	0
7	회수 시 P/E 배수	10.0	4.5		
8	할인률(Internal Hurdle Rate)	15.0%			
9	요청(요구) 투자액	600,000			

(2) First Chicago법 가치평가표

First Chicago 법 가치평가표

단위: 천 원

	평가항목	성공할 경우	명맥 유지	실패할 경우	완전 실패할 경우
1	각 시나리오별 가능성확률 (합계%는 100%가 됨)	20%	20%	40%	20%
2	초기 매출액	2,000,000	2,000,000	2,000,000	2,000,000
3	초기매출액에서 연 성장률	18%	5%	2%	0%
4	투자회수 기간(년)	5	5	5	5
5	실패의 경우 5년 후 청산가치			100,000	–
6	세후 순 수익률	20%	20%	0	0
7	회수 시 P/E 배수	10.0	4.5		
8	할인률(Internal Hurdle Rate)	15.0%			
9	요청(요구) 투자액	600,000			
1	5년 후 성장매출	4,575,516	2,552,563	2,208,162	2,000,000
2	회수 시 순이익	915,103	510,513	100,000	–
3	회수 기업가치	9,151,031	2,297,307	100,000	–
4	할인률을 감안한 기업의 순 현재가치(NPV)	4,549,680	1,142,168	49,718	–
5	확률을 고려한 각 시나리오별 NPV	909,936	228,434	19,88	–
	확률을 고려한 전체 평균 NPV (기업 순 현재가치)	1,158,257			
	투자액에 대한 기업 지분율(투자액/순 현재가치)	51.80%			

투자결정 판단에 필요한 해답을 제공하는 평가분석 결과치

상기의 First Chicago법은 다음의 결과값을 제공한다.

1. 확률별(성공, 유지, 부분실패, 완전실패)로 가능성을 감안하여 각 성공과 실패의 경우에 각 엔젤투자기업의 순 현재가치(NPV)는 0에서 20, 228, 910백만 원으로 상기표에서 각기 나타난다.
2. 확률별로 산출된 본 평가방법의 결과치 평균값은 1,158백만 원이며, 엔젤투자기업의 순 현재가치(NPV)가 된다.
3. 투자액에 대한 기업 평균 현재가치에 대한 지분율(투자액/순 현재가치)을 산출하면 전체지분 중 51.8%가 된다.
4. 각 확률을 감안하여 평균값을 낸, 순 현재가치 환산전의 회수되는 엔젤투자 기업가치는 2,887백만 원이 된다.
5. 각 확률을 감안하여 평균값을 낸, 투자기간 5년 후 투자회수시점의 회사의 연 매출과 순이익은 각기 2,834백만 원, 381백만 원이 된다.

4) 단순배수법 기업가치평가

단순 배수법은 아래 표에 있는 5가지 종류의 기업평가배수를 가장 객관적이고 적합한 적용배수를 찾아서 곱하는 단순평가 기업가치로서 모두 합산하여 평균값을 구한 것이 단순배수법 기업가치평가액이 된다.

적용배수는 낮은 배수를 적용하여 가치평가를 낮게 하는 보수적인 입장과 반대로 투자대상기업의 입장에서 높은 배수를 적용하여 기업가치를 높이는 상반된 입장이 있다. 정확한 가치평가를 위해서는 가능한 객관적이고 입증할 수 있는 증빙자료를 준비하여 적합한 배수결정으로 가치평가에 접근하는 것이 본 평가의 핵심이다.

(1) 입력을 요구하는 기본정보

1. 투자대상기업의 추정치는 평가항목의 공식에 나타나는 연 수익, 연 매출액, EBITDA, 예상수익(배당) 그리고 순이익을 추정하여 입력한다.

2. 해당 사항이 없거나 자료가 없을 경우는 투자대상기업 추정치를 0으로 표시한다.
3. 적용배수는 해당 산업에 적용되는 평균배수를 적용하여야 하나 업종의 특성에 따라 배수에 차이가 있을 수 있어 적용배수는 투자자와 투자기업의 협의에 의하여 정한다.

단순 배수법 입력표

단위: 천 원

	단순배수법을 이용한 기업가치산출법		기본가치	적용배수
1	수익 배수법	년 수익*적용배수	80,000	15
2	매출 배수법	년 매출액*적용배수	600,000	3.5
3	EBITDA 배수법	년 EBITDA*적용배수	200,000	8
4	예상수익 배수법	예상수익*적용배수	50,000	20
5	잔존가치/ROI	순이익*PER 배수	5,000,000	12

(2) 단순 배수법 가치평가표

단순 배수법 가치평가표

단위: 천 원

	항목		기본가치	적용배수	엔젤투자 가치평가액
1	수익 배수법	년 수익*적용배수	80,000	15	1,200,000
2	매출 배수법	년 매출액*적용배수	600,000	3.5	2,100,000
3	EBITDA 배수법	년 EBITDA*적용배수	200,000	8	1,600,000
4	예상수익 배수법	예상수익*적용배수	50,000	20.0	2,500
5	잔존가치/ROI	순이익*PER 배수	5,000,000	12.0	60,000,000
평가	배수별 가치평가 평균액				12,980,500

투자결정 판단에 필요한 해답을 제공하는 평가분석 결과치

상기의 단순 배수법은 다음의 결과값을 제공한다.

1. 단순배수법은 5가지 기업평가법을 배수법을 적용하여 각기 가치평가를 하고 합산하여 평균값을 구하는 것으로 배수별 가치평가 평균액은 12,981백만 원이 된다.
2. 투자대상기업 추정치는 투자회사의 모든 자료를 검토하여 파악한 수치이거나 아니면 추정하여 산출한다.

    (적용배수는 투자자 입장에서는 보수적으로 추정하여 가치평가를 낮게 하거나 투자대상기업 입장에서는 높게 적용하고자 하는 경향이 있으니 객관적이고 합리적인 배수 결정이 매우 중요하다.)

Chapter 03 엔젤 및 벤처투자 비계량적 기본정보 입력과 가치평가표 II

본 장은 엔젤 및 벤처투자 비계량적평가 접근법으로 아래에 2가지 방법이 있다. 시스템 프로그램에 내재되어 있는 엔젤 및 벤처투자 비계량적 가치평가표 II를 중심으로 하나씩 습득해 나가자.

1) Scorecard Method(스코어 카드법)

스코어 카드법은 벤처투자가치평가를 위해 시장의 기본가치액을 중심으로 평가항목별로 점수를 부여하여 가치평가하는 방법이다.

(1) 입력을 요구하는 기본정보

투자결정 판단에 요구되는 추정 결과치와 투자 정보(질문사항)

1. Scorecard법은 벤처기업의 가치평가에 비교대상 혹은 기준이 되는 유사기업의 기업가치를 중심으로 7가지 항목을 가중치를 두고 평가하여 기업가치를 추출해 나가는 것이다.
2. 항목별 평가 점수는 0%~200% 한도 내에서 비교되는 시장가치와 비교하여 같으면 100%, 못하면 99~0%, 좋으면 101~200% 이상 평가 점수를 입력한다.

Scorecard법 입력표

단위: 천 원

	Scorecard Method	평가 점수		
1	팀 능력	150%		
2	시장규모	200%		
3	제품&기술	100%		
4	경쟁환경	80%		
5	파트너십	105%		
6	추가투자 필요성(적을수록 좋음)	90%		
7	기타(업체 특성에 따라 구체적으로 명시)	85%		
8	비교대상(기준)이 되는 추정 시장가치	500,000		

(2) Scorecard법 가치평가표

Scorecard법 가치평가표

단위: 천 원

	평가 항목	표준 가중치	평가 점수 (150%만점)	가중치 평가 점수	VC 평가가치액
1	팀 능력	30%	150%	45%	
2	시장규모	25%	200%	50%	
3	제품&기술	15%	100%	15%	
4	경쟁환경	10%	80%	8%	
5	파트너십	10%	105%	11%	
6	추가투자 필요성(적을수록 좋음)	5%	90%	5%	
7	기타(업체 특성에 따라 구체적으로 명시)	5%	85%	4%	
	합계	100%		137%	
	비교대상(기준)이 되는 추정 시장가치				500,000
평가	가치평가액=(기본가치액 × 평가 점수)				686,250

* 표준가중치는 일반적으로 적용되는 표준 평균 가중치임.

투자결정 판단에 요구되는 추정 결과치와 투자정보

Scorecard법은 벤처기업의 가치평가에 비교대상 혹은 기준이 되는 유사기업의 추정 시장가치를 중심으로 7가지 항목을 가중치를 두고 평가하여 기업가치를 추출해 나가는 것이며 Scorecard법에 의한 가치평가액은 686백만 원으로 산출되었다.

2) Berkus 엔젤투자가치 평가방법(Berkus법)

Berkus법은 엔젤투자가치평가를 위해 시장의 항목별 기본 평균가치액을 조사하여 항목별로 평가 점수에 따라 평가액을 산출하고 합산하는 방법이다.

(1) 입력을 요구하는 기본정보

상기의 Berkus법은 다음의 간단한 결과값을 제공한다.
1. Berkus법은 실적이 없는 기업이나 아이디어에 투자하기 위한 가치평가 방법이다.
2. 아래의 5가지 항목에 대하여 시장의 평균가치액을 추정, 파악하고 항목별로 투자대상기업

과의 비교가 점수를 부여하여 항목별 가치액을 합산하는 가치평가법이다. 시장의 항목별 기준가치액은 시장에서 인식되고 있는 평균가치액을 산정하여 금액으로 표시한 것이다.

3. 항목별 평가 점수는 0%~200% 한도 내에서 비교되는 시장가치와 비교하여 같으면 100%, 못하면 99~0%, 좋으면 101~200% 이상의 평가 점수를 입력한다.
4. 시장의 항목별 기준가치액은 주관적인 요소가 강한 것이 단점이나 실체가 불투명한 엔젤기업에게 전문가의 입장에서 접근하여 파악하고 추정하여야 할 과제이다.

Berkus법 입력표

단위: 천 원

	Berkus Valuation Method(엔젤투자가치 평가방법)	시장가치	평가 점수	
1	아이디어가치와 평가 점수	500,000	150%	
2	시제품(Proto type)가치와 성능과 평가 점수	200,000	200%	
3	품질가치와 평가 점수	200,000	100%	
4	설정된 전략가치와 평가 점수	300,000	80%	
5	초기 매출의 가치와 평가 점수	100,000	105%	
	합계	1,300,000	635%	

(2) Berkus법 가치평가표

단위: 천 원

	평가항목	시장의 항목별 평균가치액	평가점수 (200%만점)	엔젤투자 가치평가액
1	아이디어가치와 평가점수	500,000	150%	750,000
2	시제품(Proto type)가치와 성능과 평가점수	200,000	200%	400,000
3	품질가치와 평가점수	200,000	100%	200,000
4	설정된 전략가치와 평가점수	300,000	80%	240,000
5	초기 매출의 가치와 평가점수	100,000	105%	105,000
평가	합계	1,300,000		1,695,000

투자결정 판단에 요구되는 추정 결과치와 투자정보

1. Berkus법은 실적이 전혀 없거나 아이디어만 있는 기업에 투자하기 위한 가치평가 방법이다.
2. 5가지 항목에 대하여 시장의 비교되는 기준치액을 추정하고 항목별로 평가 점수를 부여하여 항목별 가치액을 합산하는 Berkus 방법에 의한 가치평가액은 1,695백만 원으로 산출되었다.

Chapter 04 엔젤 및 벤처 단계별 투자 기본정보 입력과 가치평가표 III

본 장은 엔젤및 벤처 단계별 투자평가접근법으로 아래에 2가지 방법이 있다. 시스템 프로그램에 있는 엔젤 및 벤처 단계별투자 가치평가표 III를 중심으로 하나씩 습득해 나가자.

1) 단계별 투자로 물타기법(Dilution Method)

"물타기"라는 것은 주식을 매입하고 난 후 주식가격이 떨어질 경우 다시 주식을 매입하면 평균 주식매입가격이 희석이 되어 낮아지는 것을 칭하는 말이었다. 여기서 물타기란 같은 회사에 순차적으로 투자를 할 경우 주식가격은 전번과 동일할 수가 없기 때문에 투자액에 따른 지분율은 다르게 변동이 된다. 이러한 현상과 변동추이를 정확히 분석하고 볼 수 있게 하기 위해 본 방법이 제시되었다.

(1) 입력을 요구하는 기본정보

단계별 투자에 요구 되거나 필요한 각종 투자정보(질문사항)

1. 투자 회수 시점의 순이익을 추정한다.
2. 각 단계별 투자 시 투자회수시까지 남은 잔여 기간을 예측하여 추정한다.
3. 평균 PER 배수를 추정한다.
4. Pre-Money 단계의 총주식발행수를 파악한다.
5. 투자 시 해당기업의 기대수익률을 생각하여 추정한다. 기대수익률은 잔존가치를 산출하는 데 필요한 할인률이 될 수 있다.
6. 단계별 투자액은 얼마가 요구되거나 필요한지 추정한다.

물타기법(Dilution Method) 입력표

단위: 천 원

	Stock Dilution Method(주식 물타기 방법)	1차 투자(A)	2차 투자(B)	3차 투자(C)
1	회수 시의 추정 매출액	2,000,000	2,000,000	2,000,000
2	세후 매출순이익률	15%		
3	회수 시의 추정 순이익	300,000	300,000	300,000
4	평균 투자기간(회수기간(년))	4	3	2
5	평균 PER(Price Earning Ratio) 율(주당시가/주당 순이익)	6.0	6	6
6	주식발행수(Pre-Money Stocks)	1,200,000	1,200,000	1,200,000
7	투자자 기대수익률(Required Return Rate or ROI)	55%	50%	50%
8	요청되는 투자액	40,000	45,000	50,000

(2) 물타기법(Dilution Method) 가치평가표

물타기법(Dilution Method) 가치평가표

	항목		1차투자(A)	2차투자(B)	3차투자(C)
1	회수시의 추정 순이익		300,000	300,000	300,000
2	평균 투자기간(회수기간(년))		4	3	2
3	평균 PER(Price Earning Ratio) 율(주당시가/주당 순이익)		6	6	6
4	주식발행수(Pre-Money Stocks)		1,200,000	1,200,000	1,200,000
5	투자자 기대수익률(Required Return Rate or ROI)		55.0%	50.0%	50.0%
6	요청되는 투자액		40,000	45,000	50,000
7	회수시 잔존가치(순이익 * PER율)		1,800,000	1,800,000	1,800,000
8	할인잔존가치(npv)	=NPV(잔존가치,할인률,연도)	311,850	533,333	800,000
9	Post Money 가치	할인잔존가치=POM	311,850	533,333	800,000
평가	Pre-Money 가치	=POM-투자액	271,850	488,333	750,000
11	신주발행가격	=각 투자액/각 투자주식수	0.23	0.35	0.50
12	투자액 주식지분율	=투자액/POM	12.83%	8.44%	6.25%
13	투자액 주식수	=발행주식수-직전발행주식수	176,568	126,851	100,228
14	총발행 주식수(Post-Money)	=투자주식수+기존주식발행수	1,376,568	1,503,419	1,603,647
15	투자자 잔존가치	=잔존가치 x 투자액지분율	230,880	151,875	112,500
1.00	기초투자 신주발행가격 대비 배수율		0.2	0.4	0.5
	1차투자 신주발행가격 대비 배수율			2	2
	투자자 기대수익률		5.8	3.4	2.3

1차 총발행 주식수(Post-Money)		1,376,568		
2차 총발행 주식수(Post-Money):(1차발행후총주식수/(1-2차투자지분율)			1,503,419	
3차 총발행 주식수(Post-Money):(2차발행후총주식수/(1-3차투자지분율)				1,603,647
Round 단계별 주식보유율		85.31%	93.8%	100.0%
Dilution 된 투자액 지분율		11.01%	7.91%	6.25%
Dilution 된 투자액 주식수		176,568	126,851	100,228
Dilution 된 총 발행주식수		1,603,647	1,603,647	1,603,647
Dilution 된 신주발행가격		0.50	0.50	0.50
Dilution 된 각기 지분평가액		88,083	63,281	50,000
Dilution 된 Post-Money 가치		800,000	800,000	800,000
check		ok	ok	ok

단계별 투자(Dilution)로 인하여 요구되고 투자결정 판단에 제공되는 가치평가 분석자료

상기의 물타기(Dilution Method)법은 다음의 결과값을 제공한다.

1. 투자단계별 (1차, 2차, 3차투자)로 투자를 하거나 투자유치를 할 경우 투자회수 시점의 기업 잔존가치는 1,800백만 원이 된다.

2. 기대 수익률을 할인률로 하여 기업잔존가치를 환산하면 투자 시기에 따른 1차, 2차 3차 단계별로 각기 다르게 나타난다. (1차: 312백만 원, 2차: 533백만 원, 3차: 800백만 원)

3. 각 투자 단계별 요구되는 실제 투자액을 투자후(Post Money)가치에서 공제하면 투자전 (Pre-Money)가치가 산출된다. (1차: 272백만 원, 2차: 488백만 원, 3차: 750백만 원)

4. 각 투자 단계별 요구되는 투자액에 제공되는 주식지분율(%)과 주식 수량은 상기도표 #12, #13에, 그리고 총발행주식수는 #14에 산출되어 표시되어 있으니 파악하면 된다.

5. 각 투자 단계별 요구되는 투자액에 제공되는 주식에 대하여 1주당 신주발행가격은 상기도표 #11에 산출되어 있다. 1주당 가격 (1차: 227원, 2차: 355원, 3차: 499원)

6. 각 투자 단계별 투자 후 총발행 주식수는 얼마이며 어떻게 변경되는지 상기도표 #14에서 그 추이를 파악해 본다.

7. 각 투자 단계별 투자자의 투자액에 대한 잔존가치가 얼마가 되는지 상기도표 #15에서 그 추이를 파악해 본다.

8. 각 투자 단계별 투자로 인하여 투자자의 주식 지분율과 지분평가액의 변동을 파악하고 그 추이를 본다.

2) 투자단계별 승수계산법

투자단계별 승수계산법이란 투자회사의 간략한 정보만을 가지고 PER 배수율, 복합할인률을 예측하여 단계별로 투자자 잔존가치를 단순하게 산출하는 방법이다.

(1) 입력을 요구하는 기본정보

단계별 투자에 요구되는 판단자료를 위해 필요한 각종 투자정보(질문사항)

1. 매출액과 매출손익률을 예측하고 추정한다.
2. 평균 PER 배수율을 예측하고 추정한다.
3. 투자 전 현재의 주식발생수를 파악한다.
4. 복합할인률(투자 시기별 추정되는 PER 배수율)을 예측하고 추정한다.
5. 단계별 투자액은 얼마가 요구되는지 예측하거나 추정한다.

투자단계별 승수계산법 입력표

단위: 천 원

	투자단계별 승수계산방법	1차 투자(A R)	2차 투자(B R)	회수 시 잔존가치
1	투자회수 시점 매출액	–	–	2,000,000
2	매출 손익률			15.0%
3	평균 PER 배수율			6
4	주식발행수(Pre-Money)	1,200,000	–	
5	복합 할인률	10.0	8.0	
6	요청(요구)되는 투자액	40,000.0	45,000.0	

(2) 투자단계별 승수계산법 가치평가표

투자단계별 승수계산법 가치평가표

	항목		1차투자 (A)	2차투자 (B)	회수시 잔존가치
1	투자회수 시점 매출액		–	–	2,000,000
2	매출 손익률				15.0%
3	평균 PER 배수율				6
4	주식발행수(Pre-Money)		1,200,000	1,542,857	
5	복합 할인률		10.0	8.0	
6	요청(요구)되는 투자액		40,000	45,000	
7	회수시 잔존가치(순이익 * PER율)		1,800,000	1,800,000	1,800,000
9	Post Money 가치(POM)	할인잔존가치=잔존가치/복합할인률	180,000	225,000	
평가(10)	Pre-Money 가치	=POM-투자액	140,000	180,000	
11	신주발행가격	=각 투자액/각 투자주식수	₩ 0.12	₩ 0.12	₩ 0.93
12	투자액지분율	=투자액/POM	22.22%	20.00%	
13	투자액 주식수	=발행주식수-직전발행주식수	342,857	385,714	
14	총발행 주식수(Post-Money)	=투자주식수+기존주식발행수	1,542,857	1,928,571	1,928,571
15	회사 Owner 잔존가치	=주식가격 x 투자지분 주식수	140,000	140,000	1,120,000
16	A투자자 잔존가치	=주식가격 x 투자지분 주식수	40,000	40,000	320,000
17	B투자자 잔존가치	=주식가격 x 투자지분 주식수		45,000	360,000

투자단계별 승수계산법에서 제공되는 투자 판단 자료

상기 투자단계별 승수계산법은 다음의 결과값을 제공한다.

1. 1차와 2차의 투자액에 대한 회수시점의 투자액 잔존가치와 할인된 Post-Money와 Pre-Money가치를 상기도표 #7, 9, 10에서 알아보고 투자자별로 투자자 잔존가치도 상기도표 #15, 16, 17에서 파악한다.

2. 1차와 2차의 투자액에 대한 지분율과 주식수를 파악하고 아울러 상기표에서 신주발행가격이 얼마인지 알아본다.

Chapter 05 스타트업(Startup) 가치평가 기본정보 입력과 가치평가표

본 장은 스타트업 가치평가만를 위해서 개발된 스타트업 가치평가 5가지 방법을 중심으로 소개하고자 한다. 스타트업 가치평가표는 입력표와 구분하지 않고 같은 양식하에서 기본정보 입력과 가치평가결과물을 함께 볼 수 있도록 설명되어 있다.
아래 가치평가표의 옅은파랑색이 있는 칸에 요구되는 기본정보를 입력하면 스타트업 가치평가가 바로 산출되게 전개되어 있다.

1) 일반적 평가모형 방법에 의한 가치평가하기

스타트업 가치평가 일반모형에 따라 11가지 항목에 가중치를 두고 평가를 하여 유사 스타트업 시장가격이나 기준시장가격대비 가치평가를 하는 것이다.
스타트업 유사기업의 가치와 시장가치를 추정하기가 어려운 점이 있어 평가가 주관적으로 흐를 가능성을 염두에 두고 가능한 객관적인 평가를 실시하여야 한다.

일반적 평가모형법에 의한 가치평가

단위: 천 원

평가 항목	평가 표			
	가중치	평가 점수	평가 인자	평가액
1. 아이디어와 기술은 어떠한가	13%	150%	0.20	
2. 특허 등 독점적인 권한과 권리가 있는가	10%	120%	0.12	
3. 사업계획은 현실성과 진실성이 있는가	10%	80%	0.08	
4. 매출계획과 수익성은 어떠한가	9%	90%	0.08	
5. 팀 구성은 잘되어 있으며 수행능력은 갖추어져 있는가	9%	50%	0.05	
6. 창업자와 팀원과는 단합과 동기부여가 되어 있는가	9%	100%	0.09	
7. 전략은 어떠하며 파트너십과도 잘 연계되어 있는가	9%	60%	0.05	

8. 마케팅은 어떠한가		9%	70%	0.06	
9. 경쟁상태는 어떠하며 진입장벽은 어떠한가		9%	90%	0.08	
10. 비전은 무엇인가		9%	20%	0.02	
11. 어느 지역에 위치하는 것인지 장소는 물색되어 있는가		4%	60%	0.02	
스타트업 평가액: 127,650천 원					150,000
스타트업 평가액: 127,650천 원		100%		0.85	127,650

* 평가 점수는 상대적인 평가로 유사한 기업이나 비교 대상과의 평가에서 비슷하게 같으면 100%이고 더 좋으면 100%~200%이며 더 나쁘면 100%~0%로 평가함.

2) Berkus방법에 의한 가치평가하기

Berkus평가법은 시장의 항목별 기준가치액 중심으로 실시하는 비계량적인 가치평가방법으로 엔젤 및 벤처투자 비계량적가치평가에서 사용되는 방법이나 스타트업 가치평가에도 원용되고 있다.

매출이 없는 초기단계에 항목별 기준가치를 설정하고 항목별로 해당 유무를 판단하여 스타트업 기본가치를 만들고 다음의 위험인자 총합법에 의거하여 보다 구체적으로 위험과 기회를 추가적으로 평가하고 가치액을 가감하여 스타트업 기업가치액을 최종적으로 정하는 것이다.

Berkus법 가치평가표

단위: 백만 원

아래 항목이 있다면	유무	기준가치	기업가치
1. 우수한 아이디어가 있다. (기본개념, 위험이 적음)	x	500	500
2. Prototype가 되어 있다. (기술적인 위험을 줄일 수 있음)	x	500	500
3. 유능한 팀원이 현재 갖추어져 있다. (실행 위험을 줄일 수 있음)	x	500	500
4. 전략적 관계가 구축되어 있다. (시장과 경쟁력 위험을 줄일 수 있음)		500	–
5. 제품생산및 판매 준비가 되어 있어 매출을 만들 수 있다. (재무와 생산의 위험을 줄일 수 있음)		500	–
Startup 기본 기업가치액			1,500

위험인자 총합법에 의한 가치증감평가

단위: 백만 원

능력과 여건 그리고 상대적인 위험(risk)인자 분석	평가표				
	아주 우수	우수	보통	부족	아주 부족
	500	250	–	(250)	(500)
1. 경영능력이 우수하다.			x		
2. 사업 준비 단계와 현재상태가 양호하다.			x		
3. 법률, 환경 규제상태가 우호적이다.		x			
4. 생산 여건 및 상태가 좋다.		x			
5. 시장과 판매 환경이 좋다.		x			
6. 자금조달여건과 자금상태가 좋다.			x		
7. 경쟁여건과 국내외 환경이 우호적이다.			x		
8. 기술능력과 여건이 좋다.			x		
9. 소송 및 기술 침해가능성이 없다.				x	
10. 국제적인 여건이 우호적이고 장애가능성이 없다.			x		
11. 명성이 높다.			x		
12. 잠재적인 출구전략이 있다.		x			
가치증감합계액:	750	–	1,000	–	–

* 평가 점수는 아주 우수, 우수, 보통, 부족, 아주 부족의 5단계로 평가에 부여되는 금액은 상기와 같으며 위험인자 분석항목별로 해당하는 평가표에다 "x"표시를 하면 가치증감합계액이 집계됨.

투자 전 위험인자 총합법에 의한 스타트업 가치평가 (기본 가치액 1,500+위험인자 가치증감액 750)	2,250

3) 비교인자 평가법에 의한 가치평가하기

비교인자 평가법은 시장의 startup 기본가치액을 기준으로 7가지 항목별 가중치에다 상하 100% 기준으로 증감하는 평가 점수를 매겨 평가인자를 산출하고 투자 전 스타트업 가치평가를 하는 방법이다.

비교인자평가법에 의한 스타트업 가치평가

단위: 백만 원

상대적 비교인자 분석	평가표		
	가중치	평가 점수	평가인자
1. 사업가와 팀원의 능력과 준비 상태	30%	125%	0.38
2. 시장과 경제여건에 부합한 기회의 크기	25%	150%	0.38
3. 제품이나 기술의 정도	15%	100%	0.15
4. 경쟁환경의 유리한 조건	10%	100%	0.10
5. 마케팅, 홍보, 매출의 우호적인 여건	10%	60%	0.06
6. 자금의 추가적인 요구나 필요성이 없는 좋은 여건	5%	80%	0.04
7. 파트너와의 관계나 기타사항	5%	80%	0.04
	100%		1.14
Startup 기본가치액			1,500
투자 전 스타트업 가치평가액	–	–	1,710

* 평가 점수는 상대적인 평가로 비교 대상이나 유사기업과 비교하여 같으면 100%를 기준으로, 더 좋으면 100%~200%를 이보다도 더 나쁘면 100%~0%로 평가함.

4) 매출액 단순 Startup 가치평가

월 매출을 중심으로 시장배수에 의하여 가치평가를 하는 단순한 방식이다.

대부분 투자자는 투자수익률을 10배~20배까지 기대하고 있으나 스타트업 평가 시에는 시장배수를 적게 평가하여 가치평가 및 해당 투자액을 줄이기를 원하고 투자를 유치하고자 하는 Startup은 시장배수를 올려 가치평가를 높게 산정하기를 원한다. 따라서 쌍방 합의에 의하여 적절하고 적합한 시장배수를 정하는 것이 관건이다.

1. 최근 월 매출의 12배를 산출한다.
2. 고객증가율이나 매출증가율추정한다.
3. 고객증가율이나 매출증가율을 감안하여 조정된 RRR(Revenue Run Rate)을 산출한다.
4. 조정된 RRR의 10배 혹은 시장상황에 맞추어 배수를 정하여 곱하면 startup 기업가치가 된다.
5. 시장가치 배수는 유사회사나 현재의 시장과 경제 및 경영상황에 따라 통상 8배~20배 사이에서 정한다.

단순 스타트업 가치평가표

단위: 백만 원

월 매출	연 매출	매출증가율	RRR	시장배수	스타트업 가치평가
100	1,200	20%	1,440	12	17,280

5) 역산출조정법 가치평가

역산출 조정법 가치평가란 투자 시에 받을 수 있는 지분율을 가지고 역으로 추정하여 스타트업 가치평가를 구현하는 것이다. 아래 표의 옅은파랑색이 칸에 요구되는 정보를 입력하여 투자전후 투자가치(Pre-Money Valuation/Post-Money Valuation)를 산출해 보자

역산출조정법 가치평가표

단위: 백만 원

투자액	획득한 투자지분	투자 후 기업가치	투자 전 기업가치
200	20%	1,000	800

투자적 기업가치(pre money valuation)는 다양한 방법으로 산출할 수 있고 상호 협상에 의거하여 정해진다.

만일 투자자가 2억 원을 투자하고 지분 20%를 받았다고 한다면 투자 후 기업가치(post-money valuation)는 10억 원이 되는 단순 논리이다.

  투자 후 기업가치(postmoney valuation)=2억 원/20%

  투자 후 기업가치(postmoney valuation)=10억 원

  투자 전 기업가치(pre money valuation): 10억 원-2억 원=8억 원

투자 후 기업가치(post money valuation)는 투자 전 기업가치(pre money valuation)에다 투자금(Investment Proceeds)을 합한 것이다.

Chapter 06 엔젤 및 벤처, 스타트업 가치평가 보고서

엔젤및 벤처, 스타트업 가치평가 보고서는 보고서에 있는 평가대상과 접근법을 선택하면 관련자료가 자동으로 형성되어 선택된 보고서를 시스템 프로그램에서 작성해 준다.

1) 엔젤 및 벤처투자 가치평가표 I 보고서

No. 14565

엔젤 및 벤처투자 가치평가표 I 보고서

피평가업체명	한국산업(주)	대표자	김수동
업종	제조 생산	평가대상과 접근법	엔젤 및 벤처투자 가치평가표 I
소재지	경기도 안산시 대부동 안상공단 23-5	평가자	홍길동
피평가업체 연락처	010-2546-5258	일자	2014.5.6

단위: 천 원

평가내역	평가등급 및 평가액	평가의견
VC 투자 가치평가법 (기본 가치평가, 시나리오 가치평가)	요구되거나 투자하고 싶은 금액 40백만 원을 투자하면 획득할 수 있는 투자지분은 13% 가 됩니다.	요구되거나 투자하고 싶은 금액 40백만 원을 투자하면 획득할 수 있는 투자지분은 13%가 됩니다. 그리고 지분율에 따라 178,932주의 주식을 받을 수 있으며 1주당 신주발행가격은 223.5 원이 됩니다.
VC 투자 단순 가치평가법	그리고 지분율에 따라 178,932주의 주식을 받을 수 있으며 1주당 신주발행가격은 223.5원이 됩니다.	간단한 정보로 산출되는 Pre-Money 가치는 20백만 원으로 평가된다. 간단한 정보로 산출되는 Post-Money 가치는 420백만 원으로 평가된다.
First Chicago Method	만일 투자기업에 확보하고 싶은 지분을 50%를 받고 싶다면 본 가치평가에 의거 154.1백만 원을 투자하여야 합니다.	투자액에 대한 기업 평균 현재가치에 대한 지분율(투자액/순 현재가치)을 산출해 본다면 전체지분중 51.8%가 된다. 확률을 감안하여 순 현재가치 환산전의 회수되는 엔젤투자 평균 기업가치는 2,887백만 원이 된다. 확률을 감안하여 투자기간 5년 후 투자회수시점의 평균 회사의 연 매출과 순이익은 각기 2,834백만 원, 381백만 원이 된다.
단순배수법을 이용한 기업가치산출법	투자회사의 투자전(Pre-Money)가치는 268.3백만 원이고 투자후(Post-money)의 기업가치는 308.3백만 원입니다.	단순배수법은 5가지 기업평가법을 배수법을 적용하여 각기 가치평가를 하고 합산여 평균값을 구하는 것으로 배수별 가치평가 평균액은 12,981백만 원이 된다.
		투자기업 추정치는 투자회사의 모든 자료를 검토하여 파악한 수치이거나 아니면 추정하여 산출한다.

▶ 피평가업체 요약표 — 별첨
▶ 엔젤 및 벤처투자 가치평가표 I — 별첨
▶ 기타 필요서류 — 별첨

한국기업가치평가연구소

2) 엔젤 및 벤처투자 비계량적가치평가표 II 보고서

No. 14565

엔젤 및 벤처투자 비계량적 가치평가표 II 보고서

피평가업체명	한국산업㈜	대표자	김수동
업종	제조 생산	평가대상과 접근법	엔젤 및 벤처투자 비계량적 가치평가표 II
소재지	경기도 안산시 대부동 안상공단 23-5	평가자	홍길동
피평가업체 연락처	010-2546-5258	일자	2014.5.6

단위: 천 원

평가내역	평가등급 및 평가액	평가의견
Scorecard Method (벤처투자가치 평가방법)	686,250천 원	Scorecard 법은 벤처기업의 가치평가에 비교대상 혹은 기준이 되는 유사기업의 기업가치를 중심으로 7가지 항목을 가중치를 두고 평가하여 기업가치를 추출해 나가는 것이며 가치평가액은 686,250천 원으로 산출되었다.
Berkus Valuation Method (엔젤투자가치 평가방법)	1,695,000천 원	1. Berkus Valuation 법은 실적이 없는 기업이나 아이디어에 투자하기 위한 가치평가 방법이다. 2. 5가지 항목에 대하여 시장의 비교되는 평균가치액을 추정하고 항목별로 평가점수를 부여하여 항목별 가치액을 합산하는 Berkus Valuation 방법에 의한 가치평가액은 1,695,000천 원으로 평가되었다.

▶ 피평가업체 요약표	별첨	
▶ 엔젤 및 벤처투자 비계량적 가치평가표 II	별첨	
▶ 기타 필요서류	별첨	

한국기업가치평가연구소

*상기 보고서의 공란은 평가자가 자신의 의견을 피력하기 위한 공간임.

3) 엔젤 및 벤처투자 단계별투자가치평가표 III 보고서

No. 14565

엔젤 및 벤처투자 단계별투자가치평가표 III 보고서

피평가업체명	한국산업㈜	대표자	김수동
업종	제조 생산	평가대상과 접근법	엔젤 및 벤처투자 단계별투자가치평가표 III
소재지	경기도 안산시 대부동 안상공단 23-5	평가자	홍길동
피평가업체 연락처	010-2546-5258	일자	2014.5.6

단위: 천 원

평가내역	평가등급 및 평가액	평가의견
단계별 투자로 물타기 방법 (Delution)	투자액, 주식지분율, 투자자 잔존가치, 총발행 주식수(Post-Money) 등은 첨부파일 참조	투자단계별 (1차, 2차, 3차투자)로 투자가 요구되거나 투자유치를 할 경우 투자회수 시점의 기업 잔존가치는 12,000백만 원이 된다. 기대 수익률을 할인률로 하여 기업잔존가치를 할인 잔존가치(Post-Money)로 환산하면 투자시기에 따른 1차, 2차 3차 단계별로 각기 다르게 나타난다. (1차: 2,079백만 원, 2차: 3,556백만 원, 3차 :5,333백만 원)
투자단계별 승수계산방법	별첨된 단계별투자가치평가표 참조	1차와 2차의 투자액에 대한 회수시점의 투자액의 잔존가치와 할인된 Post-Money와 Pre-Money가치를 상기도표 #7,9,10에서 알아 보고 투자자별로 투자자 잔존가치도 상기도표 #15,16,17에서 파악한다. 1차와 2차의 투자액에 대한 지분율과 주식수를 파악하고 아울러 상기표에서 신주발행가격이 얼마인지 알아본다.

▶ 피평가업체 요약표	별첨	
▶ 엔젤 및 벤처투자 단계별투자가치평가표 III	별첨	
▶ 기타 필요서류	별첨	

한국기업가치평가연구소

*상기 보고서의 공란은 평가자가 자신의 의견을 피력하기 위한 공간임.

4) 스타트업 가치평가표 보고서

No. 14565

스타트업(Startup) 가치평가표 보고서

피평가업체명	한국산업㈜	대표자	김수동
업종	제조 생산	평가대상과 접근법	스타트업(Startup) 가치평가표
소재지	경기도 안산시 대부동 안상공단 23-5	평가자	홍길동
피평가업체 연락처	010-2546-5258	일자	2014.5.6

단위: 천 원

평가내역	평가등급 및 평가액	평가의견
1. 일반적 평가모형 방법에 의한 가치평가하기	127.65백만 원	스타트업 가치평가 일반모형에 따라 11가지 항목을 가중치를 두고 평가를 하여 유사 스타트업 시장가격이나 기준가격대비 가치평가를 하는 것이다.
2. Berkus Method 방법에 의한 가치평가하기	2.25백만 원	투자전 위험인자 총합법에 의한 스타트업 가치평가액이다.
3. 비교인자 평가법에 의한 가치평가하기	1.71백만 원	비교인자 평가법은 시장의 startup 기본가치액을 기준으로 7가지 항목별 가중치에다 상하 100%증감하는 평가점수를 매겨 투자전 스타트업 가치평가를 하는 방법이다.
4. 매출액 단순 Startup 가치평가	17.28백만 원	시장가치 배수는 유사회사나 현재의 시장과 경제및 경영상황에 따라 통상 8배~15배 사이에서 정한다.
4. 매출액 단순 Startup 가치평가	1백만 원	역산출 조정법 가치평가란 투자 시에 받을 수 있거나 제시되는 지분율을 가지고 역으로 추정하여 스타트업 가치평가를 구현하는 것이다.

▶ 피평가업체 요약표	별첨	
▶ 스타트업(Startup) 가치평가표	별첨	
▶ 기타 필요서류	별첨	

한국기업가치평가연구소

*상기 보고서의 공란은 평가자가 자신의 의견을 피력하기 위한 공간임.

PART 04

저작권 가치평가
Copyright Valuation

Chapter 01 저작권 가치평가(Copyright Valuation)학
Chapter 02 저작권 가치평가 기본정보 입력
Chapter 03 저작물 가치평가표
Chapter 04 저작물 가치평가 보고서

저작권 가치평가(Copyright valuation)학

1) 저작권이란 무엇인가?

"저작물"은 인간의 사상, 아이디어 또는 감정을 표현한 다양한 창작물을 말한다.
하나의 창작물에는 하나의 저작권만이 있는 것이 아니다. 예를 들면 유명 소설 작품을 영화로 제작할 때는 원작인 소설을 포함하여 시나리오 음악 그리고 캐릭터 등 여러 가지의 관련된 저작 재산권이 동시에 발생된다. 또한 영화인 경우에는 제작권리인 복제권, 배포권도 발생하는 것이다.

저작권은 저작물을 창작한 때부터 발생하며 저작권 보호를 위해 어떠한 절차나 형식의 이행을 별도로 하지 않아도 저작권은 자동으로 생성되며 헌법과 저작 권법의 보호를 받을 수 있게 되었다. (저작권법 10조 2항)

저작자는 저작 인격권과 저작 재산권을 함께 가지게 되는데 이러한 저작 재산권과 인격권의 거래나 사용권 제공시 그리고 저작권 침해 혹은 손해배상 등 다방면으로 저작권의 권리를 보호하기 위해서 가치평가가 필요하게 된다.

저작권의 저작물 종류는 무엇이 있나?

저작권의 저작물로서는 무수히 많으나 편의상 분류해 보면 아래에 12가지 종류로 예시할 수 있다.

1. 회화 · 서예 · 조각 · 판화 · 공예 · 응용미술저작물 그 밖의 미술저작물

    Art and artwork

2. 로고, 그래픽, 디자인

    Logos and graphics

3. 음악, 음악저작물, 음향, 노래
   Music, musical works

4. 영상저작물, 방송물
   Film and television recordings.

5. 소설 · 시 · 논문 · 강연 · 연설 · 각본 그 밖의 어문저작물
   Books and other written works

6. 연극 및 무용 · 무언극 그 밖의 연극저작물
   Literary, dramatic works

7. 데이터베이스, 통계자료
   Databases, Big data

8. 건축물 · 건축을 위한 모형 및 설계도서 그 밖의 건축저작물
   Cartoons, Building Design, Etc.

9. 사진저작물(이와 유사한 방법으로 제작된 것을 포함한다)
   Photographs, Pictures

10. 컴퓨터 관련 소프트웨어, 프로그램저작물
    Software

11. 지도 · 도표 · 설계도 · 약도 · 모형 그 밖의 도형저작물
    Maps, Layout, Design

12. 기타
    Others

2) 저작권은 언제, 왜 평가하는가?

저작권의 평가는 주로 저작물 거래나 권리 주장 및 보호를 위해서 필요하게 되는데, 아래의 경우가 해당된다.

1. 저작권 양도나 거래 시
2. 저작물 사용권 부여 시
3. 저작권침해에 의한 소송 시
4. 저작권 담보 대출 시
5. 저작권 평가가 요구될 때, 기타 등

3) 저작권(Copyrights)은 어떠한 권리가 있는가?

저작권에는 아래의 4가지 배타적인 권리가 있다.

(1) 독점권

본인만이 사용할 수 있는 배타적인 권리와 진입장벽을 만들어 독점수익과 가격 경쟁력을 가지게 된다.

(2) 허락권

타인에게 사용허가를 제공하여 수익을 창출할 수 있고 로열티 등 라이선스를 제공할 수 있게 된다.

(3) 법적보호권

만일 타인이 무단 사용하거나 권리를 침해했을 경우는 법적 보호권을 발동하여 손해배상을 청구할 수 있고 보상을 받을 수 있다.

(4) 인정권

자신만의 창작에 기반한 혁신적이고 독특한 원조적인 성격을 가지고 있어 차별적인 판매 촉진이 가능하고 추가적인 가격과 수익을 향유할 수 있다.

4) 저작권의 가치평가 모형의 흐름을 알아보자

일반적인 저작권의 가치평가 모형을 흐름도(Follow Map)로 표시해 보면 아래와 같은 절차로 이루어진다.

저작권 가치평가는 이러한 흐름도위에 지식 저작물의 특성을 반영하여야 하며 정성적인 요인과 정량적인 요인이 함께 파악되어 상호 간에 합당한 영향을 미칠 수 있도록 저작권 가치산정이 되어야 한다.

저작권 유형과 장르는 워낙 다양하기 때문에 평가모델이 장르별로 개발되어 객관적이고 표준화된 가치평가 모델과 특성흐름도가 준비되어 있어야 하지만 아직까지 국내에서는 그러한 준비가 전혀 되어 있지 못한 실정이다.

5) 저작권 가치평가 방법은 무엇이 있나?

저작 재산권의 가치평가 방법도 일반적인 가치평가바이블인 (1) 원가접근법(Cost Approach), (2) 시장접근법(Market Approach), (3)수익접근법(Income Approach)으로 기술된 3가지 평가 방법이 활용된다.

첫째, 원가접근법은 저작재산권을 창출하는 데에 비용이 얼마나 소요되었느냐를 기초로 해서

가치를 산정하는 방법으로, 건물과 기계설비 디자인 및 설계에 관련된 지적 재산권을 평가할 때 많이 선호되는 방법이다.

둘째, 시장접근법은 평가대상의 매매 및 담보권 혹은 유사한 권리의 시장거래가격을 가지고 해당 저작물의 가치를 산출하는 방법으로서, 제반 요소들의 결정에 객관적인 기준이 적용될 수 있어서 국내외 저작권 가치평가 실무에서 가장 널리 적용되고 있는 방법이다.

셋째, 수익접근법은 저작재산권을 활용하여 장래 얻을 수 있는 수익을 근거로 장래 수익을 현금흐름할인법(Discounted Cash Flow)에 의한 가치평가를 통하여 저작물 재산권을 평가하는 방법이다.

이러한 평가방법의 단점을 지적한다면, 원가접근법은 간접비용과 기회비용 산출이 어렵고 저평가될 수 있는 가능성이 있다. 시장접근법은 신뢰성이 있으나 유사한 거래사례와 시장의 기준을 찾기가 힘든 단점들이 있으며, 수익접근법은 논리적일 수 있으나 모든 요인(장래수익, 할인률, 기간 등)를 가정하여야 하는 불확실성이 있다는 한계점을 가지고 있다. 그래서 이러한 문제를 최소화하기 위해 다른 각도로 접근한 로열티법이 출현되었다.

로열티법은 가치평가에 고려되어야 할 아래의 항목들을 가능한 한 심도 있게 파악하여 비교적 정확한 가치평가를 유도해 나가는 것이다.

1. 저작권이 수익에 미치는 기여도
2. 저작권소유자나 사용자의 혜택
3. 로열티율
4. 미래수익이나 혜택
5. 할인률
6. 재무성적이나 실적
7. 기간
8. 시장 점유율
9. 경쟁력
10. SWOT 분석결과

상기 설명된 저작권 가치평가 방법 4가지를 모두 도해로 그려 보면서 각 방법론에 내재되어 있는 개념을 정리해 보자.

Note

1) Thumb 법은 경험치와 각종 통계자료에 의해 유출된 일반적이고 통용될 수 있는 경험 통계율을 말한다.
2) 옵션(Option)법은 로열티가 상승될 확률과 하락될 확률의 중간에서 적합한 평균과의 표준편차를 가질 수 있도록하는 것이다.

5) 저작권 등록과 그 효력에는 무엇이 있나

저작권 등록이란 저작물에 관하여 일정한 사항(저작자 성명, 창작 연월일, 공표 연월일 등)과 저작재산권의 양도, 처분제한, 질권설정 등 권리변동에 대한 사항을 국가의 공적 장부에 등재하고, 일반 국민에게 공개, 열람하도록 공시하는 것을 말한다.

저작권의 등록으로 인한 효력은 아래의 5가지로 구분된다.

(1) 추정력

저작자로 실명이 등록된 자는 그 등록저작물의 저작자로 추정받으며 저작물의 창작연월일 또는 맨 처음 공표된 연월일은 등록된 연월일에 창작 또는 공표된 것으로 추정받는다.

다만, 저작물을 창작한 때부터 1년이 경과한 후에 창작 연월일을 등록한 경우에는 등록된 연월일에 창작된 것으로 추정하지 아니한다. 그리고 저작권의 침해 행위가 있었을 경우 저작권자는 등록된 추정사실에 대한 입증책임이 없으며 침해자가 법률상의 추정을 번복할 증거를 제시하여야 한다. (저작권법 125조 4항)

(2) 대항력

저작재산권의 양도, 처분제한, 질권설정 등 권리변동 등록의 경우 제3자에 대한 대항력을 부여하며, 법정 손해배상 청구가 가능하다.

침해행위가 일어나기 전에 미리 저작권을 등록하였다면 원고가 실손해를 입증하지 않은 경우라도 사전에 저작권법에서 정한 일정한 금액(저작물마다 1천만 원, 영리를 목적으로 고의일 경우 5천만 원 이하)을 법원이 원고의 선택에 따라 손해액으로 인정할 수 있도록 한 법정 손해배상제도를 이용할 수 있다.

(3) 보호기간의 연장

무명 또는 익명으로 저작물을 공표한 경우 저작자가 실명을 등록하면 저작물의 보호 기간이 공표 후 70년에서 저작자 사후 70년으로 연장한다.

미공표 업무상저작물과 영상저작물의 경우는 공표 연월일을 등록하면 창작 후 70년에서 공표 시 기준으로 70년까지 연장할 수 있다.

(4) 법정 손해배상청구 가능

일반 민사소송에서의 손해배상은 발생한 손해를 입증해야 손해배상을 받을 수 있으나, 저작물을 미리 등록하였다면 실손해를 입증하지 않아도 저작권법에서 정한 일정한 금액을 보상받을 수 있는 법정 손해배상제도를 이용할 수 있다.

(5) 침해물품 통관 보류 신고 자격 취득

저작권 등록을 한 자는 세관에 저작권 등록 사실 등을 신고하여 침해물품의 수출입으로부터 자신의 저작권을 보호할 수 있다.

7) 저작권 분쟁은 주로 어떠한 것이 있나?

저작권 분쟁에는 저작인격권과 저작재산권을 침해한 경우와 저작인접권을 무단으로 행사한 경우 그리고 사용료에 관한 각종 로열티 및 보상에 관한 분쟁들이 주요 이슈로 떠오른다. 그 주된 유형을 열거해 보면 아래와 같다.

a. 저작권자의 허락 없이 미공표 저작물을 공표, 저작물을 인용하고 성명을 표시하지 않음, 저작물의 형식과 내용을 변경하는 등의 행위
b. 저작권자의 허락 없이 인쇄, 복사, 녹음·녹화 등의 방법으로 복제하거나 유무선통신 방식으로 방송하는 행위
c. 저작권자의 허락 없이 저작물을 연기, 연주, 가창, 상영 등의 방법으로 공연하거나, 번역, 편곡, 시나리오, 영화, 그림, 사진 등을 전시하는 행위
d. 가수, 연기자, 연주자 등 실연자의 허락 없이 그의 실연을 촬영, 녹음·녹화, 음반제작하여 방송하거나 영리 목적으로 방송 및 판매, 대여하는 행위

상기의 행위를 포함한 모든 침해행위로 인하여 보상합의나 분쟁해결이 선의로 타결되지 않을 경우이다.

8) 저작권 분쟁 시 조정방법은 무엇이 있나?

저작권 분쟁 시 조정수단은 시간과 비용 등이 소요되는 법원에 의한 사법적 부담을 덜어주고 분쟁을 효율적으로 해결하기 위한 것이다.

한국에서는 1977년 저작권 분쟁조정위원회가 설치되어 있어 본 조정위원회가 분쟁 당사자 간의 조정 및 알선업무를 수행하고 있으니 분쟁 시 필요한 조정과 알선 도움을 받을 수 있다.

조정이란 법조계, 학계 그리고 산업계를 대표하는 1~3인의 전문가들로 구성된 조정부의 조력을 통하여 당사자 간 원만한 화해를 유도하는 ADR(Alternative Dispute Resolution)제도 중 하나로 신속·저렴하며, 비공개로 진행되어 당사자의 명예와 프라이버시를 보호받을 수 있게한 분쟁해결제도이다.

조정에서의 합의 여부에 대한 결정은 전적으로 당사자들의 자유의사에 의지하지만, 이러한 결정에 대한 구속력은 재판상의 판결과 동일한 효력을 가진다. (저작권법 제86조).

그 외에 알선이라는 것이 있는데, 알선이란 경험과 지식이 풍부한 알선 위원 1인에 의해 조언과 타협 권유를 통하여 당사자 간의 화해를 유도하는 간이한 분쟁해결제도로서 상호간 신의에 의하여 원만하게 해결시켜 주는 편리한 제도이다.

Chapter 02 저작권 가치평가 기본정보 입력

저작권 가치평가법 중에서 보편적으로 사용된다고 사료되는 수익법에 의한 가치평가와 로열티법에 의한 가치평가 2가지를 선택하여 시스템 프로그램을 개발하여 부록에서 소개하였다. 시스템 프로그램 중심으로 저작물 평가를 위한 입력자료와 결과물인 저작권 가치평가표를 예시하면서 어떻게 산출되는지 그 과정을 알아보자.

1) 수익법 – 저작물 평가표 1에 요구되는 기본정보 입력 내용

1. 가치평가 화폐단위를 선택한다. (천 원 단위 or 백만 원 단위)
2. 저작물과 세부 저작권 항목을 선택한다.
   - 다음의 12가지 저작물 중 가치평가가 요구되는 저작물을 선택한다. (프로그램에 있는 저작권 선택란을 클릭함)
   - 저작물에 관련된 저작권 수입발생 항목 종류들을 입력한다.
3. 가치평가에 필요한 항목별 세부정보를 입력한다.
   - 서비스 회수(연평균): 저작권의 수익이 발생될 수 있는 연 횟수 혹은 건수를 추정한다.
   - 서비스 건당 평균원가(Cost): 저작권의 수익창출에 요구되는 건당 필요 경비를 추정한다.
   - 건당 저작권료/royalty: 건당 발생되거나 창출될 수 있는 수익금액을 추정한다.
   - 지속가능 연수(년): 저작권의 경제적인 수명 혹은 수익창출이 가능한 기간(수명)을 추정한다.
4. 할인률을 입력한다. (경제적인 수명기간 동안의 총수입금액을 현재가치로 환산하기 위한 할인률임)

   할인률이 높으면 저작권 가치평가의 현재가치는 줄어들고 낮으면 현재가치는 늘어나기에 저작권의 특성과 상황에 따라 대출이자율, 기대수익률 혹은 기업의 자본 비용율(WACC) 중에서 결정하는 게 일반적이다. 참고로 무채재산평가법이나 일부학계 학설은 저작물 평가시 적용되는 할인률을 10%로 지정하거나 권장하고 있다.
5. 지속가능 연수란 수익이 지속적으로 발생될 수 있는 기간을 말하는 것으로 해당하는 기간을 입력하는 것이다. 그러나 실제적으로 지속가능연수가 5년이상이 될 경우는 미래의 불확실성으로 인하여 그 수익을 담보 할 수 없기 때문에 일부 학계에서는 5년이상을 초과하지 않도록 권장하기도 한다.

수익법에 의한 저작권 가치평가표

저작물 평가표 1

아래의 옅은파랑색이 있는 colum에 저작물 선택과 관련되는 세부 저작권 항목을 입력하세요.

로고, 그래픽, 디자인   단위: 천 원

Copyright (저작권 수입과 종류)	서비스 횟수 (연평균)	서비스 건당 평균원가 (Cost)	건당 저작권료/ royalty	지속가능 연수(년)	연 수입 합계	NPV 합계
저작권료	1,500.00	1.00	8.00	1.0	10,500	10,500
강연료	10.00	2.00	100.00	1.0	980	980
라이선스	5.00	3.00	5,000.00	20.0	24,985	311,368
고문료	10.00	50.00	500.00	20.0	4,500	56,080
기타	1.00	5.00	1,000.00	50.0	995	17,221
				–	–	–
				–	–	–
저작권 합계				13.1	41,960	396,150

*저작물 평가표의 데이터는 임의로 입력한 자료임.

지속가능연수는 1~20(년), 그리고 30, 40, 50(년)을 선택하여 입력하고 제한이 없는 평생 저작권의 경우에는 편의상 50(년)을 입력한다. 그러나 실제적인 저작권 가치평가에 요구되는 연수는 5년을 초과하지 않는 게 적절할 수가 있다.

할인률에 의한 총수입 현재가치

| 5.0% | 396,150 |

2) 로열티법 - 저작물평가표 2에 요구되는 기본정보 입력 내용

1. 저작물에 관련된 매출액을 추정한다.
2. 매출액의 연간성장률 그리고 5년 후의 평균 성장률을 추정한다. (5년 후는 통상 물가상승률 정도로 추정함)
3. 지속가능 연수(년): 저작권의 경제적인 수명 혹은 수익창출이 가능한 기간(수명)을 추정한다.
4. 시장의 평균 로열티율을 추정한다.
5. 저작권으로 인하여 증가될 수 있는 수익률을 추정한다.
6. Thumb법에 의한 저작물의 기여도률을 추정한다.

로열티법에 의한 저작권 가치평가표

저작물 평가표 2

아래의 옅은파랑색이 있는 colum에 저작물 선택과 관련되는 세부 저작권 항목을 입력하세요.

가치평가 프로그램	기본정보	1차 연도	2차 연도	3차 연도	4차 연도	5차 연도	단위: 천 원 잔존연도
로열티 관련 매출액	1,000,000	1,040,000	1,081,600	1,124,864	1,169,859	1,216,653	연간성장률
연간 성장률(%)		4%	4%	4%	4%	4%	3%
수익산출 연도(년)	5						
저작물 기여도율(Apportionment)							
시장의 평균 로열티율	5%						
저작권에 의한 차별화되는 수익률	7%						
Thumb 율	6%						
평균률		6%	6%	6%	6%	6%	6%
저작물 가치평가(IP Valuation)							
혜택액(매출액 x 저작권 기여도율)		62,400	64,896	67,492	70,192	72,999	
할인률 NP(현재가치) 5%		59,428.6	58,862.6	58,302.0	57,746.7	57,196.8	
IP 가치평가액(NPV)	291,537						

*저작물 평가표의 데이터는 임의로 입력한 자료임.

지속가능연수는 1~20(년), 그리고 30, 40, 50(년)을 선택하여 입력하고 제한이 없는 평생 저작권의 경우에는 편의상 50(년)을 입력한다. 그러나 실제적인 저작권 가치평가에 요구되는 연수는 5년을 초과하지 않는게 적절할 수가 있다.

Chapter 03 저작물 가치평가표

저작물 가치평가표는 아래 양식에 요구되는 기본정보를 바로 입력하여 저작물 가치평가를 산출하기 때문에 저작권 가치평가 기본정보 입력장에 있는 내용과 양식이 동일하다. 그러나 기본정보 입력장과 구분하고 장을 달리하여 저작물 가치평가표를 복기시키기 위해 똑같은 내용의 저작물 가치평가표를 재기술하였다.

1) 수익법에 의한 저작권 가치평가표

저작물 평가표 1

아래의 옅은파랑색이 있는 colum에 저작물 선택과 관련되는 세부 저작권 항목을 입력하세요.

로고, 그래픽, 디자인   단위: 천 원

Copyright (저작권 수입과 종류)	서비스 횟수 (연평균)	서비스 건당 평균원가 (Cost)	건당 저작권료/ royalty	지속가능 연수(년)	연 수입 합계	NPV 합계
저작권료	1,500.00	1.00	8.00	1.0	10,500	10,500
강연료	10.00	2.00	100.00	1.0	980	980
라이선스	5.00	3.00	5,000.00	20.0	24,985	311,368
고문료	10.00	50.00	500.00	20.0	4,500	56,080
기타	1.00	5.00	1,000.00	50.0	995	17,221
				–		–
				–		–
저작권 합계				13.1	41,960	396,150

지속가능연수는 1~20(년), 그리고 30, 40, 50(년)을 선택하여 입력하고 제한이 없는 평생 저작권의 경우에는 편의상 50(년)을 입력한다. 그러나 실제적인 저작권 가치평가에 요구되는 연수는 5년을 초과하지 않는게 적절할 수가 있다.

할인률과 총수입 현재가치에 의한 가치평가

5.0%	396,150

2) 로열티법에 의한 저작권 가치평가표

저작물 평가표 2

아래의 옅은파랑색이 있는 colum에 저작물 선택과 관련되는 세부 저작권 항목을 입력하세요.

가치평가 프로그램							단위:	천 원
	기본정보	1차 연도	2차 연도	3차 연도	4차 연도	5차 연도	잔존연도 연간성장률	
로열티 관련 매출액	1,000,000	1,040,000	1,081,600	1,124,864	1,169,859	1,216,653		
연간 성장률(%)		4%	4%	4%	4%	4%	3%	
수익산출 연도(년)	5							
저작물 기여도율(Apportionment)								
시장의 평균 로열티율	5%							
저작권에 의한 차별화되는 수익률	7%							
Thumb 율	6%							
평균률	6%	6%	6%	6%	6%	6%		
저작물 가치평가(IP Valuation)								
혜택액(매출액 x 저작권 기여도율)		62,400	64,896	67,492	70,192	72,999		
할인률 NP(현재가치) 5%		59,428.6	58,862.6	58,302.0	57,746.7	57,196.8		
IP 가치평가액(NPV)	291,537							

지속가능연수는 1~20(년), 그리고 30,40,50(년)을 선택하여 입력하고 제한이 없는 평생 저작권의 경우에는 편의상 50(년)을 입력한다. 그러나 실제적인 저작권 가치평가에 요구되는 연수는 5년을 초과하지 않는게 적절할 수가 있다.

Chapter 04 저작물 가치평가 보고서

저작물 가치평가 보고서는 보고서에 있는 평가방법을 선택하면 관련자료가 형성되어 시스템 프로그램에서 보고서를 자동으로 작성하여 제공해 준다.

1) 수익법 저작권평가 보고서

No. 14565

수익법 저작권평가 보고서

피평가업체명	한국산업㈜	대표자	김수동
업종	제조 생산	평가방법	수익법 저작권평가
소재지	경기도 안산시 대부동 안상공단 23-5	평가자	홍길동
피평가업체 연락처	010-2546-5258	일자	2014.5.6

단위: 천 원

평가내역	평가등급 및 평가액	평가의견
저작물 평가액	396,150	평가대상인 디자인 A에 대하여 아래에 열거된 항목별 수입액을 합산하여 평가한 것이다.
저작권료	10,500	
강연료	980	각 항목별로 예상되는 수입액을 지속가능 기간동안 합계하고 현재가치로 환산한 것이다.
라이선스	311,368	
고문료	56,080	
기타	17,221	

▶ 피평가업체 요약표	별첨	
▶ 수익법에 의한 저작권 가치평가표	별첨	

한국기업가치평가연구소

*상기 보고서의 공란은 평가자가 자신의 의견을 피력하기 위한 공간임.

2) 로열티법 저작권평가 보고서

No. 14565

로열티법 저작권평가 보고서

피평가업체명	한국산업㈜	대표자	김수동
업종	제조 생산	평가방법	로열티법 저작권평가
소재지	경기도 안산시 대부동 안상공단 23-5	평가자	홍길동
피평가업체 연락처	010-2546-5258	일자	2014.5.6

단위: 천 원

평가내역	평가등급 및 평가액	평가의견
저작물 평가액	291,537	평가대상인 가치평가 프로그램에 대하여 다음의 방법으로 저작물 평가액을 산출하였다.
로열티 관련 매출액	1,000,000	
저작물 기여도율	6%	로열티 기간동안의 총매출액을 기준으로 저작물 기여도에 따른 총 혜택금액을 현재가치로 할인하여 로열티법 저작물 평가액을 산출한 것이다.
할인률 NP(현재가치)	5%	

▶ 피평가업체 요약표	별첨	
▶ 로열티법에 의한 저작권 가치평가표	별첨	

한국기업가치평가연구소

*상기 보고서의 공란은 평가자가 자신의 의견을 피력하기 위한 공간임.

PART 05

투자 포트폴리오
Investment Portfolio

Chapter 01	투자 포트폴리오(Portfolio)학
Chapter 02	투자 포트폴리오 기본정보 입력과 나의 투자 포트폴리오표
Chapter 03	투자 포트폴리오 실적입력과 실적분석표
Chapter 04	포트폴리오 투자정보 입력과 투자판단표
Chapter 05	투자 포트폴리오 보고서

투자 포트폴리오학

엔젤투자(Angel Investment), 벤처투자(Venture Capital), 클라우드 펀딩(Cloud Funding), 개인투자조합 그리고 스타트업기업에 투자를 하고자 하는 사람들은 투자자 입장에서 먼저 투자 포트폴리오의 개념을 이해하고 자신의 투자성향에 따라 목표수익과 함께 투자 포트폴리오 설정하기를 권장한다.

국내외 엔젤 및 벤처투자업계의 경험적 통계에 따르면 총 10건의 투자 중 투자회수가 실패한 경우는 5건, 투자액의 일부 혹은 원금의 반(50%) 정도 회수한 것이 2건 그리고 수익 없이 투자원금만 회수하는 것이 2건, 마지막으로 투자에 성공한다는 것이 1건 정도로 나타나고 있다. 이러한 통계자료는 전통적인 투자회수가능성 확률로 투자업계에 일반적으로 통용되는 기준으로 활용할 수 있을 것이다.

물론 투자회수가능성 확률은 업종과 산업 그리고 투자대상에 따라 다르고 특히 투자자 성향에 따라 일률적으로 이러한 기준율을 적용하기에는 무리가 따른다. 그렇기 때문에 투자 유형별로 분석하여 자신의 취향에 맞는 투자 포트폴리오 테이블로 투자성공확률에 의한 수익성을 설정하는 것이 바람직하다.
따라서 투자를 하고자 할 때, 투자결과를 분석할 때 그리고 투자가 요구될때 투자자는 설정된 자신만의 용도에 맞는 투자 포트폴리오를 가지고 준비된 투자자가 되어 있어야 한다.
투자 포트폴리오를 이해하고 투자전선에 나선다면 실패를 최대한 줄인 명실공히 전문 투자인으로 발 돋움 할 수 있을 것이다.

1) 투자 포트폴리오(Investment Portfolio) 표 만들기

엔젤 투자자나 벤처캐피탈은 자신의 투자에 대한 설정된 자신만의 투자 포트폴리오가 만들어져 있어야 한다.

투자자가 먼저 준비하여야 할 것은 자신의 취향에 맞는 투자 포트폴리오(Investment Portfolio)를 작성하는 것이다.

경험적인 통계에 따른 벤처투자자의 표준 포트폴리오를 참고로 하여 나의 투자 포트폴리오를 가정 해 본다. 물론 표준이란 업종과 환경에 따라 다르기에 절대적일 수가 없으니 나의 투자 성향에 따른 나만의 투자 포트폴리오를 만들어 보자.

경험적 통계표를 참조한 나의 투자포트폴리오 가정표

투자회수 성공가능성(합계가 100% 되어야 함)	가능성 확률	원금 회수율(배수)
투자실패 가능성 %와 원금회수율	50%	0
일부회수 가능성 %와 원금회수율	20%	0.5배
원금회수 가능성 %와 원금회수율	15%	1배
투자성공 가능성 %와 원금회수율	15%	10배
평균 투자기간(회수기간(년))	5	
투자자 연간 평균 포트폴리오 기대수익률(ROI)	15%	

나만의 투자 포트폴리오테이블

나의 투자 포트폴리오 테이블						
작성일자: 5/7/16					단위:	천 원
표준 투자빈도	성공 가능성	건별 평균 투자액	총 투자액	원금회수율 배수	회수액	평균 투자기간
5	투자실패(회수율 0%)	50,000	25,000	–	–	5.0
2	일부 회수(준 실패)	50,000	10,000	50%	5,000	5.0
1.5	원금 회수(준 실패)	50,000	7,500	100%	7,500	5.0
1.5	투자 성공	50,000	7,500	1000%	75,000	5.0
10	합계	200,000	50,000	합계	87,500	5.0
	1. 기대하는 연간 투자수익률				14%	
	2. 투자원금을 제외한 총투자수익 (87,500-50,000)				37,500	
	3. 총투자액의 투자수익률 (37,500/87,500)				75.0%	
	4. 나의 투자포트폴리오 연간 투자수익률 (75%/5년)				15.0%	
분석평가	1. 나의 투자 포트폴리오 테이블은 연간 15%로서 기대하는 연간투자수익률보다 높아 나의 투자 포트폴리오로서 적합합니다.					

* 기대하는 연간 투자수익률은 자신이 원하고 기대하는 투자수익률을 임의로 설정하는 것임.
* 상기 투자포트폴리오 테이블은 업종/유형별로 만들 수 있음.

모든 투자가 높은 원금회수율과 투자수익률(ROI)를 달성하여 성공투자가 된다면 매우 이상적이지만 현실은 그렇지 않다.

가능한 한 자신의 가장 현실적인 투자 플랫폼(Platform)을 만들어 자신만의 투자 가이드라인 혹은 투자 마지노선을 만들어 자신의 투자방향을 수학적으로 관리해 나가야 할 것이다.

투자자는 각 투자에 대하여 원금회수배수와 투자성공 가능성을 가정하고 자신만의 투자빈도(투자건수)로 가중평균된 투자수익 예측치를 산출할 수 있는 전체의 그림을 그려 보는 것이다. 투자수익률(ROI)로 계산되는 성공투자수익 배수는 일정 투자기간후 투자원금의 몇 배수로 회수하느냐가 관건이자 목표이다.

아래의 표는 제3장 엔젤 및 벤처투자 가치평가에서 이미 소개한 투자단계별 기대수익률표로서 창업기업의 단계별로 기대되는 표준 투자수익률(ROI)과 수익배수표이다. 본인이 투자하는 시기가 어느 단계인지 그리고 자신의 투자 포트폴리오와 대비한다면 어떠한지 적합한 투자판단에 도움을 줄 것이다.

투자단계(Investment Stage)	ROI율		5년 기준 수익배수율
씨앗단계(Seed)	80%	19배	1890%
창업단계(Start up)	60%	10배	1049%
초기단계(Early Stage)	50%	8배	759%
발전단계(2nd Stage)	40%	5배	538%
성숙단계(3rd Stage)	30%	4배	371%
임시 변통단계(Bridge)	25%	3배	305%

* 5년 기준 수익배수율=(1+ROI율)^5

투자수익률(ROI)은 투자 대상 회사의 실제적인 매출과 수익률 그리고 성장률에 따라 변하는 것이며 성공하였을 경우 자신이 생각하거나 기대하는 투자수익률과 수익배수가 상기도표의 투자수익률과 수익배수율보다 같거나 상위에 있다면 바람직한 투자대상일 것이다.

생각하고 있는 투자대상 기업의 수익률이 일시적으로 상기의 수익률보다 높다 하더라도 투자기업의 매출 및 수익 성장률이 매년 담보되지 않으면 안 된다. 투자대상 회사의 성장률도 투자수익과 원금회수율에 직접적인 영향을 주기에 투자성공과 실패를 가름하는 지표가 될 수 있다. 따라서 투자자는 투자기업의 매출성장률이 얼마일 때 투자수익률 내지 원금회수율이 어떻게 변동되는지 시뮬레이션 테이블을 미리 만들어 작성해 둔다면 자신의 투자가이드로서 방향설정을 보다 쉽게 할 수 있을 것이다.

2) 투자 포트폴리오 실적분석표 만들기(실제적인 전체 투자실적 분석하기)

투자활동 이후에 투자실적을 분석하기 위하여 투자 기간 동안 투자결과를 직접 입력하여 자신의 투자실적분석표를 만들어 보아야 한다. 투자 가이드라인으로 작성한 자신의 투자 포트폴리오와 대비하여 어느 정도의 투자 실적을 달성하였는지, 문제점은 어디에 있었는지를 평가하여 분석을 해 보아야 한다.

투자 포트폴리오 실적분석 입력 내용은 다음과 같다.

	실제 투자 건수	건별 실제 평균 투자 금액	실제 투자 총 회수액	실적 투자수익 배수율(ROI)	실제 평균투자 기간
a. 투자실패(회수율 0%)	1	45,000	–	–	5
b. 일부 회수(준 실패)	1	45,000	9,000	0.2	5
c. 원금 회수(준 실패)	1	45,000	45,000	1.0	5
d. 투자 성공	1	45,000	270,000	6.0	5

실제적인 투자실적을 입력하면 부록에 있는 투자실적분석 시스템 프로그램에서 아래 투자실적 분석표가 자동으로 작성된다.

투자 포트폴리오 실적분석표 만들기(실제적인 전체 투자실적 분석하기)

투자실적 해당연도	2011~2016					
포트폴리오 투자 실적분석표						
작성일자:	5/7/16				단위:	천원
투자건수	성공 가능성	건별 평균투자액	총 투자액	투자에 대한 수익률 배수	회수액	평균투자기간
1	투자실패(회수율 0%)	44,000	44,000	–	–	5.0
2	일부 회수(준 실패)	45,000	90,000	0.2	18,000	5.0
1	원금 회수(준 실패)	50,000	50,000	1.0	50,000	5.0
1	투자 성공	45,000	45,000	6.0	270,000	5.0
5	합계	184,000	229,000	합계	338,000	5.0

	1. 나의 투자포트폴리오 연간 투자수익률		15%
	2. 실제 총투자수익		109,000
	3. 총투자액 대비 투자수익률(총 투자기간)		47.6%
	4. 실적 연간 투자수익률		9.5%
분석평가	1. 실적 투자수익률은 연간 9.5%로서 포트폴리오 연간투자수익률 미만인 부진한 실적입니다.		
	2. 실적 투자수익률은 연간 9.5%로서 기대하는 연간 투자수익률 미만인 부진한 실적입니다.		

* 투자한 모든 실적을 분석하고 스스로 평가하여 차기투자에 참고함.

3) 포트폴리오에 의한 투자판단표 만들기(투자물권에 대한 투자유무결정)

투자 대상이 나타나거나 물색되었을 경우와 투자가 요청되었을 경우는 투자하기 전에 반듯이 자신만의 정보와 분석을 통하여 투자 결정 유무를 현명하게 판단하여야 한다.

투자결정 판단을 위하여 수집된 기본정보를 아래의 표에 입력한 후 포트폴리오 투자판단표 결과에 따라 투자유무를 결정한다면 미연에 수익성과 실패가능성을 합리적으로 예측하고 성공투자로 연결되리라 믿는다.

포트폴리오 투자판단표 만들기(투자물권에 대한 투자가능성 유무 결정)

상호	광고업					
포트폴리오 투자판단표						
작성일자: 5/7/16					단위:	천원
가능성 확률	성공 가능성	투자 요구액	확률 가중치 투자액	추정 투자회수 수익률 배수	회수액	평균투자기간
50%	투자실패(회수율 0%)	50,000	25,000	–	–	5.0
20%	일부 회수(준 실패)	50,000	10,000	0.5	5,000	5.0
15%	원금 회수(준 실패)	50,000	7,500	1.0	7,500	5.0
15%	투자 성공	50,000	7,500	10.0	75,000	5.0
100%	합계	200,000	50,000	합계	87,500	5.0
	1. 투자자(본인)의 연간 기대하는 수익률(ROI)				18%	
	2. 투자수익(회수액-확률가중치 투자액)				37,500	
	3. 총투자액 대비 투자수익률((총 투자기간) 투자수익/확률가중치 투자액))				75.0%	
	4. 연간 추정 투자수익률				15.0%	

분석평가	1. 추정 투자수익률은 연간 15%로서 투자 기대수익률 미만으로 투자 부적격 판단입니다.
	2. 추정 투자수익률은 연간 15%로서 투자 포트폴리오 수익률 이상으로 투자적격 판단입니다.

* 투자하기전에 산출되는 연간 추정투자수익률은 기대수익률과 자신의 투자포트폴리오 수익률과 비교해 보는 것임.

4) 투자자 세제혜택

개인 투자자들은 자신의 투자액에 대하여 아래의 조세감면표에 따른 종합소득세 공제를 받을 수 있고 양도소득세도 비과세가 되는 혜택을 누릴 수 있다.

단, 투자자가 벤처기업에 직접 투자하거나 개인투자조합을 통하여 벤처기업이나 기술성평가를 통과한 창업기업(3년 미만)에 투자 를 하여야 종합소득세를 공제받을 수 있고 투자일로 부터 3년후 투자주식을 매각하거나 양도할 경우에 양도소득세가 비과세로 된다.

조세감면신청은 벤처기업이 지방중기청으로부터 투자자 조세감면을 확인받아 개인투자자에게 전해 주는 절차이다.

조세감면표

1,500만 원 이내는 100%
1,500만 원 초과 ~ 5,000만 원 이내는 50%
5,000만 원 초과분은 30%를 종합소득금액의 50% 한도 내에서 소득공제받을 수 있다.

조세감면에 대하여 구체적으로 예시를 해 본다면, 근로소득금액이 연 1,500만 원인 근로자(타 소득 없음)가 투자조합출자나 벤처기업의 유상증자 시 2,500만 원을 투자한 경우 소득공제 가능금액은 다음과 같이 2가지 방식으로 계산된다.

① 공제대상금액: 2,500만 원×50% = 1,250만 원
② 공제 한도액: 1,500만 원×50% = 750만 원

소득공제가능금액은 상기 ①과 ② 중 적은 금액인 750만 원이 소득공제대상 금액이 된다. 물론 소득공제액에 대하여 농어촌특별세는 납부하여야 한다.

5) 엔젤투자/클라우드펀딩의 매칭펀드

매칭펀드(Matching Fund)란 본디 중앙정부에서 지방자치단체나 민간에게 예산을 지원하는 방법으로 그들의 자구노력에 연계하여 자금을 배정하는 방식이며 한국정부에서는 지방 중소기업지원사업에서 처음 실시되었다. 2011년부터 엔젤투자 활성화를 위한 다양한 정책이 나왔지만 실효성이 높지 않은 상황에서 창업이나 초기기업의 사업화 성공율을 높이고 Seed-Money를 제공하기 위해 엔젤투자 매칭펀드라는 제도를 만들었다. 이러한 매칭펀드는 엔젤투자자 및 엔젤클럽 육성을 통하여 창업활성화 기반 구축과 벤처생태계의 선순환 환경조성을 위한 것이다.

따라서 엔젤투자자가 클라우드펀딩이나 투자조합을 통하여 투자한 경우에는 매칭펀드를 제공받을 수 있는 기회가 있어 매칭펀드가 어떻게, 어떠한 비율로 지원되고 활용할 수 있는지 알아보기로 하자.

a. 업무집행조합원(GP): 한국벤처투자
b. 엔젤관리협력기관: 엔젤투자지원센타(전국, 대학), 지역엔젤관리기관
c. 투자형태: 신주투자(보통주, (상환/전환)우선주) 따라서, 개인기업, 조합, 유한회사는 투자대상이 아님
d. 매칭비율:
   1. 일반기업: 최대 1배수 이내
   2. 본점소재지가 수도권(서울, 경기, 인천) 이외인 지방소재기업: 최대 1.5배수 이내
   3. 재창업기업, 지역기업, 전문엔젤투자자 투자기업, 적격 엔젤투자 전문회사(TIPS 프로그램 운영사) 투자 TIPS 프로그램 선정 기업: 최대 2배수 이내
   4. 엔젤투자자가 크라우드펀딩 플랫폼을 통해 투자금을 납입하여 투자된 기업가. 전문엔젤투자자: 최대 2.5배수 이내
   5. 개별엔젤투자자: 최대 1.5배수 이내

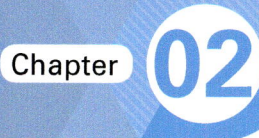

투자 포트폴리오 기본정보 입력과 나의 투자 포트폴리오표

투자자는 모름지기 자신만의 투자 포트폴리오를 가지고 있어야 한다. 즉 투자성공과 실패확률, 건당 투자한도액, 투자기대수익률 그리고 평균 투자 기간 등이다. 이러한 나만의 투자계획서 내지 의향서를 투자 포트폴리오라고 부른다. 부록에 있는 시스템 프로그램 중심으로 작성요령과 그 과정을 알아본다.

나의 투자 포트폴리오(My Investment Portfolio) 표준표 만들기

아래의 도표에 옅은파랑색이 있는 칸에만 다음의 기본정보를 입력하면 "나의 투자 포트폴리오 테이블"이 만들어진다.

1. 나의 투자규모에 맞는 화폐단위(천 원, 백만 원)를 선택한다.
2. 본인이 표준으로 삼아야 하는 예측되는 투자성공확률(표준투자빈도)을 추정한다. 일반적으로 투자성공율보다는 투자실패율이 높은 것이 현실이다.
3. 투자는 일반적으로 투자회수성공률에 따라 4가지로 분류된다. (투자실패, 일부회수, 원금 100%회수, 투자성공)
4. 1건당 평균 투자액이 얼마가 되는지 가정한다.
5. 투자회수 성공률에 따른 투자회수 수익률을 가정한다. (일반적으로 투자실패는 전액회수불능, 일부회수는 10%~90% 회수, 원금회수는 100% 회수, 투자성공은 200%~2000%)
6. 평균투자기간이란 본인이 생각하는 기준 투자기간을 입력한다. (일반적으로 투자기간은 3년~8년)
7. 기대하는 표준 연간 투자수익률은 본인이 기대되는 연간 평균 투자수익률을 생각하여 입력하고 나의 투자 포트폴리오 테이블에서 나타나는 결과값(연간 평균 추정투자수익률)과 비교해 보는 것이다.

나만의 투자 포트폴리오표

나의 투자 포트폴리오 테이블							
작성일자:	5/7/16					단위:	천 원
표준 투자빈도	성공 가능성	건별 평균 투자액	총 투자액	원금회수율 배수	회수액	평균 투자기간	
5	투자실패(회수율 0%)	50,000	25,000	–	–	5.0	
2	일부 회수(준 실패)	50,000	10,000	50%	5,000	5.0	
1.5	원금 회수(준 실패)	50,000	7,500	100%	7,500	5.0	
1.5	투자 성공	50,000	7,500	1000%	75,000	5.0	
10	합계	200,000	50,000	합계	87,500	5.0	
	1. 기대하는 연간 투자수익률 ||	14%				
	2. 투자원금을 제외한 총투자수익 (87,500–50,000) ||	37,500				
	3. 총투자액의 투자수익률 (37,500/87,500) ||	75.0%				
	4. 나의 투자포트폴리오 연간 투자수익률 (75%/5년) ||	15.0%				
분석평가	1. 나의 투자 포트폴리오 테이블은 연간 15%로서 기대하는 기대하는 연간투자수익률보다 높아 나의 투자 포트폴리오로서 적합하다.						

* 기대하는 연간 투자수익률은 자신이 원하고 기대하는 투자수익률을 임의로 설정하는 것임.

Note

1. 나의 투자 포트폴리오 수익률은 일반적으로 표준수익률을 기준으로 하거나 기대하는 연간 투자수익률보다 약간 높게 작성되는 게 바람직하다.
2. 상기 투자 포트폴리오 테이블은 업종/유형별로 여러 개 만들 수가 있다.

Chapter 03 투자 포트폴리오 실적입력과 실적분석표

투자 포트폴리오 실적분석표는 일정한 기간 동안 투자한 실적을 분석하고 그 결과를 평가하기 위하여 만들어진다. 시스템 프로그램에 있는 투자 실적분석표를 중심으로 알아본다.

투자 포트폴리오 실적분석표 만들기(실제적인 전체 투자실적 분석하기)

아래의 투자실적 분석표에 옅은파랑색이 있는 칸에만 다음의 기본정보를 입력하면 "포트폴리오 투자 실적분석표"가 만들어진다

1. 나의 투자규모에 맞는 화폐단위(천 원, 백만 원)를 선택한다.
2. 투자실적에 따른 실제적인 투자건수를 입력한다.
3. 투자는 일반적으로 투자회수성공률에 따라 4가지로 분류된다. (투자실패, 일부회수, 원금 100% 회수, 투자성공)
4. 1건당 실제투자액을 입력한다.
5. 투자회수 성공률에 따른 실제투자회수 수익률 실적을 입력한다.
6. 각 투자에 대한 실제 투자기간을 입력한다.
7. 투자 포트폴리오 연간 투자수익률은 실적 연간 투자수익률과 대비하여 투자성적을 본인 스스로 평가해 본다.

투자실적 해당연도	2014~2016					

포트폴리오 투자 실적분석표

작성일자: 5/7/16					단위:	천원
투자건수	투자결과	건별 평균투자액	총 투자액	투자에 대한 수익률 배수	회수액	평균투자기간
1	투자실패(회수율 0%)	44,000	44,000	-	-	5.0
2	일부 회수(준 실패)	45,000	90,000	0.2	18,000	5.0
1	원금 회수(준 실패)	50,000	50,000	1.0	50,000	5.0
1	투자 성공	45,000	45,000	6.0	270,000	5.0
5	합계	184,000	229,000	합계	338,000	5.0
	1. 나의 투자포트폴리오 연간 투자수익률				15%	
	2. 실제 총투자수익				109,000	
	3. 총투자액 대비 투자수익률(총 투자기간)				47.6%	
	4. 실적 연간 투자수익률				9.5%	
분석평가	1. 실적 투자수익률은 연간 9.5%로서 포트폴리오 연간투자수익률 미만인 부진한 실적이다.					
	2. 실적 투자수익률은 연간 9.5%로서 기대하는 연간 투자수익률 미만인 부진한 실적이다.					

Note

분석평가된 결과는 피드백하여 차기 투자 시에 참조할 수 있으며 보다 좋은 실적을 내도록 하는 데 목적이 있다.

Chapter 04

포트폴리오 투자정보 입력과 투자판단표

투자위험도와 투자수익성을 분석하여 투자결정을 효과적으로 이끌어줄 수 있는 "포트폴리오 투자판단표"를 만들기 위한 것이다. 시스템 프로그램에 있는 포트폴리오 투자판단표 중심으로 알아본다.

포트폴리오 투자판단표 만들기(투자대상에 대한 투자가능성 유무 결정)

아래의 도표에 옅은파랑색이 있는 칸에만 다음의 기본정보를 입력하면 "포트폴리오 투자판단표"가 만들어진다

1. 투자가 요구되는 대상의 업종이나 상호를 입력하고 투자규모의 화폐단위(천 원, 백만 원)를 선택한다.
2. 상기 4가지 투자회수 성공가능성에 대한 확률을 면밀히 검토하고 가능하면 정확한 추정을 하여 입력한다.
3. 투자는 일반적으로 투자회수성공률에 따라 4가지로 분류된다. (투자실패, 일부회수, 원금회수, 투자성공)
4. 투자대상물건에 대하여 요구되는 투자금액을 입력한다.
5. 투자회수 성공률에 따라 예측되는 투자회수율(투자수익률)을 입력한다.
6. 당 투자에 대하여 회수할 수 있는 투자기간을 입력한다.
7. 투자 시에 본인이 기대하는 연간 투자수익률을 입력하고 포트폴리오 투자판단표에 의한 결과값인 연간 추정 투자수익률과 비교하여 연간 기대수익률 이상이면 투자 결정을 한다.

상호	광고업

엔젤투자 포트폴리오 투자판단표

작성일자: 5/7/16　　　　　　　　　　　　　　　　단위: 천원

가능성 확률	성공 가능성	투자 요구액	확률가중치 투자액	추정 투자회수 수익률 배수	회수액	평균투자기간
50%	투자실패(회수율 0%)	50,000	25,000	–	–	5.0
20%	일부 회수(준 실패)	50,000	10,000	0.5	5,000	5.0
15%	원금 회수(준 실패)	50,000	7,500	1.0	7,500	5.0
15%	투자 성공	50,000	7,500	10.0	75,000	5.0
100%	합계	200,000	50,000	사용자명 등록	87,500	5.0

1. 투자자(본인)의 연간 기대하는 수익률(ROI)	18%
2. 투자수익	37,500
3. 총투자액 대비 투자수익률(총 투자기간)	75.0%
4. 연간 추정 투자수익률	15.0%

분석평가	1. 추정 투자수익률은 연간 15%로서 투자 기대수익률 미만으로 투자 부적격 판단이 된다.
	2. 추정 투자수익률은 연간 15%로서 투자 포트폴리오 수익률 이상으로 투자적격 판단이 된다.

* 모든 분석평가난은 시스템에서 자동으로 분석하여 기술하는 것임.

투자 포트폴리오 보고서

투자 포트폴리오 보고서는 3가지(나의 투자포트폴리오, 투자실적분석표, 투자판단표)가 있으며 보고서에 있는 평가대상을 클릭하면 평가대상 3가지가 나열되고 하나를 선택을 하면 해당 보고서가 자동으로 생성 해 주나 본 보고서는 대부분이 투자자이자 작성자인 본인을 위한 보고서로서 내부용이 된다.

1) 나의 투자 포트폴리오 테이블

No. 14565

나의 투자 포트폴리오 테이블 보고서

피평가대상	나의 투자 포트폴리오 테이블	대표자	테스트
업종		평가대상	나의 투자 포트폴리오 테이블
소재지		평가자	홍길동
피평가업체 연락처		일자	2014.5.7

단위: 천 원

평가내역	평가등급 및 평가액	평가의견
나의 투자포트폴리오 연간 투자수익률	15%	5%로서 기대하는 기대하는 연간투자수익률보다 높아 나의 투자 포트폴리오로서 적합합니다.
기대하는 연간 투자수익률	14%	
건별 평균투자액	50,000	
평균투자기간	5.0	
투자원금을 제외한 총투자수익	37,500	

▶ 나의 투자 포트폴리오 테이블	별첨	

한국기업가치평가연구소

*상기 보고서의 공란은 평가자가 자신의 의견을 피력하기 위한 공간임.

2) 포트폴리오 투자실적분석표

No. 14565

포트폴리오 투자실적분석표 보고서

피평가대상	2014~2016	대표자	테스트
업종		평가대상	포트폴리오 투자실적분석표
소재지		평가자	홍길동
피평가업체 연락처		일자	2016.5.7

단위: 천 원

평가내역	평가등급 및 평가액	평가의견
실적 연간 투자수익률	9.52%	투자수익률은 연간 9.5%로서 포트폴리오 연간투자수익률 미만인 부진한 실적이다.
나의 투자포트폴리오 연간 투자수익률	15%	
실제 총투자액	184,000	
평균투자기간	5.0	
실제 총투자수익	109,000	

▶ 나의 투자 포트폴리오 테이블	별첨	

한국기업가치평가연구소

*상기 보고서의 공란은 평가자가 자신의 의견을 피력하기 위한 공간임.

3) 포트폴리오 투자판단표

No. 14565

포트폴리오 투자판단표 보고서

피평가대상	광고업	대표자	테스트
업종		평가대상	포트폴리오 투자판단표
소재지		평가자	홍길동
피평가업체 연락처		일자	2016.5.7

단위: 천 원

평가내역	평가등급 및 평가액	평가의견
연간 추정 투자수익률	15%	추정 투자수익률은 연간 15%로서 투자 기대수익률 미만으로 투자 부적격 판단입니다.
투자자(본인)의 연간 기대하는 수익률(ROI)	18%	
투자 요구액	50,000	
평균투자기간	5.0	
투자수익	37,500	

▶ 나의 투자 포트폴리오 테이블	별첨	

한국기업가치평가연구소

*상기 보고서의 공란은 평가자가 자신의 의견을 피력하기 위한 공간임.

PART 06

브랜드 가치평가
Brand Valuation

Chapter 01	브랜드 가치평가학
Chapter 02	브랜드 가치평가 기본정보 입력
Chapter 03	브랜드 및 영업권 가치평가표
Chapter 04	브랜드 및 영업권 가치평가 보고서

브랜드 가치평가학

브랜드란 시간과 돈을 투자하여 장기간에 걸쳐 생성된 것으로 시장에서 보상을 받을 수 있는 무형의 자산이며 시장에서 다른 것과 차별화되어 자신의 정체를 메시지나 상징 및 신뢰로 전달하는 심볼, 디자인, 상호 등을 말한다.

브랜드는 살아 있는 생물과 같다. 보면 볼수록 끌리는 매력과 정감이 교류되어야 하고 연상작용이 작동되어야 하며 고객의 기대에 만족을 주는 조건을 구비하여야 한다.

만일 브랜드를 부착한 상품이 고객이 지불한 비용 이상의 즐거움과 만족감을 줄 수 있다면 브랜드로서 1차 관문은 통과한 셈이다.

브랜드는 재무상태표(BS)상에서 무형자산으로 기록될 수는 있으나, 아직까지 브랜드가 자산으로 기록된 것은 보기가 힘들다. 그러나 브랜드 구매력이 강한 고급가치품에는 장부상에 등재가 가능할 수 있다.

우리는 매일 수백만 개의 브랜드 홍수 속에서 매년 수천 개의 새로운 브랜드가 등장하고 또한 매년 그 비슷한 숫자의 브랜드가 기억에서 사라지는 물결 속에 살고 있다.

그중에서도 대표적인 해외 유명 브랜드로는, 도요타, BMW, 구글, HP, 질레트, 말보르, 로렉스, 카르띠에, 벤츠, IBM, 애플, 코카콜라, 나이키, 인텔, 맥도날드, YouTube, Facebook 등이고 국내 유명 브랜드로는 삼성, 현대, 카톡, 옥션, 롯데, 이마트, 에버랜드 등 여기서 다 피력할 수 없을 정도로 우리 주위에는 엄청나게 많다.

여기서 우리가 알게 된 것은 브랜드란 단순히 기업의 로고나 상표 혹은 마케팅이 아니라 이를 뛰어넘어 기업의 신뢰, 믿음, 열정, 품질을 나타내고 구성원 모두를 소속감으로 담아내는 행위의 징표가 된다는 것이다. 브랜드는 시장에서 경쟁적 위치로 각인시켜 주는 역할 그리고 고객과 소통하는 징표일 뿐 아니라 기업의 가치와 이미지를 전달하는 강력한 메시지가 된 것이다.

이러한 브랜드의 구성분자는 아래의 9가지이며 이를 잘 어울리게 혼합한 것을 브랜딩이라고 표현하기도 한다.

1. 상호
2. 로고(색깔, 심볼)
3. 개성(차별화)
4. 홍보, 광고
5. 브랜드 약속
6. 고객지원
7. 제품 혜택
8. 가격
9. 브랜드 가치

브랜딩이란 단순히 제품자체이거나 이름 혹은 로고가 아니고 고객이 느끼거나 받을 수 있는 기대감과 회사가 표현하는 약속과 이미지(Image)가 융합되어 있는 기업이 전하고자 하는 마음과 정(情)의 총합체이다.
그래서 고객이 회사로부터 기대감이 무너져서 배신감을 느낄 경우에는 브랜드는 걷잡을 수 없이 엄청난 손상을 입게 되는 매우 가변적인 무형자산인 것이다.

1) 브랜드는 왜 필요한가?

브랜드는 회사나 제품을 새롭게 보이게 하고 자신의 정체성을 재정립할 때나 변화의 상징으로 새로운 브랜드를 새롭게 소개 할 때도 필요하다.
특히 아래의 6가지 경우에는 고객을 포함한 모든 이해 관계자와의 소통을 촉진시키고 부가가치를 증진시키는 효과를 이끌어 낼 수 있는 것이다.

1. 새로운 조직, 제품과 서비스를 소개할 때
2. 기존의 조직, 제품과 서비스를 다시 소개할 때
3. 잃어버린 명성을 다시 세울 때
4. 회사의 합병이나 합쳐서 그룹으로 만들 때
5. 회사의 주인이 바뀔 때
6. 고객의 주위와 관심을 환기시킬때

2) 브랜드경영이란 무엇인가?

브랜드경영이란 브랜드의 개발, 평가, 마케팅 그리고 홍보를 통하여 브랜드를 알리고 가치를 인정받아 궁극적으로 브랜드를 통하여 기업 가치를 동반 상승시키게 하는 경영활동을 말한다. 이러한 브랜드경영은 ① 충성스러운 고객을 창출하는 힘 ② 불확실한 시장에서 상품보다는 더 강한 이미지를 확산시키는 힘 ③ 내부적으로는 지속적이고 일관성 있게 표현하는 상징적인 힘이 되어 시장과 고객의 마음속에 파고들어가 새로운 패러다임으로 전개하는 것이다.

따라서 브랜드 경영을 도입하고 싶다면 먼저 자신만의 브랜드를 만들어 그 속에 차별적인 사업의 색깔과 신뢰를 입혀야 한다. 브랜드경영을 위한 10가지 Tips을 아래에 제안하니 이제 우리 모두 브랜드 경영에 시동 키를 돌려보자.

1. 브랜드가 회사의 사업과 성격을 설명할 수 있게 만들어라.
2. 브랜드도 또 하나의 생명체이다. 의인화하여 키워라.
3. 사업의 동인이 무엇인지 브랜드의 개념을 구축하여 영혼을 불어넣어라.
4. 브랜드는 고객과의 장기적인 관계구축을 목표로 하라.
5. 고객과는 같은 목소리와 같은 톤을 유지하여 대화를 하라.
6. 똑같은 메시지를 반복하지 말고 스토리를 만들어 행복한 마술을 구사하라.
7. 유명 브랜드와 유사하게 하거나 흉내내지 마라.
8. 혁신적이고 대담하게 믿음으로 브랜드 경영을 전진하게 하라.
9. 고객과의 소통에는 브랜드 깃발을 들고 마음으로 달려가라.

10. 브랜드 경영은 브랜드 인식의 싸움이다. 고객이 브랜드를 먼저 인지하게 하라.

3) 브랜드전략이란 무엇인가?

브랜드 경영을 추진하고 관리하기 위한 것이 브랜드 전략이며 이러한 전략에는 7가지로 분류되어 실시된다.

1. 브랜드 비전(Vision)
2. 브랜드 포지셔닝(Positioning)
3. 브랜드 개성(Personality)
4. 라이센싱(Licensing)
5. 브랜드 포트폴리오 최적화(Portfolio)
6. 브랜드 예산과 투자(Budget & Investment)
7. 브랜드 평가와 관리(Valuation & Management)

브랜드전략을 통하여 브랜드는 마케팅의 4P(Product제품, Price가격, Place장소, Promotion 판촉)에 방향을 잡아 주고 사업전략(영업전략)과의 사이에 가교역할을 해 주며 차별화로 경쟁자와 고객에게 다가서는 것이다.

4) 브랜드 가치평가는 왜 필요한가?

브랜드 가치평가가 필요할 때가 기업가치나 기술가치평가보다는 그리 많지는 않는 것 같지만 의외로 브랜드평가의 필요성과 관심이 점차 대두되는 곳이 많아지고 있는 것이 작금의 추세이다.

1. 브랜드 투자를 할 경우
2. 마케팅 예산을 할당할 경우
3. 브랜드 가치를 올리고 싶을 경우

4. 인수합병 시 브랜드 기여도를 평가할 경우
5. 금융차입 시 담보설정을 할 경우
6. 경제 및 산업단체에서 브랜드 선호도를 평가할 경우
7. 브랜드 로열티를 결정할 경우
8. 브랜드를 이전할 경우
9. 재무상태표에 브랜드 자산으로 등재할 경우

5) 브랜드 가치평가는 어떻게 하는 것인가?

가치경영 패러다임은 브랜드 가치창출과 브랜드 가치경영이 포함되어 있다. 그러기에 브랜드가 무형 자산가치의 한 분야로 크게 대두되었고 기업의 브랜드 가치는 얼마가 되며 지적재산권 내지 영업권은 또한 얼마로 계산되는지 등 브랜드 가치평가에 대한 관심이 점차 높아지게 되었다.

브랜드 가치의 모태는 기업가치와 무형자산가치에서 나온다. 그 모태를 먼저 간략히 알아보자. 기업가치는 순자산가치에 근거를 두고 시작한 것이 보수적인 통설이다.
즉, 총자산에서 부채를 뺀 순자산이 기업가치로 해석되어야 하나 통상 기업가치는 기업 프리미엄이라는 것이 있어 순자산가치를 초과하는 것이 대부분이며 시중 상장회사의 시가총액(기업가치)은 거의 순자산액을 초과한다.

물론 주식시장이 침체기에 빠지고 주식가격이 곤두박질칠 때는 시가 총액이 순자산 가치를 하회할 때도 간혹 있었지만 현재의 주식시장이나 비상장기업에서도 주식시세는 일반적으로 순자산가치보다 높게 형성되어 있다.
즉, 기업가치프리미엄(=기업가치(시가총액)−순자산가치)은 기업의 기술력, 수익력, 브랜드 가치, 영업력 등 기업의 모든 무형자산이 값으로 환산되어 뭉쳐져 있는 것이다.

주식시장에서 PBR(Price Book Value Ratio)로 표시되는 주당 자산비율이 있는데 이는 주

당시가를 주당 순자산가격으로 나눈 비율로 주식가치가 자산가치의 몇 배수가 되느냐를 평가하는 것이다. 만일 PBR이 1이면 순자산과 주식가격이 같다는 말이며, 1 이상의 배수가 나타나면 자산가치에 비하여 주식가격이 높다는 것이고, 그 속에는 브랜드 가치 내지 무형가치가 내재되어 있다는 것이다.

기업의 무형가치는 기업의 브랜드(Brand), 이미지(Image), 기술(Technology), 지적 재산(IP) 그리고 기업문화(Corporate Culture) 등의 복합형태로 내재되어 있으며 세계적인 유명기업이나 우량기업의 주식 가격은 순자산가치의 10배 혹은 100배 이상을 훨씬 뛰어넘는 경우가 많다.

그 무형의 가치 중에서 상당한 부분이 브랜드 가치로 자리 잡고 있으며 대표적인 기업으로는 마이크로소프트, 코카콜라, 나이키, HP, IBM 등이 있으며 국내기업에서는 삼성과 현대가 무형자산으로 브랜드(Brand) 가치가 높게 평가되어 세계적인 순위에 랭킹되어 있다고 볼 수 있다.

주당수익비율(PER: Price Earnings Ratio)이라는 게 있다. 이는 주당 시가를 기업의 당기 순이익으로 나눈 비율로 주당 시가(기업가치)가 주당 순이익의 몇 배수가 될 것인가를 평가하는 것으로 주당 자산 비율(PBR)과 함께 기업의 수익성과 주식 시가 분석을 통하여 기업 프리미엄 내지 무형가치를 추정해 볼 수가 있다.

브랜드 가치는 기업의 무형가치와 그 의미가 엄격히 다르지만 브랜드 가치도 무형가치의 한 부분이기 때문에 기업의 무형가치가 높을수록 브랜드 가치가 높게 나타나는 상호 연관성을 가지고 있을 수밖에 없다. 상장 회사인 경우는 시중의 주식가격으로 기업가치 프리미엄을 산출할 수 있는 기준을 잡을 수 있지만 국내 중소기업이나 비상장기업인 경우에는 기업의 무형자산이나 브랜드 가치를 평가하는 방법이 없고 그 평가 기준을 세우기가 어려워 평가에 많은 어려움이 있을 뿐 아니라 특히 한국 중소기업 자체 내에서도 문제점이 많아 평가가 쉽지 않다. 이러한 문제점은 본장의 "한국 중소기업의 브랜드 가치평가의 한계"에서 보완 설명을 하였다.

6) 브랜드 가치평가 방법에는 무엇이 있나?

브랜드 가치평가 방법에는 여러 가지 방법론이 제기되었지만 활용되거나 일반적으로 소개된 방법은 기술가치평가방법과도 유사한 아래의 7가지 방법이 있다.

1. 역사적 원가방법
2. 대체원가 방법
3. 시장가치평가 방법
4. 프리미엄 가격방법(Premium Price Method)
5. 로열티추정 방법
6. 경제적 사용방법(미래수익성/현재수익성)
7. 브랜드 위치와 브랜드 강도법(Young & Rubican Brand Asset Valuation Model)

상기 어느 방법도 브랜드가치평가에 한 가지 방식으로 선택하여 접근하기는 적합하지 않아 기존 방식보다 단순하고 브랜드 평가로만 특화된 새로운 방식을 소개하고자 한다.
특히 접근하기 쉽고 자주 사용되고 있는 방법론으로 아래의 5가지 방식이 주류를 이루고 있어 아래에 그 공식과 도해표로 기술하였다.

(1) 브랜드 승수법=무형자산수익성×브랜드 승수(Multiple)
(2) 브랜드 기여도법=무형자산수익성×브랜드 기여도
(3) 브랜드 강도법=유사기업 벤처마킹 브랜드가격×상대적 브랜드강도 평가 점수
(4) 브랜드 무형자산법= 무형자산가치×((브랜드 강도+브랜드 자산강도)/2)
(5) 브랜드 초과자산법=초과자산가치×((브랜드 강도+브랜드 자산강도)/2)

부록에 있는 브랜드가치평가 시스템 프로그램은 상기 방법론 중 (4), (5)번의 접근법을 채택하여 시스템 프로그램으로 설계되었으니 브랜드 가치평가에 활용해 보기 바란다.

7) 브랜드 가치평가에 요구되는 정보와 평가항목은 무엇이 있나?

1. 재무제표 분석을 통하여 PBR과 PER를 파악한다.
2. 경제적 부가가치(EVA)/인건비 비율을 분석하여 노동생산성을 파악한다.
3. 경쟁사의 브랜드력 및 가치를 벤치마킹한다.
4. 임직원의 평균연봉을 경쟁업체나 산업평균과 비교한다.
5. 각종 자산 회전율을 파악하여 시스템 역량과 관리능력을 파악한다.
6. R&D 투자액을 파악하여 기술집약에 대한 무형가치 원가를 추정한다.
7. 광고선전비 지출액을 파악하여 무형가치 조성원가를 추정한다.
8. 기부금 실적과 수준을 파악하여 사회기여도와 사회인지도를 추정한다.
9. 최근 5년간 신문이나 언론 그리고 인터넷에서 거론되는 모든 기사건수를 파악하여 인지도를 추정한다.

상기 9가지의 자료는 기업의 프리미엄인 무형가치를 산출하기 위한 정보이며 이러한 자료들로 산출된 값이 경쟁사나 산업평균에 비하여 어느 정도인지 벤치마킹해 보고 기업의 핵심역량, 수익력, 자금력, 인지도를 조사해 본다면 브랜드 가치평가에 요긴한 자료가 되는 것이다. 또한 회사가 무형가치와 브랜드 가치를 위해 실제적으로 이제껏 얼마가 지출되었거나 투자되었나를 추정해 보는 것도 이러한 자료를 중심으로 하여 산출해 보면 브랜드 가치평가에 도움이 될 것이다.

8) 브랜드 가치평가의 핵심인 브랜드강도와 브랜드자산평가는 무엇인가?

(1) 브랜드 가치평가에 요구되는 브랜드 강도(Brand Power)평가

브랜드 강도평가는 크게 보면 브랜드 강점(Brand Strength), 브랜드 기여도(Brand Contribution) 그리고 브랜드 위험도(Brand Risk) 3가지를 평가하는 것으로 아래의 12개 항목으로 세분되어 있다.

1. 시장을 이끌어 가는 제품과 기업의 영향력은 어느 정도인가(시장성)
2. 회사가 미래에 장기간 살아남을 수 있는 능력은 무엇이며 그 정도는 어떠한가(안정성)
3. 브랜드로 인하여 매출은 얼마나 증가되는지 그 기여도와 매출은 어떠한가(매출성)
4. 국내 및 해외시장에 제품 및 상호가 얼마나 알려져 있고 고객이 인지하고 있는가(인지성)
5. 시대의 흐름에 적응할 수 있는 유연성과 융합할 수 있는 역량은 어느 정도인가(리더성)
6. 홍보 및 광고는 얼마나 하며 마케팅의 능력은 어느 정도인가(지원성)
7. 상표와 이름, 그리고 기술의 특허등록은 되어 있으며 법적 보호 및 보장성은 있는가(보호성)
8. 사회적인 책임, 윤리성 그리고 도덕성은 어느 정도인가(윤리성)
9. 변함없이 브랜드를 이용하고 재구매하는 충성도는 어느 정도인가(재구매성)
10. 고객이 해당 제품이나 산업을 생각하면 먼저 떠오르는 상기성은 어느 정도인가(상기성)

11. 회사가 브랜드로 창출되는 수익은 어느 정도인가(수익성)

12. 제품, 서비스 그리고 AS 등의 품질과 회사의 약속은 어느 정도인가(신뢰성)

(2) 브랜드 가치평가 요구되는 브랜드 자산(Brand Equity)평가

브랜드 자산(Brand Equity)평가는 평가자가 브랜드에게 친근감으로 "너"라는 칭호를 주고 의인화 기법으로 묻는 12가지 질문항목으로 구성되어 있다.

브랜드 가치는 아래의 12가지 평가가 모두 합쳐서 만들어지며 거기에다 브랜드수명을 합치면 브랜드 자산이 되는 것이고 공식으로 표시하면 브랜드 가치+브랜드수명=브랜드 자산이 된다.

1. 브랜드 이해도(Understanding)

   나는 너가 제안하고 있는 것이 내가 필요한 것이고 너를 잘 이해하고 있다.

2. 브랜드 차별성(Differenciation)

   너는 다른 브랜드와 다르고 나에게 선호할 수 있는 차별성을 가지고 있다.

3. 브랜드 신뢰성(Trust)

   나는 너가 내게 좋은 혜택을 줄 수 있다는 신뢰를 가지고 있다.

4. 브랜드 재구매성(Purchasing)

   나는 너를 구매하여 사용해 볼 것이다.

5. 브랜드 믿음성(Belief)

   나는 너가 제안하고 표현하는 것이 모두 진실임을 믿고 있다.

6. 브랜드 가치성(Value)

   너로 인하여 좋은 가격을 지불하거나 받을 수 있는 가치가 있다.

7. 브랜드 충성도(Loyalty)

   나는 항상 너와 같이 있을 것이다.

8. 브랜드 옹호성(Advocacy)

   나는 너를 지지하며 다른 사람에게도 너를 잘 소개할 것이다.

9. 브랜드 개성(Personality & Image)

   너는 참신한 디자인과 개성이 뚜렷하고 멋이 있다.

10. 브랜드 접근성(Accessibility)

    너는 내가 필요할 때 언제든지 쉽게 구할 수 있고 자주 접하게 된다.

11. 브랜드 친밀성(Familiarity)

    너는 친근감이 있고 내게 필요하며 위안이 되는 가족과 같다.

12. 브랜드 사회성(Association)

    너는 이웃을 생각하며 사회적인 기여와 봉사를 잘하고 있다.

각 항목별로 평가 점수를 부여하고 100점을 기준으로 합계 평가 점수를 산출해 본다. 물론 각 항목별 가중치를 둘 수 있어 이러한 가중치를 반영하여 브랜드 강도(Brand Power)와 브랜드 자산(Brand Equity) 총점을 산출하게 된다.

따라서 브랜드 가치평가는 설정된 무형가치 계산방법에 의거하여 산출된 기업가치프리미엄(무형가치)에다 상기의 브랜드 평가 점수를 곱하면 브랜드 가치평가가 되는 것이다. 예를 들면 무형가치가 100억이고 브랜드 평가 점수가 43점이라면 그 계산공식은, 기업가치 프리미엄(무형가치) 100억×브랜드 평가 점수 43%= 브랜드 가치 43억이 되는 단순한 논리이다.

9) 브랜드 가치의 시장 조건과 가치사슬

브랜드가치가 형성되어 브랜드 가치평가를 하려면 적어도 아래의 시장조건을 만족시켜 주어야 제대로 된 브랜드가치가 된다.

(1) 시장조건

1. 회사의 재무제표와 실적이 공개되어야 한다.
2. 브랜드가 매출이나 수익향상에 15% 이상 기여되어야 한다.
3. 회사의 EVA가 양수이어야 한다.(EVA(Economic Value Added)란 세후영업이익에서 주주가 기대하는 자본비용을 차감한 값)
4. 브랜드가 시장에서 접할 수 있어야 한다.
5. 브랜드가 가급적 B2B가 아니라 B2C 형태로 대중이 폭넓게 인식되면 더 효과적이다.

시장조건을 충족한 브랜드는 아래의 도해의 2번째인 브랜드 인식단계이며 브랜드 무인식의 낮은 가치 브랜드 탄생부터 최고 가치 브랜드로 전개되는 피라미드 형태로 발전되어 나가는 것이다.

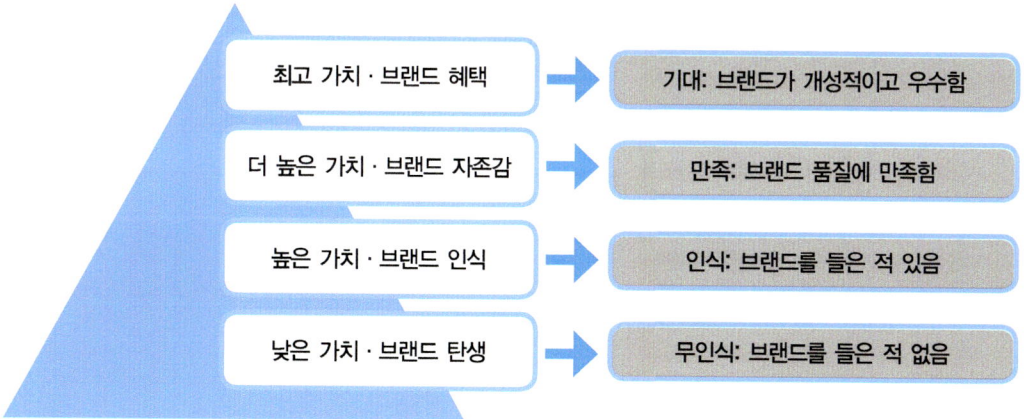

(2) 브랜드 가치사슬(Value Chain)

브랜드 가치사슬이란 브랜드 홍보에서 마지막 단계인 회사가치 상승까지 전개되며 이를 연결고리로 그려 보면 브랜드 가치사슬 도해가 된다. 간단하고 의미 있는 가치사슬로 전개해 보면서 브랜드가 최종적으로 주주, 직원 그리고 이해관계자 모두에게 혜택을 주고 회사의 가치를 올릴 수 있다는 인식을 새롭게 가지는 계기를 만들어 주는 것이다.

브랜드 홍보, 광고 → 소비자 인식 → 브랜드 파워 → 주주, 직원과 회사가치

10) 한국 중소기업의 브랜드 가치평가의 한계

한국산업, 특히 중소기업에서의 브랜드 가치평가는 다음의 문제점과 한계점을 가지고 있어 합당하고 정확한 브랜드평가를 하기가 너무나 어렵다. 이제 한국 중소기업도 아래의 문제점을 극복하여 브랜드가치평가와 함께 브랜드 세계화로 나아가야 한다.

1. 매출과 영업이익의 변동폭이 너무 커서 안정적인 기업의 수익성 평가가 어렵다.
2. 회사의 브랜드(Brand)와 그 이미지(Image)가 제대로 알려지지 않아 그 평가의 객관성을 구하기 어렵다.
3. 원천기술, 지식을 검증하기가 어렵고 회사의 경영역량이 부족하다.
4. 기업의 투명성과 일관성이 부족하거나 회사의 업력이 너무 짧다.
5. 취약한 자본과 수익구조를 가지고 있다.
6. 가계와 기업이 완전 분리되어 있지 못하다.

11) 영업권 평가

영업권이란 특허권이나 상표권처럼 제도적으로 법률적인 보호는 없으나 기업경영에 실제적이고 실질적인 경제가치를 지닌 무형자산이다. 다르게는 권리금이라고 칭하기도 한다.
이러한 영업권은 기업이 유리한 인 허가 사항, 영업상의 노하우, 오랫동안 이루어진 사회적인 명성 또는 많은 충성고객 등을 가지고 있을때 발생되는 것으로 경쟁업체나 주위에 있는 기업보다 좋은 수익을 창출하는 것이다.

영업권평가는 기업의 이전이나 승계, 상속 등 그리고 인수합병 혹은 비상장기업 가치평가시에 요구되거나 고려되는 영업권을 별도로 매입하였거나 대가를 지불하였다면 영업권은 무형자산으로 기장되어 한국 회계기준으로는 5년 동안 정액법으로 감가상각을 실시한다. 그러나 한국 국제회계기준(KIFRS)을 도입한 기업이라면 감가상각을 실시할 필요가 없다.
영업권 평가는 가치평가방법으로 쌍방간 합의에 의하여 영업권평가를 하는 방법이 있고 한국 세법에 의하여 법률이 정하는 공식에 따라 평가하는 방법이 있다.
세법에 의한 영업권 평가는 상속세및 증여세법 시행령 55조3항에 따라 실시하는데 아래의 산식과 같이 초과이익금액을 평가기준일 이후의 영업권지속연수(원칙적으로 5년)을 감안하여 자본환원율(기획재정부 고시 10%)로 환산한 가액으로 평가하며 그 산출공식은 아래와 같다.

영업권=(최근 3년간 순 손익액의 가중평균액×50%)-(자기자본×자본환원율 10%)/(1+자본환원율 10%)^영업권 지속년수 5년)
* 가중평균액이란 평가기준일 이전 1년의 순 손익액의 3배수, 2년의 2배수, 3년의 3배수로 합산하여 6을 나누어 산출함)
* 자기자본이란 자산총액에서 부채총액을 뺀것임.

물론 필요하다면 상증세법에 의한 영업권평가를 하지 않고 쌍방간의 합의에 의하여 다른 방식으로 영업권 평가를 할 수 도 있다.
그러나 기업의 가업승계나 상속 및 증여인 경우는 세법에 의한 상기 방법론을 따라야 한다.
부록에 있는 영업권평가 시스템 프로그램은 한국의 상증세법 방식에 따라 설계되고 만들어졌다.

브랜드 가치평가 기본정보 입력

부록의 시스템 프로그램에 있는 브랜드 가치평가표는 1. 브랜드 강도평가와 2. 브랜드 자산평가로 구분하여 평가하고 합산한 후 기업무형자산이나 초과자산에다 합산한 평가점수를 곱하여 브랜드 가치평가를 산출하는 방식을 택하였다.
본 장에서는 이러한 가치평가 내용을 간단 명료하게 설명하고 어떻게 기본정보를 입력하는지 그 절차와 요령을 아래와 같이 소개한다.

1) 브랜드 가치평가에 요구되는 브랜드 강도(Brand Power)

브랜드 강도평가는 브랜드 강점(Brand Strength), 브랜드 기여도(Brand Contribution) 그리고 브랜드 위험도(Brand Risk)를 파악하기 위한 것으로 아래의 12개 세부 항목으로 구성된 입력창에다 항목별로 평가점수를 부여한다.

단위: 천 원

브랜드 가치평가 입력창 1 (브랜드 강도평가)
개별 항목별로 브랜드 강도(Brand Power)를 평가(항목당 100점 만점 기준)하여 브랜드 가치를 산출한다.

평가내용	평가 (100점 만점)	평가내용	평가 (100점 만점)
1. 리더성(시장을 이끌어 가는 영향력)	50	7. 법적보호성(상표 및 법적등록성)	90
2. 안정성(장기간 살아남는 능력)	50	8. 윤리성(사회적 책임)	90
3. 매출성(시장에서 기여되는 매출력)	100	9. 구매성(재구매되는 브랜드)	50
4. 인지성(국내외에서 인지되는 영향력)	90	10. 상기성(먼저 떠오르는 이미지)	80
5. 적응성(시대 흐름에 적합한 능력)	80	11. 수익성(창출되고 기여되는 수익)	60
6. 영업성(마케팅, 홍보, 영업력)	70	12. 품질성(상품, 서비스, AS 품질도)	40

입력창의 평가항목 내용은 다음과 같으나 평가 요령은 업종의 특성에 따라 보다 보완된 객관적이고 적합한 설문지를 만들어 고객을 포함한 이해관계자 모두에게 의견을 청취한다면 더욱 효과적이다.

1. 시장을 이끌어 가는 제품과 기업의 영향력은 어느 정도인가(리더성)
2. 회사가 미래에 장기간 살아남을 수 있는 능력은 무엇이며 그 정도는 어떠한가(안정성)
3. 브랜드로 인하여 매출은 얼마나 증가되는지 그 기여도와 매출은 어떠한가(매출성)
4. 국내 및 해외시장에 제품 및 상호가 얼마나 알려져 있고 고객이 인지하고 있는가(인지성)
5. 시대의 흐름에 적응할 수 있는 유연성과 융합할 수 있는 역량은 어느 정도인가(적응성)
6. 홍보 및 광고는 얼마나 하며 마케팅의 능력은 어느 정도인가(영업성)
7. 상표와 이름, 그리고 기술의 특허등록은 되어 있으며 법적 보호 및 보장성은 있는가(보호성)
8. 사회적인 책임, 윤리성 그리고 도덕성은 어느 정도인가(윤리성)
9. 변함없이 브랜드를 이용하고 재구매하는 충성도는 어느 정도인가(재구매성)
10. 고객이 해당 제품이나 산업을 생각하면 먼저 떠오르는 상기성은 어느 정도인가(상기성)
11. 회사가 브랜드로 창출되는 수익은 어느 정도인가(수익성)
12. 제품, 서비스 그리고 AS 등의 품질의 정도와 회사의 약속에 대한 확신(품질성)

2) 브랜드 자산가치평가

브랜드 자산평가는 아래의 12가지 항목을 평가하여 그 가치를 정하는 것이며 거기에다 브랜드 수명을 반영하여 브랜드 자산이 되는 것이다. 아래의 12개의 세부항목으로 구성된 입력창에다 가능하면 객관적인 입증자료를 구비하여 평가점수를 부여한다.

	단위	천 원

브랜드 가치평가 입력창 2 (브랜드 자산평가)

개별 항목별로 브랜드 자산(Brand Equidty)를 평가(항목당 100점 만점 기준)하여 브랜드 가치를 산출한다.

평가내용	평가 (100점 만점)	평가내용	평가 (100점 만점)
1. 브랜드 이해도(Understanding)	50	7. 브랜드 충성도(Loyality)	90
2. 브랜드 차별성(Differenciation)	50	8. 브랜드 옹호성(Advocacy)	90
3. 브랜드 신뢰성(Trust)	100	9. 브랜드 개성(Personality & Image)	50
4. 브랜드 재구매성(Purchasing)	90	10. 브랜드 접근성(Accessibility)	80
5. 브랜드 믿음성(Belief)	80	11. 브랜드 친밀성(Familiarity)	60
6. 브랜드 가치성(Value)	70	12. 브랜드 사회성(Association)	40

브랜드 자산(Brand Equity)평가 12항목의 내용설명은 다음과 같으며 브랜드를 "너"라는 칭호로 의인화하여 조사를 하는 것이다.

1. 브랜드 이해도(Understanding)

   너가 제안하고 있는 것이 내가 필요한 것이고 너를 잘 이해하고 있다.

2. 브랜드 차별성(Differenciation)

   다른 브랜드와 다르고 시장 점유율을 올릴 수 있는 차별성을 가지고 있다.

3. 브랜드 신뢰성(Trust)

   나는 너가 내게 좋은 혜택을 줄 수 있다는 신뢰를 가지고 있다.

4. 브랜드 재구매성(Purchasing)

   나는 너를 구매하여 사용해 볼 것이다.

5. 브랜드 믿음성(Belief)

   나는 너가 제안하고 표현하는 것이 모두 사실임을 믿고 있다.

6. 브랜드 가치성(Value)

　브랜드로 인하여 좋은 가격을 지불하거나 받을 수 있는 가치가 있다.

7. 브랜드 충성도(Loyality)

　나는 항상 너와 같이 있을 것이다.

8. 브랜드 옹호성(Advocacy)

　나는 너를 지지하며 다른 사람에게도 너를 잘 소개할 것이다.

9. 브랜드 개성(Personality & Image)

　나는 모험, 대담, 용감 혹은 부드러움, 달콤에 따른 개성(남성, 여성)과 느낌이 친화적이다.

10. 브랜드 접근성(Accessibility)

　너는 필요할 때 언제든지 쉽게 구할 수 있고 자주 접하게 된다.

11. 브랜드 친밀성(Familiarity)

　너는 친근감이 있고 내게 필요하고 위안이 되는 가족과 같다.

12. 브랜드 사회성(Association)

　브랜드 고객간의 상호 감정적인 유대감이 형성되고 사회성이 강하다.

브랜드 및 영업권 가치평가표

아래에 있는 브랜드가치평가표와 영업권 가치평가표는 기본정보란에서 평가되고 입력된 자료로 작성되는 것으로 시스템 프로그램에서 자동으로 작성되고 제공되는 가치평가표들이다.

1) 브랜드 가치평가표

한국산업㈜
브랜드 및 영업권 가치평가표

평가항목	A. 브랜드강도(Brand Power)평가	가중치	평가점수	B. 브랜드자산(Brand Equity)평가	가중치	평가점수
	1. 리더성	10.0%	5.0%	1. 이해도(Understanding)	9.0%	4.5%
	2. 안정성	9.0%	4.5%	2. 차별성(Differenciation)	9.0%	4.5%
	3. 매출성	9.0%	9.0%	3. 신뢰성(Trust)	9.0%	9.0%
	4. 인지성	9.0%	8.1%	4. 재구매성(Purchasing)	9.0%	8.1%
	5. 적응성	9.0%	7.2%	5. 믿음성(Belief)	8.0%	6.4%
	6. 영업성	8.0%	5.6%	6. 가치성(Value)	8.0%	5.6%
	7. 법적보호성	8.0%	7.2%	7. 충성도(Loyality)	8.0%	7.2%
	8. 도덕성	7.0%	6.3%	8. 옹호성(Advocacy)	8.0%	7.2%
	9. 재구매성	7.0%	3.5%	9. 개성(Personality & Image)	8.0%	4.0%
	10. 상기성	9.0%	7.2%	10. 접근성(Accessibility)	8.0%	6.4%
	11. 수익성	8.0%	4.8%	11. 친밀성(Familiarity)	8.0%	4.8%
	12. 품질성	7.0%	2.8%	12. 사회성(Association)	8.0%	3.2%
	가중치 반영한 브랜드 강도 평가점수율	100.0%	71.2%	브랜드자산 평가점수율	100.0%	70.9%
				71.05%		

* 브랜드 강도와 자산평가 평균점수는 100점 만점에 71점이 되며 이 평가로 브랜드 기여도를 가늠할 수 있다.

			관련 자료 입력
		단위: 천원	
C. 회사의 총 무형가치		2,300,000	
총 기업가치 (본질적 가치평가방식)		3,500,000	3,500,000
순 자산가치 (본질적 가치평가방식의 순자산 평균)		1,200,000	1,200,000
총 무형가치		2,300,000	
D. 회사의 순 자산 초과가치액		960,000	
주당 주가 자산배율(PBR)		1.8	1.8
		1,200,000	
순 자산 초과가치액	=(PBR-1) x 순 자산액	960,000	

◆ **무형가치기준 브랜드평가**
　브랜드 가치 평가액　= 총 무형가치 x 브랜드 강도와 브랜드 자산평가 점수　　1,634,150　천 원

◆ **자산가치기준 브랜드평가**
　브랜드 가치 평가액　= 순자산 초과가치액 x 브랜드 강도와 브랜드 자산평가점수　　682,080　천 원

* 상기 옅은파랑색이 있는 칸과 우측의 "관련자료입력난"에는 브랜드 가치평가에 필요한 재무데이터를 입력하여야 함.

2) 영업권 가치평가표

한국산업(주)

상증세법에 의한 영업권 가치평가표

단위: 천원

(1) 평가기준일	(2) 평가기준일 이전 1년이 되는 사업연도 순손익액	(3) 평가기준일 이전 2년이 되는 사업연도 순손익액	(4) 평가기준일 이전 3년이 되는 사업연도 순손익액	(5) 가중 평균 매출액 ((2)x3+(3)x2+(4)x1) / 6
2016.12.31	362,000	358,000	400,000	367,000

(6) 3년간 순손익액의 가중평균액의 50% ((5) x 50 /100)	(7) 평가기준일 현재의 자기자본	(8) 기획 재정부령이 정하는 자본환원율(이자율)	(9) 영업권 지속년수 (년)
183,500	1,200,000	10.0%	5

(10) 영업권 계산액(5년 현재가치할인액의 합계액) (6)-(7)x(8) / (1+(8))^(9) (1+0.1)^n n: 평가기준일 부터의 경과연수	(11) 영업권 상당액에 포함된 매입한 무체재산권가액 중 평가기준일까지의 감가상각비를 공제한 금액 * 만일 매입한 영업권이 있다면 금액을 입력	(12) 영업권 평가액 ((10)-(11))
39,429	-	39,429

관련자료 입력	
362,000	(2)1년도 순손익
358,000	(3)2년도 순손익
400,000	(4)3년도 순손익
1,200,000	(7)자기자본
10%	(8)자본환원율(이자율)
5.0	(9)지속년수
-	(11) 매입영업권잔액

* 상기 보고서의 공란은 평가자가 자신의 의견을 피력하기 위한 공간임.

Chapter 04 브랜드 및 영업권 가치평가 보고서

브랜드 가치평가보고서는 보고서에 있는 평가대상에서 브랜드 혹은 영업권을 선택하면 해당 자료가 형성되어 시스템 프로그램에서 자동으로 작성해 준다.

1) 브랜드가치평가 보고서

No. 14565

브랜드가치평가 보고서

피평가업체명	한국산업㈜	대표자	김수동
업종	제조 생산	평가대상	브랜드가치평가
소재지	경기도 안산시 대부동 안상공단 23-5	평가자	홍길동
피평가업체 연락처	010-2546-5258	일자	2014.5.6

단위: 천 원

평가내역	평가등급 및 평가액	평가의견
브랜드가치평가((1)+(2))/2)	1,158,115	브랜드 가치평가는 하기의 (1) 과 (2) 평가액중 선택할 수 있으며 본 브랜드가치평가는 (1)과 (2)의 평균값을 산출하였다.
브랜드강도와 브랜드 자산 평가점수	71.05%	설문조사나 평가시트에 의거 평가
무형자산가치	2,300,000	재무상태표에 의거 산출된 값이다.
순자산초과액	960,000	재무상태표에 의거 산출된 값이다.
(1)무형자산기준 브랜드가치평가	1,634,150	무형자산 기준으로 산출된 브랜드가치평가액이다.
(2)순자산초과기준 브랜드 가치평가	682,080	순 자산초과 기준으로 산출된 브랜드가치평가액이다.

▶ 피평가업체 요약표	별첨	
▶ 브랜드 가치평가표	별첨	
▶ 기타 필요서류	별첨	

한국기업가치평가연구소

* 상기 보고서의 공란은 평가자가 자신의 의견을 피력하기 위한 공간임.

2) 영업권 가치평가 보고서

No. 14565

영업권 가치평가 보고서

피평가업체명	한국산업㈜	대표자	김수동
업종	제조 생산	평가대상	영업권 가치평가
소재지	경기도 안산시 대부동 안상공단 23-5	평가자	홍길동
피평가업체 연락처	010-2546-5258	일자	2016.12.31

단위: 천 원

평가내역	평가등급 및 평가액	평가의견
영업권 가치평가	39,429	상증세법에 의한 영업권 가치평가표: (2)-(3)×(4) / (1+(4))^(5) = 가×50%-(나×다)=가×50%-(나×다)
(1) 가중 평균 매출액	367,000	
(2) 3년간 순손익액의 가중평균액의 50%	183,500	
(3) 평가기준일 현재의 자기자본	1,200,000	
(4) 기획 재정부령이 정하는 자본환원율(이자율)	10%	
(5) 영업권 지속년수	5	

▶ 피평가업체 요약표	별첨	
▶ 상증세법에 의한 영업권 가치평가표	별첨	
▶ 기타 필요서류	별첨	

한국기업가치평가연구소

* 상기 보고서의 공란은 평가자가 자신의 의견을 피력하기 위한 공간임.

PART 07

제품력 평가
PPM
(Product Portfolio Management)

Chapter 01   제품력 평가학

Chapter 02   제품 포트폴리오와 제품력 기본정보 입력

Chapter 03   제품력 포트폴리오 도표(BCG)와 제품력 분석 도표

Chapter 04   제품력 가치평가 보고서

제품력 평가학

1) 제품 포트폴리오(Product portfolio)란 무엇인가

회사가 보유하고 있는 제품에 대하여 제품의 구성과 제품력을 분석하고 회사에 기여할 수 있는 제품능력을 유추 해석하는 데 가장 적합한 기법이 제품포트폴리오 분석이다.
이는 기업의 제품력을 수익성과 장래성 그리고 경쟁력의 관점에서 회사의 제품들이 어느 위치에 있는지를 분석하고 평가하여 나아가 회사의 제한된 자원을 제품 어디에다 분배 혹은 집중을 해야 할지 결정하기 위한 것이다. 회사의 경쟁력이나 제품구성, 그리고 제품력을 파악할 수 있는 이러한 기법은 1970년대에 BCG(Boston Consulting Group)에서 개발하였다 하여 BCG 기법이라고 불리기도 하고 포트폴리오 기법이라고도 한다.

제품 포트폴리오 기법의 등장으로 인하여 개별제품과 제품라인의 조화로운 구성 그리고 제품의 미래동력에 각별한 관심과 관리의 필요성을 환기시켜 주었다.

결론적으로 말하자면 제품 포트폴리오는 거시적인 관점에서 회사의 사용 가능한 자원을 필요한 제품군에 최적의 지원이 가능하도록 제품군을 기획하자는 것이다.

2) 제품은 어떻게 분류하는가

BCG 분류는 BCG 매트릭스에 기초하여 만들어진다. BCG 매트릭스는 시장 점유율과 시장 성장률을 도표상에 x와 y축으로 하여 회사의 제품을 시장성과 수익률 그리고 지속적인 투자의 필요성 여부를 평가하고 분류하게 된다.
이러한 포트폴리오 분류법은 모든 제품이 장래성이나 수익성으로 균형 있게 회사에 지속적으로 기여시켜 주기 위한 방법론으로 만들어진 것이다.

현재 보유하고 있는 회사의 제품들은 회사의 미래에 직·간접적으로 영향을 주기 때문에 제품 포트폴리오 관리는 기업에게는 매우 중요한 관리기법 중의 하나일 수밖에 없다.

따라서 한국의 중소 기업이 제품 포트폴리오 평가를 도입한다면 제품구성력과 미래 동력으로 제품력이 더욱 단단한 기업으로 성장하는 계기가 될 것이다.

3) 제품 포트폴리오 분석 도표는 무엇인가

제품 포트폴리오 분석 도표는 기업의 제품들이 어느 그룹에 속하는지를 파악하여 제품전략을 회사의 자원과 능력에 부합되게 관리하는데 목적이 있다.

아래에 예시된 제품 포트폴리오 도표는 제품군을 4그룹으로 구분하여 제품이 어느 그룹에 해당 하는가를 매출규모 만큼 원 크기로 볼 수 있게 한다.

시장 성장률(Y)과 상대적 시장 점유율(X)의 변동에 따라 제품의 위치를 정하고 매출액 규모로 원의 크기를 표시하여 제품들이 스타에서 금송아지 그리고 문제아 및 개로 변하여 가는 제품의 흐름을 보면서 시장에서 어떻게 인정되고 평가받는지와 제품의 미래 동력을 알고자 하는 분석표가 된다.

제품 포트폴리오 분석 도표

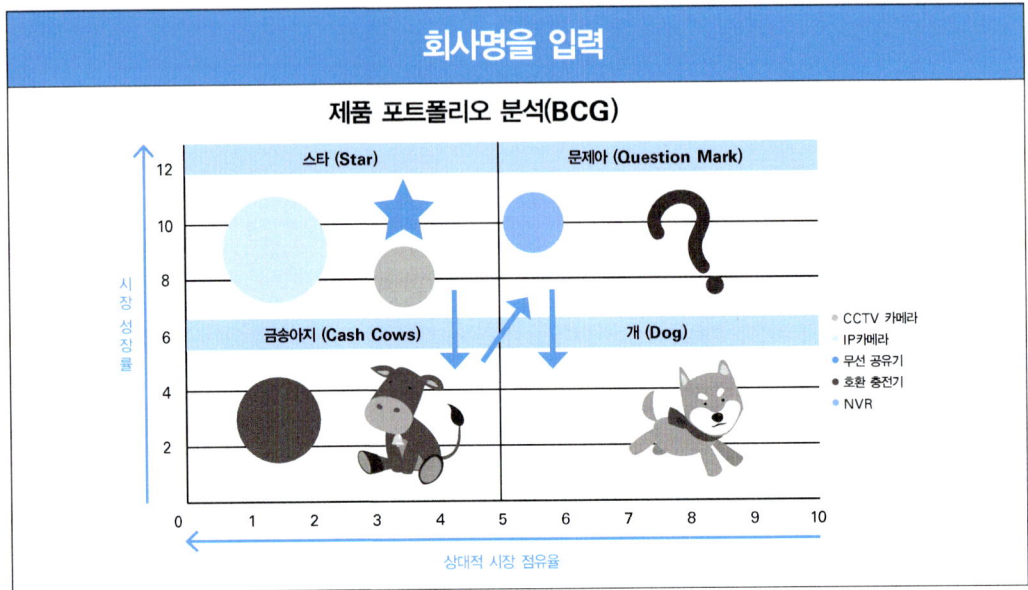

(1) Star(스타) 최고의 수익성과 장래성을 모두 가진 제품이며 적극 투자가 권장된다.

→ [집중화시킨다]

높은 시장 점유율과 높은 성장률을 가진 최상의 제품인 스타급이다.

시장을 선도하고 지배하는 제품으로 스타의 위치를 고수하기 위해서는 끊임없는 노력을 하여야 한다. 즉 지속적인 홍보와 투자 그리고 관심을 가지고 관리를 하여야 한다.

그러나 이러한 스타제품도 성숙기 및 절정기가 지나고 시간이 흐름에 따라 점차 스타급에서 아래 단계인 금송아지급으로 이동하게 되어 있다.

(2) Cash Cow(금송아지) 현재는 수익성이 있으나 미래가 불확실하여 추가적인 투자결정을 보류한다.

→ [신중하게 투자유무를 결정한다]

높은 시장 점유율로 인하여 현금을 창출하는 금송아지가 되었지만 성장률이 낮아 지속적인 매출신장과 수익신장을 기대하기가 어렵다.

(3) Question Mark(문제아)이며 수익성이 낮고 장래성은 미지수이며 더 이상 투자를 하기가 어렵다.

→ [포기할 준비를 한다]

성장성이 예측되나 낮은 시장 점유율로 인하여 물음표(?)로 표시되는 제품이다.

성장성이 있어 새로운 고객을 창출할 가능성은 있으나 시장 점유율과 수익성이 낮아 새로운 투자와 홍보로 성공하여 미래의 스타로 전환할지 아니면 실패하여 투자손실과 비용만 초래 할지 두고 보아야 한다.

시장상황을 고려하여 신중한 전략과 정책적인 판단으로 현명한 선택이 요구되는 기회와 위기를 함께 가지고 있는 제품군이다.

(4) Dogs(개) 수익성과 장래성 모두 낮은 제품으로 퇴출되어야 한다.

→ [즉시 퇴출시킨다]

개로 분류되는 제품으로 낮은 시장 점유율, 낮은 성장률 그리고 낮은 수익성을 가진 제품이다. 기업환경과 시장에 큰 변화가 없으며 희생가능성이 희박한 제품으로 이러한 제품군을 매각 혹은 처분하거나 퇴출시키는 것이 기업전체의 수익성을 올려 주는 방안이 된다.

4) 제품력(Product Power)은 어떻게 평가하는가

회사의 제품력은 어떻게 되는지 경영자를 포함한 이해 관계자들은 모두가 궁금하지만 그 해답을 찾기가 쉽지 않다.

제품력 평가는 기업환경과 특성에 따라 다르기에 일반적인 산업의 기준으로 평가할 수도 없을 뿐 아니라 객관적인 평가나 정확한 판단을 하기가 더욱 어렵다.

제품력 평가는 포트폴리오 분석표와 함께 회사의 제품들이 얼마나 시장과 고객에 영향력을 미치는지, 얼마나 유익한 제품인지, 얼마나 고객과 소통하며 공감대를 가지고 있는지 종합적인 평가가 요구하게 되었다.

따라서 관련 산업과 업종 그리고 시장과 연관하여 제품력을 평가할 수 있는 10가지 요인들을 아래와 같이 정리해 보았다. 이러한 평가가 절대적이라고 말할 수 없지만 가능한 한 합리적이고 제품력을 객관적으로 평가할 수 있는 10가지를 평가 항목으로 선정하였다.

1. 상대적 시장 점유율은 어떠한가
2. 제품의 시장인지도는 어떠한가
3. 홍보와 광고효과는 어떠한가
4. 디자인은 우수하며 인정받고 있는가
5. 고객의 재구매율은 어떠한가
6. 원가나 가격의 경쟁력은 어떠한가
7. 시설과 제품에 관련된 인증은 획득되었는가
8. 특허나 의장등록은 있는가
9. 기술 및 품질에 대한 차별성은 있는가
10. 고객만족도는 어떠한가

제품별로 상기 각 항목을 10점 만점으로 하고 합계를 100점 만점으로 하여 개별요인별로 평가 점수를 부과한다.
평가 점수의 합이 최소한도 54점을 넘어야 경쟁력이 있거나 제품력을 가진 제품으로 인정받을 수 있는 기준이된다.

Chapter 02

제품 포트폴리오와 제품력 기본정보 입력

제품포트폴리오와 제품력평가표를 만들기 위해서는 아래의 분석표를 먼저 평가하여야 하며 본 평가표의 입력자료에 의거하여 제품포트폴리오와 제품력 분석도표가 자동으로 작성된다.

1) 제품 포트폴리오(BCG) 평가입력

한국산업(주)
제품의 구성과 전략적 위치 (제품별 포트폴리오 구성)

제품명	체 크 사 항	점수	체크결과 높음 10	안전 8	안정 6	불안정 4	나쁨 2	매출액 천원
CCTV 카메라	제품의 수익성은 어떠한가	6			x			
	제품의 현금흐름은 어떠한가	10	x					
	제품의 향후 시장전망은 어떠한가	6			x			
	제품의 현재 시장점유율은 어떠한가	4				x		
	체 크 사 항		지속투자	현상유지	투자없음	철수		
	제품의 향후 투자전망은 어떠한가	8	x					
소계(20)	$\frac{34}{48} \times 20 = [14.2]$	34	10	8	12	4	0	12,000
IP 카메라	제품의 수익성은 어떠한가	8	x					
	제품의 현금흐름은 어떠한가	6			x			
	제품의 향후 시장전망은 어떠한가	8	x					
	제품의 현재 시장점유율은 어떠한가	8	x					
	체 크 사 항		지속투자	현상유지	투자없음	철수		
	제품의 향후 투자전망은 어떠한가	6			x			
소계(20)	$\frac{36}{48} \times 20 = [15.0]$	36	0	24	12	0	0	35,000

	체크사항	점수		지속투자	현상유지	투자없음	철수	
무선 공유기	제품의 수익성은 어떠한가	8		x				
	제품의 현금흐름은 어떠한가	4				x		
	제품의 향후 시장전망은 어떠한가	8		x				
	제품의 현재 시장점유율은 어떠한가	2					x	
	체 크 사 항			지속투자	현상유지	투자없음	철수	
	제품의 향후 투자전망은 어떠한가	2					x	
소계(20)	$\frac{24}{48} \times 20 = [10.0]$	24	0	16	0	4	4	47,000
호환 충전기	제품의 수익성은 어떠한가	6			x			
	제품의 현금흐름은 어떠한가	8		x				
	제품의 향후 시장전망은 어떠한가	6			x			
	제품의 현재 시장점유율은 어떠한가	8		x				
	체 크 사 항			지속투자	현상유지	투자없음	철수	
	제품의 향후 투자전망은 어떠한가	4				x		
소계(20)	$\frac{24}{48} \times 20 = [13.3]$	32	0	16	12	4	0	21,000
NVR	제품의 수익성은 어떠한가	6			x			
	제품의 현금흐름은 어떠한가	8		x				
	제품의 향후 시장전망은 어떠한가	10	x					
	제품의 현재 시장점유율은 어떠한가	10	x					
	체 크 사 항			지속투자	현상유지	투자없음	철수	
	제품의 향후 투자전망은 어떠한가	6			x			
소계(20)	$\frac{40}{48} \times 20 = [16.7]$	40	20	8	12	0	0	65,000
합계(100)	[69.2]	166	30	72	48	12	4	180,000

Note

제품 포트폴리오 입력표는 제품 포트폴리오(Product Portfolio)를 작성하기 위한 것이며 제품별 성장성과 경쟁성을 분석하기 위함이다. 상기 합계점수는 제품력평가 범례를 적용하여 제품 포트폴리오 종합성적을 평가한다.

2) 제품력(Product Power) 평가입력

한국산업㈜
제품의 구성과 전략적 위치 (제품별 포트폴리오 구성)

제품명	체크사항	점수	체크결과 높음	안전	안정	불안정	나쁨	해당없음(x)
			1	8	6	4	2	
CCTV 카메라	시장 점유율은 어떠한가	0	8	6	4	2		
	제품의 시장인지도는 어떠한가	6			x			
	홍보와 광고효과는 어떠한가	6			x			
	디자인은 우수하며 인정받고 있는가	8		x				
	고객의 재구매율은 어떠한가	8		x				
	원가나 가격의 경쟁력은 어떠한가	8		x				
	시설과 제품에 관련된 인증은 획득되었는가	6			x			
	특허나 의장등록은 있는가	6			x			
	기술 및 품질에 대한 차별성은 있는가	6			x			
	고객만족도는 어떠한가	4				x		
소계(20)	$\frac{66}{100} \times 20 = [13.2]$	66	0	32	30	4	0	
IP카메라	시장 점유율은 어떠한가	6			x			
	제품의 시장인지도는 어떠한가	6			x			
	홍보와 광고효과는 어떠한가	8		x				
	디자인은 우수하며 인정받고 있는가	8		x				
	고객의 재구매율은 어떠한가	8		x				
	원가나 가격의 경쟁력은 어떠한가	6			x			
	시설과 제품에 관련된 인증은 획득되었는가	6			x			
	특허나 의장등록은 있는가	6			x			
	기술 및 품질에 대한 차별성은 있는가	10	x					
	고객만족도는 어떠한가	8		x				
소계(20)	$\frac{72}{100} \times 20 = [14.4]$	72	10	32	30	0	0	

구분	평가항목	배점					
무선 공유기	시장 점유율은 어떠한가	6			x		
	제품의 시장인지도는 어떠한가	6			x		
	홍보와 광고효과는 어떠한가	8		x			
	디자인은 우수하며 인정받고 있는가	8		x			
	고객의 재구매율은 어떠한가	8		x			
	원가나 가격의 경쟁력은 어떠한가	6			x		
	시설과 제품에 관련된 인증은 획득되었는가	6			x		
	특허나 의장등록은 있는가	6			x		
	기술 및 품질에 대한 차별성은 있는가	4				x	
	고객만족도는 어떠한가	8		x			
소계(20)	$\frac{66}{100} \times 20 = [13.2]$	66	0	32	30	4	0
호환 충전기	시장 점유율은 어떠한가	6			x		
	제품의 시장인지도는 어떠한가	6			x		
	홍보와 광고효과는 어떠한가	8		x			
	디자인은 우수하며 인정받고 있는가	8		x			
	고객의 재구매율은 어떠한가	8		x			
	원가나 가격의 경쟁력은 어떠한가	6			x		
	시설과 제품에 관련된 인증은 획득되었는가	6			x		
	특허나 의장등록은 있는가	6			x		
	기술 및 품질에 대한 차별성은 있는가	4				x	
	고객만족도는 어떠한가	8		x			
소계(20)	$\frac{66}{100} \times 20 = [13.2]$	66	0	32	30	4	0
NVR	시장 점유율은 어떠한가	6			x		
	제품의 시장인지도는 어떠한가	6			x		
	홍보와 광고효과는 어떠한가	8		x			
	디자인은 우수하며 인정받고 있는가	8		x			
	고객의 재구매율은 어떠한가	8		x			
	원가나 가격의 경쟁력은 어떠한가	6			x		
	시설과 제품에 관련된 인증은 획득되었는가	6			x		
	특허나 의장등록은 있는가	6			x		
	기술 및 품질에 대한 차별성은 있는가	4				x	
	고객만족도는 어떠한가	8		x			
소계(20)	$\frac{66}{100} \times 20 = [13.2]$	66	0	32	30	4	0
합계(100)	[67.2]	336	0	160	150	16	0

*A 등급: 94이상, B 등급: 74이상, C 등급: 54이상, D 등급: 40이상, E 등급: 40미만

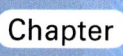 

제품력 포트폴리오 도표(BCG)와 제품력 분석 도표

제품 포트폴리오와 제품력 기본정보 입력 자료에 의거 제품포트폴리오(BCG) 도표와 제품력 평가 분석 도표가 아래와 같이 만들어지고 부록에 있는 시스템 프로그램에서는 자동으로 도표가 형성되어 제품력 평가가 이루어진다.

1) 제품 포트폴리오 도표

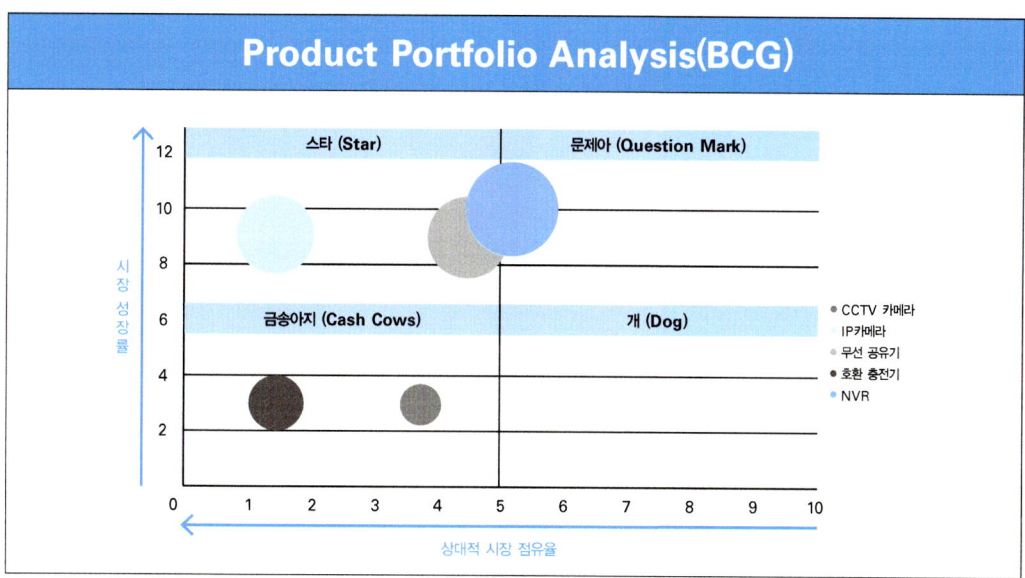

(1) Star(스타)군에 표시되어 있는 제품은 최고의 수익성과 장래성을 모두 가진 제품이며 회사의 자원을 집중화시켜 적극적으로 투자를 한다.

(2) Cash Cow(금송아지)에 표시되어 있는 제품은 현재까지는 수익성이 있으나 미래가 불확실하여 추가적인 투자결정을 보류하거나 혹은 투자유무를 신중하게 결정한다.

(3) Question Mark(문제아)에 표시되어 있는 제품은 수익성이 낮고 장래성은 미지수이며 더 이상 투자는 지속할 수 없어 그 대안을 고민하며 준비를 한다.
(4) Dogs(개) 수익성과 장래성 모두 낮은 제품으로 빠른 시간 내에 퇴출시킨다.

2) 제품력평가 분석도

한국산업(주)
제품력평가 분석도

제품별 제품력	
CCTV 카메라	66.0
IP카메라	72.0
무선 공유기	66.0
호환 충전기	66.0
NVR	66.0
평균제품력	67.2

평가항목별 제품력	
시장점유율	6.0
시장인지도	8.0
홍보효과성	8.0
디자인	8.0
재구매율	8.0
원가력	6.0
시설과 제품 인증획득	6.0
특허와 의장등록	6.0
차별성	5.2
고객만족도	8.0
평균제품력	67.2

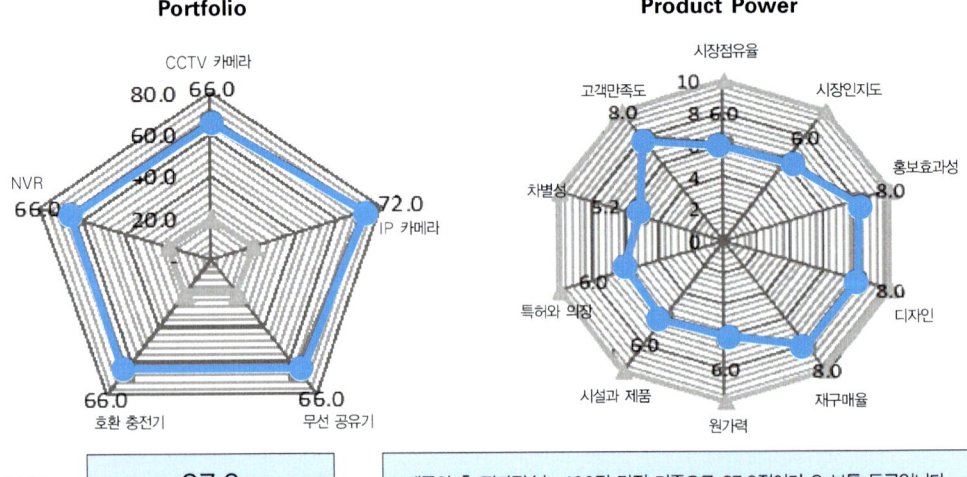

| 제품력 점수 | 67.2 | 제품의 총 평가점수는 100점 만점 기준으로 67.2점이며 C 보통 등급입니다. |

범례: A등급: 94이상, B등급: 74이상, C등급: 54이상, D등급: 40이상, E등급: 40미만
1. 제품별 제품력은 제품당 100점 만점 기준이며 전체 평균 제품력도 100점 만점으로 환산한 것임.
2. 평가항목별 제품력은 제품별로 평가한 것을 평가 항목별로 구분 합산하여 평균값을 낸 것으로 100점 만점 기준임.

Chapter 04 제품력 가치평가 보고서

아래의 분석보고서에 있는 평가대상에서 보고서 종류를 선택하면 관련자료가 형성되어 해당 보고서를 자동으로 작성해 준다.

1) 제품 포트폴리오 분석 보고서

No. 14565

제품 포트폴리오 분석보고서

피평가업체명	한국산업㈜	대표자	김수동
업종	제조 생산	평가대상	제품 포트폴리오 분석
소재지	경기도 안산시 대부동 안상공단 23-5	평가자	홍길동
피평가업체 연락처	010-2546-5258	일자	2014.5.6

단위: 천 원

평가내역	평가등급 및 평가액	평가의견
제품 포트폴리오 분석	아래의 제품별 BCG등급을 참조	평가등급에 따른 전략은 아래와 같다.
CCTV 카메라	문제아	(1) Star(스타) 최고의 수익성과 장래성을 모두 가진 제품이며 적극투자가 권장된다. → 집중화 시킨다.
IP카메라	스타	(2) Cash Cow(금 송아지) 현재는 수익성이 있으나 미래가 불확실하여 추가적인 투자유무를 보류한다. → 신중하게 투자유무를 결정한다.
무선 공유기	스타	(3) Question Mark(문제아)이며 수익성이 낮으나 장래성은 미지수이며 더이상 투자를 하지 않는다. → 포기할 준비를 한다.
호환 충전기	문제아	(4) Dogs(개) 수익성과 장래성 모두가 없는 제품으로 퇴출되어야한다. → 즉시 퇴출시킨다.
NVR	금송아지	

▶ 피평가업체 요약표	별첨	
▶ 제품 포트폴리오 분석 도표	별첨	
▶ 기타 필요서류	별첨	

한국기업가치평가연구소

* 상기 보고서의 공란은 평가자가 자신의 의견을 피력하기 위한 공간임.

2) 제품력 분석 보고서

No. 14565

제품력 분석보고서

피평가업체명	한국산업㈜	대표자	김수동
업종	제조 생산	평가대상	제품력 분석
소재지	경기도 안산시 대부동 안상공단 23-5	평가자	홍길동
피평가업체 연락처	010-2546-5258	일자	2014.5.6

단위: 천 원

평가내역	평가등급 및 평가액	평가의견
CCTV 카메라	67.2점(100점 만점 기준)	제품의 총 평가점수는 100점 만점 기준으로 67.2점이며 C 보통 등급이다.
IP카메라	66점	제품별 평가점수는 20점 만점 기준으로 66점으로 평가된다.
무선 공유기	72점	제품별 평가점수는 20점 만점 기준으로 72점으로 평가된다.
호환 충전기	66점	제품별 평가점수는 20점 만점 기준으로 66점으로 평가된다.
NVR	66점	제품별 평가점수는 20점 만점 기준으로 66점으로 평가된다.
장어구이	66점	제품별 평가점수는 20점 만점 기준으로 66점으로 평가된다.

▶ 피평가업체 요약표	별첨	
▶ 제품 포트폴리오 분석 도표	별첨	
▶ 기타 필요서류	별첨	

한국기업가치평가연구소

* 상기 보고서의 공란은 평가자가 자신의 의견을 피력하기 위한 공간임.

PART 08

신용가치평가
Credit Appraisal

Chapter 01	신용평가학
Chapter 02	신용평가를 위한 재무제표와 기본정보 입력
Chapter 03	기업 경영분석비율표
Chapter 04	금융기관 신용평가표
Chapter 05	기업공개(IPO) 신용평가표
Chapter 06	회사채 금융등급 추정표
Chapter 07	신용평가 보고서

Chapter 01 신용평가학

1) 신용평가란 무엇인가?

신용평가란 신용가치, 즉 신용도 또는 신용위험도를 분석하여 평가하는 행위를 말하는 것이다. 또한 기업이나 개인의 금융채무전반에 대하여 상환능력을 "신용등급"으로 표시하는 것이며 이해관계자에게 공시도 할 수 있게 하는 것이다.

작금의 신용평가는 여러 방면에서 다양한 목적으로 요구됨에 따라 금융계를 포함한 여러 기관에서 직간접적으로 실시되고 있다. 은행권이나 금융기관에서 자금이 필요할 때, 입찰이나 납품 시 신용등급을 요구할 때, 금융기관이나 보증기금에서 보증서가 요구될 때, 기업공개를 위한 신용평가를 할 때 등등의 요인에 의거하여 필요에 따라 요구되며 수시로 실시되고 있다.

본 장과 부록에 있는 신용평가 시스템 프로그램에서는 실제로 기업공개 시나 은행에 의한 신용평가 시 그리고 금융권 신용평가 시에 사용하는 신용평가표 샘플을 중심으로 소개하고 각기 첨부하였다. 물론 신용평가표는 은행과 금융기관마다 조금씩 내용과 양식을 달리하고 있지만 그 내용은 대동소이하며 그 방향도 유사한 것이다.

2) 기업 신용등급의 정의 및 목적

기업 신용등급은 기업의 부도 가능성을 평가하여 신용위험의 상대적인 수준을 서열화한 뒤, 위험 수준이 유사한 기업들을 동일한 등급으로 분류하고 정량화한 지표이며 기업의 전반적인 경영성과와 채무상환능력을 반영한 것이다.

금융기관에서는 자체 내의 신용평가시스템을 통해 차주의 부도 위험을 평가한 '차주 등급'과 개별 여신에 대한 손실위험과 관련하여 특정 거래 요인을 평가하는 '여신 등급'의 이원화된 체계로 운영되고 있다.

전문 평가기관에서 제공하는 기업 신용등급은 일반적으로 개별 기업 고유의 신용위험을 평가한 '차주 등급'을 의미한다. 이러한 기업 신용등급은 금융기관 등에서 의사결정이나 신용거래를 개설하여야 할 경우에 기업의 신용위험지표로 활용하고 있다.

3) 금융기관 내부 신용평점시스템

각 금융기관은 자체적으로 기업 신용평가시스템(Credit Rating System)을 운영하고 있다. 금융기관 내부의 기업 신용평가시스템은 해당 금융기관의 거래 기업(차주)을 대상으로, 재무제표 및 모든 내부 거래 정보 등을 반영하여 기업의 신용위험을 측정하며, 신용평가시스템에 의해 산출된 신용등급으로 기업 여신 업무 전반에 적용하고 있다.

국내 시중 은행의 신용평가모형은 크게 보면 계량 모형과 비계량 모형으로 나누어져 있다. 계량 모형은 기업의 재무제표 데이터와 과거 부도 경험과의 관계를 통계적인 방법론에 의해 측정하는 것이고 비계량 모형은 기업의 비재무적인 위험 요인을 심사자나 전문가 판단에 의해 평가하는 것이다.
계량모형에서 기업의 부도사실이나 기록은 신용평가에 심각한 영향력을 미치는데 부도라 함은 다음 두 사건 중 하나 이상이 발생하는 경우에 부도로 간주한다.

(1) 채무자가 해당 은행에 부담하는 상당한 정도의 채무에 대해서 90일 이상 연체한 경우
(2) 보유 담보물의 처분과 같은 상환청구 조치를 취하지 않으면 채무자로부터 채무를 일부라도 상환받지 못할 것으로 판단되는 경우

4) 기업 신용등급 체계 및 정의

일반적으로 통용되는 실제적인 신용등급은 AAA에서 D까지 10개 등급으로 아래와 같으며 비고난의 +, 0, - 세부등급을 포함하면 22등급으로 구분된다. 신용평가사마다 등급기호와 평가방법이 조금씩 다를 수 있음을 유의하여야 한다.

기업 신용등급 체계와 정의

신용등급	등급 정의	비고	채무변제 불능률 %
AAA	상거래를 위한 신용능력이 최우량급이며, 환경변화에 충분한 대처가 가능한 기업		0.5%
AA	상거래를 위한 신용능력이 우량하며, 환경변화에 적절한 대처가 가능한 기업	+, 0, -3등급	1.0%
A	상거래를 위한 신용능력이 양호하며, 환경변화에 대한 대처능력이 제한적인 기업	+, 0, -3등급	2.5%
BBB	상거래를 위한 신용능력이 양호하나, 경제여건 및 환경악화에 따라 거래안정성 저하가능성이 있는 기업	+, 0, -3등급	9.0%
BB	상거래를 위한 신용능력이 보통이며, 경제여건 및 환경악화 시에는 거래안정성 저하가 우려되는 기업	+, 0, -3등급	25.0%
B	상거래를 위한 신용능력이 보통이며, 경제여건 및 환경악화 시에는 거래안정성 저하가능성이 높은 기업	+, 0, -3등급	45.0%
CCC	상거래를 위한 신용능력이 보통 이하이며, 거래안정성 저하가 예상되어 주의를 요하는 기업	+, 0, -3등급	60.0%
CC	상거래를 위한 신용능력이 매우 낮으며, 거래의 안정성이 낮은 기업		70.0%
C	상거래를 위한 신용능력이 최하위 수준이며, 거래위험 발생 가능성이 매우 높은 기업		80.0%
D	현재 신용위험이 실제 발생하였거나, 신용위험에 준하는 상태에 처해 있는 기업		95.0%
R	1년 미만의 결산재무제표를 보유하였거나, 경영상태 급변(합병, 영업양수도 등)으로 기업신용 평가등급 부여를 유보하는 기업		

상기표의 채무변제 불능률%은 부도율과 동일한 의미를 가지고 있으며 신용등급별로 발생된 채무변제 불능률(부도율)을 통계상으로 표시하고 있다. 즉 AAA 등급은 부도율이 0.5%로서 거의 발생되지 않고 있지만 D 등급은 95%로서 부도 가능성이 매우 높다는 것을 보여준다. 금융 시장에는 투자등급과 투기등급 분류 기준이 있으나 대부분 B등급 이상을 투자 적격 등급으로 판단하는 게 중론이다.

5) 신용평가 모형별 비중

신용평가모형은 크게 보면 아래의 도표와 같이 재무 모형과 비재무 모형으로 나뉘고 대표자 모형을 추가하는 게 일반적이다. 그리고 각 모형에서도 계량평가와 비계량평가로 나누고 반영하는 비중은 기업 규모에 따라 상이하게 적용된다.

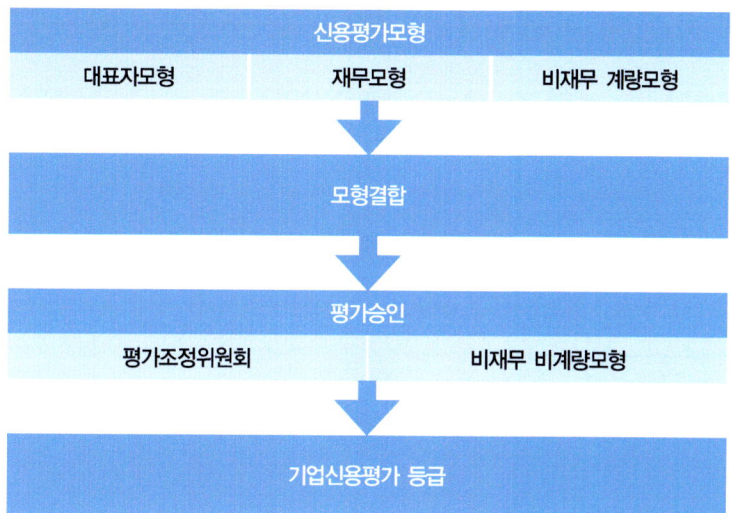

재무모형이란 재무제표에 의하여 계량평가를 하는 것이고 비재무모형이란 동업계현황과 기업실태조사표 등에 의거 비 계량평가를 하는 것이며 대표자 모형은 대표자 인터뷰, 약력, 사회적인 신뢰도 및 평판을 반영하는 것이다.

상기표 평가승인란에 있는 비재무 비계량모형은 비재무모형을 비계량적 방법인 정성적인 분석을 통하여 심사자가 평가를 하는 것을 말하며 비재무 계량평가의 결과가 현저히 왜곡되었다고 판단될 경우에 제한적으로 실시하여 평가결과를 조정하는 것이다.

기업신용평가등급 산정에서 계량평가(재무적요소)와 비계량평가(비재무적요소)의 비율은, 총자산이 500억 원 이상인 경우는 계량 60%, 비계량 40%, 총자산 10억~500억 원 미만인 경우는 계량 50%, 비계량 50%, 총자산 10억 원 미만의 소기업인 경우는 계량 40%, 비계량 60%를 반영하는 게 일반적이다. 상장회사와 비상상회사를 구분하거나 외감법인과 비외감법인을 구분하여 상장회사나 외감법인인 경우에는 계량평가의 비중을 비계량평가보다 더 높게 두고 평가하는 게 또한 금융기관의 일반적인 평가추세이다.

따라서 자산규모가 작은 중소기업이 우수한 기업신용평가등급을 받기 위해서는 재무적인 성과 이외에 비재무적인 부분에도 역량을 집중하지 않으면 안 된다. 특히 기업이나 대표자의 금융기관 연체기록과 신용관련 사고는 신용평가에 치명적인 영향을 미친다.

결론적으로 중소기업이 우수한 신용평가등급을 받기 위해서는 비계량 평가를 잘 받아야 하는데, 이 비계량 점수를 향상시키는 요소로, ISO인증, 지적재산권(특허, 실용신안, 디자인, 프로그램등록) 벤처기업인증, 이노비즈기업인증, 경영혁신형기업 기업부설연구소인증, 각종 공업규격인증(KS, 성능인증, KC마크, K마크, GR, 친환경마크, SQ, GS, GD), 기술인증(NET, NEP, IR52) 등을 획득하면 도움이 된다.

기업부설연구소는 건설업의 PQ(시공능력)점수 반영 시나 기술개발투자비율 산정 시가 합법적으로 이 비율을 맞출 수 있는 최적의 요건에 해당이 된다. 중소기업이 신용평가등급을 받을 경우에는 비 계량 점수를 향상시키는 각종 인증을 받고 평가를 받는 것이 평가에 유리함을 유의하여야 한다.

6) 평가모형별 주요 평가 요소

기업의 주요 신용평가 요소는 재무모형과 비재무모형별로 구분되어 각기 다른 평가 요소로 구성되어 있다. 모형별 평가 요소는 무엇이 있는지 알아보자.

(1) 재무 모형

재무 모형은 기업의 재무제표 정보를 이용하여 기업의 손익과 재무상태를 분석하여 부실 가능성을 측정하는 것으로 주요 평가 요소는 다음과 같다.

재무 모형 주요 평가 요소

평가 요소	상세 내용
수익성	일정 기간 동안 기업의 경영 성과 측정
안정성	차입금에 대한 지급능력 및 타인 자본의존도 등 측정
유동성	기업의 현금지급능력 측정
활동성	자산의 효율적인 운영능력 측정
성장성	일정 기간 동안 기업의 성장성 측정
현금흐름	순현금흐름
부채상환능력	차입금에 대한 상환능력 측정

평가 요소별 반영 비중은 기업의 업종과 규모에 따라 다르게 적용될 수 있다.

(2) 비재무 모형

비재무 모형은 재무 모형에서 반영하지 못하는 기업의 비재무적인 위험과 기업의 제반 환경과 경영능력을 평가한다.

비재무 모형 주요 평가 요소

평가 요소	상세내용
산업위험	기업이 속한 산업 전망 평가
경영위험	경영관리 능력 및 경영 안정성 평가, 업력, 기업형태, 회사규모, 임금수준 등
대표자 신용도와 능력	경영관리 능력, 자금력, 지명/신뢰도
영업위험	영업 자원, 구매 위험, 생산 위험, 판매 위험 등 평가
재무위험	질적 재무위험 평가
신뢰도	거래 신뢰도 및 업체 신뢰도 평가
부실정보	부도, 연체, 상환지체, 소송 및 법적분쟁

평가 요소별 반영 비중은 기업의 업종과 규모에 따라 따르게 적용될 수 있다.

비재무모형 평가 시에는 계량 모형에 의한 평가 외에 심사자의 판단에 의한 정성적인 평가 요소를 반영할 수 있는 것으로 평가 요소별 반영 비율을 일률적으로 명시하기에는 어려움이 있어 여건에 따라 항목별 가중치를 부여하기도 한다.

7) 평가 활용정보의 반영기간

기업 신용평가 시 활용할 수 있는 정보의 반영 기간은 다음과 같다.

평가 활용정보의 반영기간

구분	활용 정보	정보 활용 기간
재무 모형	재무제표	최근 2개년 결산 재무제표 활용
비재무 모형	기업실태표 등 비재무 정보	현재 기업 실태조사표 반영

평가 반영기간이 2년이라고 하나 일부 평가는 3년 이상의 재무제표를 활용하기도 하며, 비재무 평가 시에는 재무평가에서 반영하지 못하는 기업의 리스크를 평가하는 것이므로, 기업의 과거, 현재, 또는 미래에 예상되는 위험까지 종합적으로 반영할 수 있다. 신용정보의 보존 및 활용 기간은 신용정보 이용 및 보호에 관한 법률 제18조 제2항을 따른다.

8) 신용평가 정보수집 flow

신용평가의 기초정보는 아래의 표와 같이 금융감독원, 금융기관 등 다양한 정보원을 통해 수집된 기업의 재무, 비재무 정보를 신용평가에 활용하고 있으며 이러한 정보 없이는 정확한 신용평가를 실시하기가 어려워진다.

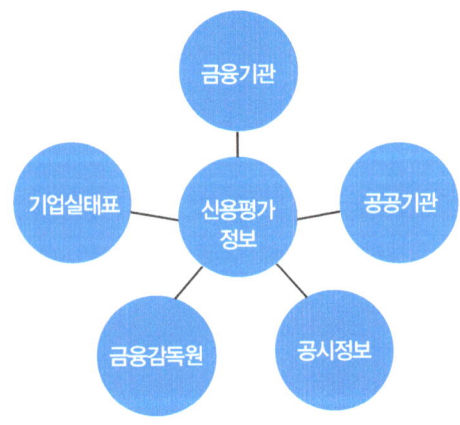

9) 신용평가 준비서류

신용평가 의뢰 시에 준비하거나 제출하여야 할 서류나 자료는 평가대상과 평가자에 따라 다를 수가 있고 일부 자료가 추가되거나 생략될 수 있다.

아래의 자료목록은 일반적으로 요구되는 기본자료로서 준비하여야 할 서류들이다.

구분	자료목록	비고
필수자료	사업자 등록증 법인등기부 등본(법인인 경우) 기업현황표(양식 별도) 최근 3개년 재무제표(외감법인은 감사보고서) 최근 3년의 부가가치세 과세표준증명원 사업장의 부동산 등기부 등본 혹은 임대차계약서 대표자, 대주주의 주민등록등본 대표자 소득금액증명원(법인이 아니고 개인인 경우) 건설업인 경우 최근 3개년도 기성공사 실적신고서	비외감법인의 재무제표는 세무사 혹은 회계사 확인필을 받아야 함. 금융거래확인서는 대출거래가 있는 금융기관에서 발급받아야 함
보충자료	각종 면허, 특허, 인증 등 관계 회사 관련 자료 주주명부 사본(법인인 경우) 매출채권 명세서, 원장 대표자, 대주주의 부동산 등기부 등본 기타 자료 건설업인 경우 시공 능력 순위 확인원	필요시 요청
주요 판단자료	EBITDA Cash Flow(현금흐름) Management Ratio(경영비율) Debt Coverage Ratio(부채 보상비율) Industry Comparison(산업 평균비교)	신용평가 핵심자료

Chapter 02 신용평가를 위한 재무제표와 기본정보 입력

신용평가에 필요한 재무제표, 즉 손익계산서와 재무상태표는 필수자료로 준비되어 있어야 하며 부록에 있는 시스템 프로그램에서는 요구되는 재무관련 기본정보(손익계산서와 재무상태표)와 필요정보를 입력하여야 한다.

1) 손익계산서와 필요정보자료

한국산업(주)
5개년 손익계산서

단위: 천원

계정과목		2016 금액	%	2017 금액	%	2018 금액	%	2019 금액	%	2020 금액	%	2021 금액	%
매출	외부매출	22,459,773		25,910,606		29,797,197		34,266,776		39,406,793		45,317,812	
	상품매출	0		0		0		0		0		0	
	매출합계	22,459,773	100%	25,910,606	100%	29,797,197	100%	34,266,776	100%	39,406,793	100%	45,317,812	100%
매출원가	재료비	8,988,568	40.0%	10,336,853	39.9%	11,887,381	39.9%	13,670,488	39.9%	15,721,062	39.9%	18,079,221	39.9%
	재료비	8,988,568	40.0%	10,336,853	39.9%	11,887,381	39.9%	13,670,488	39.9%	15,721,062	39.9%	18,079,221	39.9%
	직접인건비	233,591	1.0%	280,309	1.1%	336,371	1.1%	403,645	1.2%	484,374	1.2%	581,249	1.3%
	간접인건비	1,118,677	5.0%	1,342,412	5.2%	1,610,895	5.4%	1,933,074	5.6%	2,319,688	5.9%	2,783,626	6.1%
	인건비	1,352,268	6.0%	1,622,722	6.3%	1,947,266	6.5%	2,336,719	6.8%	2,804,063	7.1%	3,364,876	7.4%
	감가상각비	227,713	1.0%	273,256	1.1%	327,907	1.1%	393,488	1.1%	472,186	1.2%	566,623	1.3%
	제조경비	868,203	3.9%	955,023	3.7%	1,050,526	3.5%	1,155,578	3.4%	1,271,136	3.2%	1,398,250	3.1%
	운반경비	0	0.0%	0	0.0%	0	0.0%	0	0.0%	0	0.0%	0	0.0%
	감가상각과 경비	1,095,916	4.9%	1,228,279	4.7%	1,378,432	4.6%	1,549,066	4.5%	1,743,322	4.4%	1,964,872	4.3%
매출총이익		11,436,752	50.9%	13,187,854	50.9%	15,213,079	51.1%	17,556,274	51.2%	20,268,446	51.4%	23,408,969	51.7%
		11,023,021	49.1%	12,722,752	49.1%	14,584,117	48.9%	16,710,503	48.8%	19,138,347	48.6%	21,908,843	48.3%
	인건비 (복리후생비 포함)	2,479,274	11.0%	2,727,201	10.5%	2,999,922	10.1%	3,299,814	9.6%	3,629,905	9.2%	3,992,896	8.8%
	감가상각비	689,323	3.1%	827,188	3.2%	992,625	3.3%	1,191,150	3.5%	1,429,380	3.6%	1,715,256	3.8%
	일반경비	6,834,296	30.4%	7,517,726	29.0%	8,269,498	27.8%	9,096,448	26.5%	10,006,093	25.4%	11,006,702	24.3%
	일반관리비	10,002,893	44.5%	11,072,115	42.7%	12,262,045	41.2%	13,587,512	39.7%	15,065,378	38.2%	16,714,854	36.9%
영업이익		1,020,128	4.5%	1,650,638	6.4%	2,322,073	7.8%	3,122,991	9.1%	4,072,969	10.3%	5,193,989	11.5%

	이자	309,161	1.4%	370,993	1.4%	445,192	1.5%	534,230	1.6%	641,076	1.6%	769,291	1.7%
	영업외 손익	152,710	0.7%	183,252	0.7%	219,902	0.7%	263,883	0.8%	316,659	0.8%	379,991	0.8%
	영업외손익	461,871	2.1%	554,245	2.1%	665,094	2.2%	798,113	2.3%	957,736	2.4%	1,149,283	2.5%
세전손익		558,257	2.5%	1,096,393	4.2%	1,656,978	5.6%	2,324,878	6.8%	3,115,233	7.9%	4,044,706	8.9%
	법인세 등	14,131	0.1%	246,688	1.0%	372,820	1.3%	523,098	1.5%	700,927	1.8%	910,059	2.0%
세후손익		544,126	2.4%	849,704	3.3%	1,284,158	4.3%	1,801,780	5.3%	2,414,306	6.1%	3,134,647	6.9%

비재무 정보

동종업계 평균 영업손익률	8.0%
업력(연) 회계결산연수	12
형태(4. 상장 3. 등록 2. 외감 1. 기타)	2
종업원 이직률	6.0%
종업원 수(인원)	50
연구개발비	25,000
경영능력(100점 만점 기준 몇 점)	90
제품력(100 점 만점 기준 몇 점)	80
사업성공유망성(100점 만점 기준 몇 점)	70

Note

상기의 비재무 정보는 아래의 요령으로 입력한다.

1. 피평가업체 현황표의 자료를 활용한다.
2. 경영능력은 본 장의 종합경영능력표의 결과점수를 활용한다.
3. 제품력은 제품력 가치평가표의 결과값을 활용한다.
4. 사업성공 유망성은 벤처및 엔젤 가치평가에 있는 성공가능성 check표의 결과 점수를 활용할 수 있다.
5. 별도로 평가자가 수집하거나 분석된 자료및 정보를 활용하거나 입력할 수도 있다.

2) 재무상태표(대차대조표)

한국산업(주)

재무상태표

단위: 천원

계정과목		2016	2017	2018	2019	2020	2021
		실적	추정	추정	추정	추정	추정
	현금 과 예금	1,033,966	2,329,961	2,298,592	2,800,000	5,819,092	8,433,874
	외상매출금	3,296,817	2,129,639	3,036,865	4,100,000	4,250,000	4,680,000

	받을어음		0	0	0	0	0	0
	대손충당금		-34,820	-40,463	-57,700	-135,053	-147,563	-226,001
	미수금/선급금		42,797	42,797	42,797	42,797	42,797	42,797
	기타 미수금 (이연자산)		0	0	0	0	0	0
	기타 유동자산		844,435	844,435	844,435	844,435	844,435	844,435
	당좌자산		5,183,195	5,306,369	6,164,988	7,652,179	10,808,761	13,775,105
	원재료		1,258,648	1,347,869	1,865,940	1,977,562	2,085,460	2,245,800
	공정품		450,000	470,000	485,000	480,000	495,000	510,000
	제품		4,850,000	4,930,500	4,980,000	5,001,500	5,250,000	6,210,000
	재고자산		6,558,648	6,748,369	7,330,940	7,459,062	7,830,460	8,965,800
유동자산 합계			11,741,843	12,054,738	13,495,928	15,111,241	18,639,221	22,740,905
	투자자산		912,125	912,125	912,125	912,125	912,125	912,125
	토지 와 건물, 구축물		1,907,932	1,917,159	1,818,887	1,720,614	1,622,342	1,524,069
	기계장치		70,497	482,303	244,109	185,915	-92,279	0
	기타 유형자산		238,637	215,186	-92,587	-120,079	191,835	448,749
	유형자산		2,217,066	2,614,648	1,970,409	1,786,451	1,721,898	1,972,818
	무형자산 (영업권 등)		2,929,334	2,343,467	1,757,600	1,171,734	585,867	0
	기타 유형자산		219,027	219,027	219,027	219,027	219,027	219,027
고정자산 합계			6,277,552	6,089,268	4,859,162	4,089,336	3,438,917	3,103,970
자산 총계			18,019,395	18,144,005	18,355,090	19,200,578	22,078,138	25,844,876
	외상매입금		1,794,824	1,953,130	2,384,707	2,485,000	2,650,000	2,800,000
	미지급금		593,432	425,357	498,963	771,999	793,526	979,497
	법인세 등 미지급금		14	0	0	0	0	0
	단기 차입금		4,319,623	3,402,948	1,586,445	0	0	0
	단기 리스		0	0	0	0	0	0
	기타 미지급금		2,726,140	2,726,140	2,726,140	2,726,140	2,726,140	2,726,140
유동부채 합계			9,434,033	8,507,575	7,196,255	5,983,139	6,169,666	6,505,637
	장기 차입금		655,000	655,000	655,000	655,000	655,000	655,000
	장기 리스		0	0	0	0	0	0
	퇴직급여 충당금		656,759	862,723	1,100,970	1,357,794	1,634,521	1,930,641
	기타 고정 부채		4,600	0	0	0	0	0
고정부채 합계			1,316,359	1,517,723	1,755,970	2,012,794	2,289,521	2,585,641
부채 총계			10,750,392	10,025,299	8,952,225	7,995,933	8,459,187	9,091,278
	자본금		473,155	473,155	473,155	473,155	473,155	473,155
	자본잉여금		1,628,581	1,628,581	1,628,581	1,628,581	1,628,581	1,628,581
	이익잉여금		4,623,148	5,167,267	6,016,971	7,301,129	9,102,909	11,517,215
	당기순이익		544,119	849,704	1,284,158	1,801,780	2,414,306	3,134,647
자본 총계			7,269,003	8,118,707	9,402,865	11,204,645	13,618,951	16,753,598
부채 와 자본 총계			18,019,395	18,144,006	18,355,090	19,200,578	22,078,138	25,844,876
	총차입금		4,974,623	4,057,948	2,241,445	655,000	655,000	655,000
	차입금		4,974,623	4,057,948	2,241,445	655,000	655,000	655,000
※ check: "0" 가 되어야함.			0	(0)	(0)	(0)	0	(0)
	ROIC		1,036,399	953,925	935,271	933,194	909,902	967,837
	투자자본(자산-현금-유동부채)		14,597,173	13,435,557	13,172,828	13,143,579	12,815,520	13,631,505
	투자액(CAPEX)		5,000					
	운영자금증감분(+증/-감)		20,000	0	0	0	0	0

Note

1. 투자액(CAPEX)과 운영자금 증감분은 첫째 연도의 자료로서 수작업으로 파악하여 입력한다.

2. 운영자금 증감분은 전년도와 대비하여 산출되는바 재무상태표 연도 이전의 직전연도의 운영자금과 대비하여 산출하고 입력한다.

기업 경영분석비율표

경영분석비율은 손익계산서와 재무상태표의 기본자료에 의거 작성되는 것으로 시스템 프로그램에서 자동으로 만들어지나, 요구되는 경영분석비율만을 수작업으로 따로 만들어 입력할 수도 있다.

한국산업(주) 경영비율분석

경영비율내용	재무 경영비율공식	2016	2017	2018	2019	2020	2021	권장방향
성장성								
총자산 증가율	당기총자산/전기 총자산=	N/A	100.7%	101.2%	104.6%	115.0%	117.1%	높음
유형자산 증가율	당기유형자산/전기유형자산=	N/A	117.9%	75.4%	90.7%	96.4%	114.6%	높음
유동자산 증가율	당기유동자산/전기 유동자산=	N/A	102.7%	112.0%	112.0%	123.3%	122.0%	높음
재고자산 증가율	당기재고자산/전기재고자산=	N/A	102.9%	108.6%	101.7%	105.0%	114.5%	낮음
자기자본 증가율	당기자기자본/전기자기자본=	N/A	111.7%	115.8%	119.2%	121.5%	123.0%	높음
매출액 증가율	당기매출액/전기매출액=	N/A	115.4%	115.0%	115.0%	115.0%	115.0%	높음
영업이익증가율	당기영업이익/전기영업이익=	N/A	161.8%	140.7%	134.5%	130.4%	127.5%	높음
수익성								
총자산 경상이익률	경상이익/총자산=	3.1%	6.0%	9.0%	12.1%	14.1%	15.6%	높음
총자산 순이익률	당기순손익/총자산=	3.0%	4.7%	7.0%	9.4%	10.9%	12.1%	높음
기업경상이익률	(경상순손익+이자)/총자산=	4.8%	8.1%	11.5%	14.9%	17.0%	18.6%	높음
기업순이익률	(당기순손익+이자)/총자산=	4.7%	6.7%	9.4%	12.2%	13.8%	15.1%	높음
자기자본경상이익률(ROE)	경상손익/자기자본=	7.7%	13.5%	17.6%	20.7%	22.9%	24.1%	높음
자기자본순이익률	순손익/자기자본=	7.5%	10.5%	13.7%	16.1%	17.7%	18.7%	높음
매출경상이익률	경상손익/매출액=	2.5%	4.2%	5.6%	6.8%	7.9%	8.9%	높음
매출순이익률	순손익/매출액=	2.4%	3.3%	4.3%	5.3%	6.1%	6.9%	높음
매출영업이익률	영업이익/매출액=	4.5%	6.4%	7.8%	9.1%	10.3%	11.5%	높음
차입금평균이자율	이자/총차입금=	6.2%	9.1%	19.9%	81.6%	97.9%	117.4%	낮음
이자보상배율	영업이익/이자=	330.0%	444.9%	521.6%	584.6%	635.3%	675.2%	높음
매출금융비용부담율	이자/매출액=	1.4%	1.4%	1.5%	1.6%	1.6%	1.7%	낮음
안정성								
자기자본비율	자기자본/총자본(자본+부채)=	40.3%	44.7%	51.2%	58.4%	61.7%	64.8%	높음
유동비율	유동자산/유동부채=	124.5%	141.7%	187.5%	252.6%	302.1%	349.6%	높음
당좌비율	당좌자산/유동부채=	54.9%	62.4%	85.7%	127.9%	175.2%	211.7%	높음
고정비율	(고정자산-이연자산)/자기자본=	86.4%	32.2%	21.0%	15.9%	12.6%	11.8%	낮음
고정장기적합률	(고정자산-이연자산)/(자기자본+고정부채)=	73.1%	27.1%	17.7%	13.5%	10.8%	10.2%	낮음
부채상환계수	(현금흐름+금융비용)/(단기차입금+유동성장기부채+금융비용)=	6.7%	51.2%	358.2%	1950.6%	4819%	4818.7%	높음
부채비율	부채/자기자본=	147.9%	123.5%	95.2%	71.4%	62.1%	54.3%	낮음
유동부채비율	유동부채/자기자본=	129.8%	104.8%	76.5%	53.4%	45.3%	38.8%	낮음
고정부채비율	고정부채/자기자본=	18.1%	18.7%	18.7%	18.0%	16.8%	15.4%	낮음
차입금의존도	총차입금/총자본=	27.6%	22.4%	12.2%	3.4%	3.0%	2.5%	낮음
자기자본 대 차입금비율	총차입금/자기자본=	68.4%	50.0%	23.8%	5.8%	4.8%	3.9%	높음

항목	산식						
매출채권대 매입채무비율	매출채권/매입채무=	183.7%	109.0%	127.3%	165.0%	160.4%	167.1%	높음
매출채권 대 제품비율	매출채권/제품 및 반제품=	62.2%	39.4%	55.6%	74.8%	74.0%	69.6%	높음
매입채무 대 재고자산비율	매입채무/재고자산=	27.4%	28.9%	32.5%	33.3%	33.8%	31.2%	높음
순운전자본 대 총자본비율	(유동자산−유동부채)/총자본=	12.8%	19.6%	34.3%	47.5%	56.5%	62.8%	높음
이익잉여금대 총자본비율	이익잉여금/총자본=	25.7%	28.5%	32.8%	38.0%	41.2%	44.6%	높음
활동성							
총자산 회전율	매출액/총자산=	124.6%	142.8%	162.3%	178.5%	178.5%	175.3%	높음
자기자본회전율	매출액/자기자본=	309.0%	319.1%	316.9%	305.8%	289.4%	270.5%	높음
고정자산회전율	매출액/(고정자산−이연자산)=	357.8%	991.0%	1512.2%	1918.1%	2288.6%	2297.1%	높음
유형자산회전율	매출액/유형자산=	1013.0%	991.0%	1512.2%	1918.1%	2288.6%	2297.1%	높음
재고자산회전율	매출액/재고자산=	342.4%	384.0%	406.5%	459.4%	503.3%	505.5%	높음
매출채권회전율	매출액/매출채권=	681.3%	1216.7%	981.2%	835.8%	927.2%	968.3%	높음
매입채무회전율	매출액/매입채무=	1251.4%	1326.6%	1249.5%	1378.9%	1487.0%	1618.5%	높음
생산성							
부가가치	매출액−재료비−제조경비(인건비+감가상각비 제외)=	12,603,002	14,618,730	16,859,290	19,440,710	22,414,595	25,840,341	높음
일인당 부가가치 증가율	당기 종업원 일인당부가가치/전기 종업원 일인당부가가치=	N/A	116.0%	115.3%	115.3%	115.3%	115.3%	높음
일인당 매출증가율	당기 종업원 일인당매출액/전기 종업원 일인당매출=	N/A	115.4%	115.0%	115.0%	115.0%	115.0%	높음
일인당 인건비증가율	당기 종업원 일인당인건비/전기 종업원 일인당 인건비=	N/A	37.9%	104.9%	106.0%	106.0%	106.2%	높음
일인당 노동장비율	(유형자산−건설중인자산)/종업원수=	44,341	52,293	39,408	35,729	34,438	39,	높음
기계장비율	기계장치/종업원수=	1,410	9,646	4,882	3,718	1,846	−	높음
일인당 자본집약도	총자본/종업원수=	360,388	362,880	367,102	384,012	441,563	516,898	높음
총자본투자효율	부가가치/총자본=	69.9%	80.6%	91.9%	101.3%	101.5%	100.0%	높음
설비투자율	부가가치/(유형자산−건설중인 자산)=	568.5%	559.1%	855.6%	1088.2%	1301.7%	1309.8%	높음
기계투자효율	부가가치/기계장치=	17877.4%	3031.0%	6906.5%	10456.8%	24290.0%	0.0%	높음
부가치율	부가가치/매출액=	56.1%	56.4%	56.6%	56.7%	56.9%	57.0%	높음
노동소득분배율	인건비/부가가치=	30.4%	29.8%	29.3%	29.0%	28.7%	28.5%	낮음

> Note
>
> 1. 증가율 분석은 전년도 자료가 없을 경우는 계산이 되지 않을 수 있다.
> 2. 분석율은 분모가 0일 경우 계산이 되지 않을 수 있다. (재무제표에는 기업의 여건에 따라 해당 계정과목이 0일 경우가 있다.
> 3. 특히 현금흐름인 경우는 전년도 대비하거나 연관하여 현금흐름이 작성되기 때문에 전년도 자료가 없을 경우는 계산되지 않을 수 있다.

Chapter 04 종합경영 능력평가표

신용평가에 요구되는 경영자의 경영능력을 포함하여 기업의 종합적인 경영능력을 평가하기 위한 평가표이다. 평가 검토항목은 아래에 10가지로 구성되어 있으면 항목당 10점으로 100점 만점을 기준으로 설정되어 있다. 각 검토항목을 평가하여 해당 점수에 마크(*) 표시를 하면 종합점수가 자동으로 산출된다.

종합점수의 해석은 설명된 범례를 참조한다.

한국산업(주)
종합경영능력 평가

(해당하는 등급에 * 표시가 되어 있고 회사평가점수는 A~E에 따라 점수 가 아래와 같이 10~3.5로 구성)

평가 검토항목	10 A	8.5 B	6.5 C	4.5 D	3.5 E
제품의 시장성과 장래성		*			
회사의 지명도와 경쟁력		*			
제품의 제품력과 경쟁력		*			
영업력과 마케팅				*	
경영자의 경영능력					*
R&D의 인력과 기술력			*		
생산성과 품질			*		
수익력과 자금력				*	
고용의 유연성과 인재성	*				
비전과 기업문화	*				
	20	25.5	13	9	3.5
평가등급(점수)	C	71			

*범례: 92 점 이상 : A(최우수), 85점 이상 : B(우수), 65점 이상:C(보통), 45점 이상:D(부족), 45점 미만:E(아주부족)

Chapter 05 금융기관 신용평가표

신용평가 항목별 평점은 입력된 재무제표의 기본정보 자료를 기준으로 시스템 프로그램에서 자동으로 작성되어 신용등급 판정이 이루어진다. 시스템 프로그램을 이용 못할 경우에는 아래의 신용평가표를 수기로 입력하여 신용평가와 등급 판정을 수작업으로 해석해 나갈 수도 있다.

한국산업(주)
금융기관의 신용평가표

오른쪽의 옅은파랑색 평점란에 해당되는 점수를 입력하세요.

구분	평가요소	A		B		C		D		E		2016	5년간 평균	5년후
유동성	유동비율	4	150%~	3	125%~150%	2.5	100%~125%	2	75%~100%	1	75% 미만	3	4	4
	부채상환계수	4	80%~	3	50%~80%	2.5	30%~50%	2	20%~30%	1	20% 미만	3	4	4
	자기자본회전율	4	10회~	3	5회~10회	2.5	3.3회~5회	2	2.5회~3.3회	1	2.5회미만	2	2	2
안정성	자기자본비율	4	40%~	3	30%~40%	2.5	20%~30%	2	15%~20%	1	15% 미만	4	4	4
	차입금의존도	4	30% 미만	3	30%~45% 미만	2.5	45%~60% 미만	2	65%~75% 미만	1	75% 이상	4	4	4
	이익잉여금율	4	5%~	3	4%~5%	2.5	3%~4%	2	1%~3%	1	1% 미만	4	4	4
	유동부채비율	4	100% 미만	3	100%~250미만	2.5	250%~400미만	2	400%~500미만	1	500% 이상	3	4	4
수익성	매출영업이익률	4	12%~	3	8%~12%	2.5	5%~8%	2	3%~5%	1	3% 미만	2.5	3	4
	매출금융비율	3	3% 미만	2.5	3%~4% 미만	2	4%~6% 미만	1.5	6%~10% 미만	1	10% 이상	3	3	3
	총자산경상이익률	3	5%~	2.5	3%~5%	2	1.5%~3%	1.5	0.5%~1.5%	1	0.5% 미만	3	3	3
	이자보상 비율	4	400%~	3	300%~400%	2.5	200%~300%	2	100%~200%	1	100% 미만	4	4	4
	자기자본순이익률	3	12%~	2.5	8%~12%	2	5%~8%	1.5	3%~5%	1	3% 미만	2.5	3	3
활동성	매출증가율	4	30%~	3	20%~30%	2.5	10%~20%	2	5%~10%	1	5% 미만	2.5	2.5	2.5
	총자본회전율	4	1.5회~	3	1회~1.5회	2.5	0.8회~1회	2	0.6회~0.8회	1	0.6회 미만	3	4	4
	영업자산회전율	4	5회~	3	4회~5회	2.5	3회~4회	2	2회~3회	1	1년 미만	2.5	2.5	2.5
현금성	EBITDA/단기차입금율	4	100%~	3	75%~100%	2.5	50%~75%	2	25%~50%	1	25%미만	3	3	4
	순현금흐름/총부채	4	20%~	3	15%~20%	2.5	10%~15%	2	5%~10%	1	0.5% 미만	3	4	4
	자기자본금	4	15억 원~	3	8~15억 원	2.5	3~8억 원	2	0.5~30억 원	1	0.5억 원미만	3	4	4
	경영능력	6	92점이상	4.5	85점이상	3	65점이상	1.5	45점이상	1	45점미만	4.5	4.5	4.5
	제품력	5	80점이상	4	70점이상	3	60점이상	2	50점이상	1	50점미만	5	5	5
	성공 유망성	5	80점이상	4	70점이상	3	60점이상	2	50점이상	1	50점미만	3	3	3
	회사창업이력(년)	5	15년~	4	10년~15년	3	5년~10년	2	3년~5년	1	3년미만	4	5	5
	노사관계(이직율)	5	1% 미만	4	1%~5%	3	5%~10%	2	10%~20%	1	20% 이상	3	3	3
	기업형태	5	상장 (4)	4	등록(3)	3	외감 (2)	2	기타 (1)	1		3	3	3
종합평점		100										77.5	84.5	87.5
등급												B	A	A

Note

재무제표에 의거하여 자동으로 작성되는 금융기관 신용평가표이다.

등급 산정은 A: 80점 이상, B: 65점 이상, C: 50점 이상, D: 40점 이상, E: 40점 미만임.
기업 세부평가등급은 AAA~A:85점 이상, BBB~B:70점 이상, CCC~C:50점 이상, D:40점 이상, E:40점 미만임.

세부평가 등급	BB	BBB	A
부도 및 채무연체 가능성	25.0%	9.0%	2.5%

회사의 5년간 평균 신용등급은 A등급이며 점수는 84.5점이고 세부평가 등급은 BBB등급으로서 연체가능성은 9%로 추정된다.

Chapter 06 기업공개(IPO) 신용평가표

신용평가 항목별 평점은 입력된 재무제표 자료와 필요 정보자료로 작성되는 것이나 시스템 프로그램에서 자동으로 작성되어 신용등급 판정이 이루어진다. 아래의 신용평가표를 수기로 입력 혹은 평점을 표시하여 신용평가와 등급 판정을 별도로 할 수도 있다.

한국산업(주)
기업공개기준 신용평가표

구분	평가 요소		A		B		C		D	회사 평점
환경 조사	설립 경과연수	x	10년 이상		7년 이상		5년 이상		5년 미만	5
	매출액 성장률	x	50%~		30%~49%		15%~29%		15% 미만	5
	배당률	x	30%~		25%~29%		20%~24%		20% 미만	5
	종업원 임금수준	x	동업계 수준30% 이상		동업계수준15% 이상		동업계 수준 15%미만		동업계 수준 이하	5
	소계									20
신용 조사	경영자 동업계 경력	x	10년 이상		7년 이상		5년 이상		5년 미만	5
	경영성적	x	최근 3년간 흑자		최근 2년간 흑자		최근 2년 중 1회 흑자		최근 2년간 적자	5
	경영자 사회적평가	x	업계지도자급		양호		보통		그 외	5
	연체 및 대불사실	x	최근 2년간 없음		최근 1년간 없음		최근 1개월 이내 있음		최근 1개월 이상 있음	5
	부도발생사실	x	최근 4년간 없음		최근 3년간 없음		최근 3년 중 있음		최근 2년 중 있음	15
	법인세 결정	x	신고세액의 110% 내		신고세액의 120% 내		신고세액의 130% 내		신고세액의 130% 초과	5
	담보 및 보증제공	x	없음		자기자본10% 이내		자기자본금 20% 이내		자기자본금 20% 초과	5
	클레임발생		없음		자기자본10% 이내		자기자본금 20% 이내	x	자기자본금 20% 초과	2
	주요 분쟁 사실	x	최근 2년간 없음		자기자본10% 이내		자기자본금 20% 이내		자기자본금 20% 초과	5
	은행차입 규모	x	2.5배 초과		2.5배 이하		1.5배 이하		1.5배 미만	5
	소계									45
재무상황	차입금 의존도		50% 이하	x	100%~51%		200%~101%		200% 초과	4
	부채비율		100% 이하		200%~101%	x	300%~201%		300% 초과	3
	당좌비율	x	동업계비율 30% 이상		동업계비율 15%이상		동업계비율 상회		동업계비율 하회	5
	재고자산회전율		동업계비율 30% 이상		동업계비율 15% 이상		동업계비율 상회	x	동업계비율 하회	2
	소계									14
종합평점										91
등급										A

Note
1. 신용평가 항목은 총 18개이며 항목당 5점이나 부도발생사실 항목은 신용에 미치는 영향력이 크기에 15점으로 산정되어 합계 100점 만점으로 계산된다.
2. 시스템에서 자동으로 작성되지 않기에 해당되는 곳에 수작업으로 "x"를 입력하여야 한다.

등급 산정은 A: 80점 이상, B: 65점 이상, C: 50점 이상, D: 40점 이상, E: 40점 미만임.
기업 세부평가등급은 AAA~A:85점 이상, BBB~B:70점 이상, CCC~C:50점 이상, D:40점 이상, E:40점 미만임.

세부평가 등급	AA
부도 및 채무연체 가능성	1.0%

회사의 평균 신용등급은 A등급이며 점수는 91점이고 세부평가 등급은 AA등급으로 평가되었다.

회사채 금융등급 추정표

회사채 금융등급 추정표는 아래의 색깔이 있는 칸에 요구되는 기본정보를 입력하면 회사채의 신용등급과 추정 회사채 이자율을 간단히 산출할 수 있는 시스템 프로그램이다.

회사채 금융등급 추정표

기업규모를 입력하세요	2 (대기업이면 1, 중소기업이면 2)
이자와 세전손익(EBIT)를 입력하세요.	200,000
지급이자를 입력하세요.	50,000
장기 국공채 이율을 입력하세요.	2.00%

산출물

이자보상비율	4.00
추정 사채발행 신용등급	BBB
추정 스피리드 레이트(Spread Rate)	1.50%
추정 장기차입금 이자율	3.50%

Note

입력 요령

1. 기업규모에는 대기업 혹은 중소기업을 선택하여 해당 번호를 입력한다.
2. 이자와 세금 전 손익(EBIT)를 입력한다.
3. 지급이자액을 입력한다.
4. 장기국공채 이자율을 입력한다.

Chapter 07 신용평가 보고서

신용평가보고서는 아래의 보고서에 있는 평가대상에서 보고서종류를 선택하면 해당보고서가 시스템 프로그램에서 자동으로 작성해 준다.

1) 금융기관 신용평가표

No. 14565

금융기관의 신용평가표 보고서

피평가업체명	한국산업㈜	대표자	김수동
업종	제조 생산	평가대상	금융기관의 신용평가표
소재지	경기도 안산시 대부동 안상공단 23-5	평가자	홍길동
피평가업체 연락처	010-2546-5258	일자	2014.5.6

평가내역	평가등급 및 평가액	평가의견
금융기관의 신용평가표	아래의 금융등급을 참조	
5년간평균 세부평가 등급	BBB등급이며 종합평점은 84.5점	부도 및 채무연체 가능성은 9%이다.
2016년도 세부평가 등급	B등급이며 종합평점은 77.5점	부도 및 채무연체 가능성은 25%이다.
5년후 세부평가 등급	A등급이며 종합평점은 87.5점	부도 및 채무연체 가능성은 2.5%이다.

▶ 피평가업체 요약표	별첨	
▶ 기타 필요서류 보고서	별첨	
▶ 기타 필요서류	별첨	

1. 주요 결정요인

2. 등급 결정근거

3. 분석내용

4. 평가기준 및 평가방법

한국기업가치평가연구소

* 상기 보고서의 공란은 평가자가 자신의 의견을 피력하기 위한 공간임.

2) 기업공개기준 신용평가표

No. 14565

기업공개기준 신용평가표 보고서

피평가업체명	한국산업㈜	대표자	김수동
업종	제조 생산	평가대상	기업공개기준 신용평가표
소재지	경기도 안산시 대부동 안상공단 23-5	평가자	홍길동
피평가업체 연락처	010-2546-5258	일자	2014.5.6

단위: 천 원

평가내역	평가등급 및 평가액	평가의견
기업공개기준 신용평가표	아래의 금융등급 참조	
2016년도 세부평가 등급	AA등급이며 종합평점은 91점	
부도 및 채무연체 가능성	1%	

▶ 피평가업체 요약표	별첨	
▶ 기업공개기준 신용평가표	별첨	
▶ 기타 필요서류	별첨	

1. 주요 결정요인

2. 등급 결정근거

3. 분석내용

4. 평가기준 및 평가방법

한국기업가치평가연구소

* 상기 보고서의 공란은 평가자가 자신의 의견을 피력하기 위한 공간임.

3) 회사채 금융등급 추정표

No. 14565

회사채 금융등급 추정표 보고서

피평가업체명	한국산업㈜	대표자	김수동
업종	제조 생산	평가대상	회사채 금융등급 추정표
소재지	경기도 안산시 대부동 안상공단 23-5	평가자	홍길동
피평가업체 연락처	010-2546-5258	일자	2014.5.6

평가내역	평가등급 및 평가액	평가의견
회사채 금융등급 추정표	아래의 금융등급을 참조	
이자보상비율	4배수	수익이 이자비용에 대한 보상배수
추정 사채발행 신용등급	BBB	테이블에 의한 사채발행등급
추정 스피리드 레이트(Spread Rate)	1.5%	테이블에 의한 스피리드율 설정
추정 장기차입금 이자율	3.5%	국공채이율 + 추정스피리드 율

▶ 피평가업체 요약표	별첨	
▶ 회사채 금융등급 추정표	별첨	
▶ 기타 필요서류	별첨	

1. 주요 결정요인

2. 등급 결정근거

3. 분석내용

4. 평가기준 및 평가방법

한국기업가치평가연구소

* 상기 보고서의 공란은 평가자가 자신의 의견을 피력하기 위한 공간임.

PART 09

공정가치평가
Fair Value Assessment

- **Chapter 01** 공정가치(Fair Value)
- **Chapter 02** 공정가치와 평가(Fair Value & Valuation)
- **Chapter 03** 공정가치와 무형자산(Fair Value & Intangible Assets)

Chapter 01 공정가치

공정가치라는 개념은 회계학적으로 가치평가의 중심에 있다. 본 장은 회계학에서 다루는 공정가치에 대하여 그 이론과 공정가치 산출방법 및 실례를 살펴보기로 하자.

현행 한국 회계기준(KGAAP)은 객관성과 보수주의에 기반을 둔 원가주의를 채택하고 있다. 그러나 2011년 한국 국제회계기준(KIFRS-Korea International Financial Reporting Standards)이 도입됨으로 인하여 자산과 부채의 원가기준 모델에서 공정가치를 기반으로 한 평가 내지 재평가 모델이 소개되고 점차적으로 확산되고 있다.

모든 자산과 부채에 대하여 광범위하게 적용되는 공정가치를 본 서의 한 파트(Part)로 할당된 지면으로는 모두 설명할 수 없지만 그 핵심만 간결히 정리하여 공정가치평가의 이론과 실제를 요약하고자 한다.

1) 공정가치란 무엇인가

한국 국제평가기준(KIFRS)에서는 공정가치를 "해당 자산이 시장에서 충분한 기간 공개된 후, 합리적 판단력과 거래의사가 있는 독립된 당사자 사이의 거래에서 자산과 부채가 교환되거나 결재될 수 있는 현 상황의 금액"이라고 하며 일반적 의미로서의 공정가치는 거래에 있어서 특정당사자에 대해 공정한 가격을 말한다.

공정가치는 지분이전(share transfer) 및 기업결합(business combinations)에서 흔히 사용되며 여기에서는 두 거래 당사자 사이에 있을 수 있는 특별한 시너지효과가 반영되어 공정가치가 형성되는 것이다.

그 외에 현행비용(Current Cost), 재생산비용(Reproduction Cost), 대체비용(Replacement

Cost), 순 실현 가능가치(Net Realizable Value), 기업체에 대한 사용가치(Value in Use to the Entity) 등이 공정가치에서 사용되는 개념들이다.

2) 공정가치와 시장가치

한국국제회계기준(KIFRS)에서는 평가 및 재평가모형을 선택하는 경우 공정가치를 제안하고 있는데, 이제껏 재평가 시는 일반적으로 시장가치를 기준으로 자산을 평가하고 있어 시장가치와 공정가치의 미묘한 차이가 무엇인지 알아 보자.

시장가치란 자유로운 상태에서 수요와 공급에 의한 적절한 시장활동 하에 자발적인 매수자와 매도자사이에서 평가시점에 매매하거나 교환할 것을 추계하는 금액이다. 이는 시장의 집단적인 인식과 행동을 반영한 것이며, 시장경제에서 대부분의 자산평가의 기준이 되어 왔다. (시장가치개념은 공통적으로 매매비용이나 세금을 차감하지 않는 가격)

시장가치와 공정가치는 다음과 같은 점에서 차이가 있다.

1) 공정가치는 그 거래로부터 획득할 수 있는 이점(시너지 효과) 또는 불리 점을 반영하는 두 특정 당사자 사이에 공정한 가격을 의미하나 시장가치는 평가시점 현재 특정당사자(specific party)가 기꺼이 거래한다고 가정하는 경우에만 실현 가능한 가치이다.
2) 시장가치는 공정가치와 달리 가격이 양쪽 당사자에게 공정(fair)한 것이기를 요구하지 않는다. 이것은 단지 시장참여자가 일반적으로 결정 가능한 가격일 뿐이다.
3) 공정가치는 시장가치보다 광의의 개념이다. 두 당사자 사이에 공정한 가격은 일반시장에서 획득 가능한 가격과 같을 수 있지만, 시장가치에서 제외되어야 하는 사항들을 공정가치의 평가에서는 고려하는 경우가 있다.
4) 공정가치와 시장가치는 유사한 개념이지만 동의어(synonymous)는 아니다. 공정가치는 일반적으로 재무제표에서 가치를 보고하기 위해 사용된다. 자산의 시장가치가 설정될 수 있는 경우라면, 시장가치는 공정가치와 같을 수 있다.

회계에서 재평가나 평가는 공정가치(Fair Value)를 보고하는 것이지 시장가치가 아니다. 시장가치와 공정가치의 평가차이가 클 경우는 그 가치가 공정가치의 정의를 만족시키는지 여부를 언급할 필요가 있다.

3) 공정가치와 회계

현행 회계기준은 원가주의에 근거를 하고 있지만 한국국제회계기준(KIFRS)에서는 자산과 부채에 대하여 공정가치개념을 도입하였다. 따라서 회계에 관련된 일반적인 공정가치개념을 정리하면 아래와 같다. 그러나 공정가치가 허용되었다 하더라도 아직까지 많은 기업이 공정가치의 신뢰성 부족과 평가기관의 전문성 및 평가비용에 대한 부담으로 인하여 원가주의를 채택하고 있다.

1) 재고자산: 표준원가가 실제원가와 유사한 경우는 표준원가 사용한다.
2) 유형자산: 원가모형이나 재평가모형을 통하여 공정가치를 회계정책을 선택할 수 있다.
3) 투자 부동산: 원가모형이나 재평가모형을 통하여 매년 보고 기간 말에 시장상황을 반영한 공정가치를 표시할 수 있다.
4) 무형자산: M&A 시 구분 혹은 식별 가능한 무형자산은 영업권에서 분리하여 무형자산 공정가치로 평가한다.
5) 영업권: 무형자산으로 분리되지 못하는 영업권은 감가상각을 하지 않는다.
6) 금융자산.금융부채:일정한 조건이 충족 시는 공정가치로 평가한다.
7) 매각예정 비 유동자산: 감가상각을 중단하며 순 공정가치와 장부금액 중 적은 금액으로 측정한다.
8) 퇴직급여부채: 보험수리적 방법으로 예측급여 추정하여 반영한다.
9) 보험부채: 현행시장 이자율을 반영하여 평가 가능하다.

한국 회계기준으로는 모든 자산과 부채 등을 취득 또는 발생일자의 원가로 기록한다. 그러나 한국국제회계기준(KIFRS)에 따라 공정가치를 도입하면 현재시점에서 재평가를 할 수 있어 부동산(토지)나 주식 등이 많은 기업은 자산이 증가하게 되고 영업권은 상각비용을 계상하지 않아도 되는 효과가 있다.

예를 들어보면, K㈜는 2008년 초에 용인에서 10억 원을 주고 토지를 구입하였는데 2009년도에 도시계획으로 인하여 토지값이 16억 원으로 상승했고 회사는 2011년 말에 19억 원을 받고 토지를 매각하였을 경우 매각이익은 한국 회계기준이나, 한국국제회계기준(KIFRS) 모두 9억 원의 이익이 발생하나 한국국제회계기준(IFRS)의 공정가치법은 기존회계와 달리 2009년부터 토지를 16억 원으로 재평가하여 회사의 신용 및 재무제표가 많이 양호되게 표시할 수 있는 혜택을 누릴 수 있게 된다.

Y그룹은 H마트를 인수하면서 높은 인수금액으로 인하여 영업권이 과다 발생하였다. 2011년 유진 그룹은 회사를 상장하면서 한국회계기준을 한국국제회계기준(KIFRS)으로 변경하면서 영업권은 상각 처리하지 않아도 되기 때문에 이제껏 해오던 상각비용은 순이익으로 전환되고 영업권 자산은 그래도 유지 할 수가 있어 회사의 신용과 재무상태가 괄목할 만큼 호전되는 계기가 될 수 있었다.

물론 상기의 예는 국제회계기준(IFRS)의 우호적인 측면을 제시하였지만 상대적으로 불리한 회계측면도 많이 있음을 밝혀둔다.

4) 공정가치와 M&A

인수합병시의 공정가치는 취득가격에 근거를 둘 수밖에 없다. 관건은 인수가격(취득가격)이며 그로 인해 발생되는 영업권이 얼마가 되는지 파악해 보는 것이 중요하다. 왜냐하면 식별이 구체적으로 구분되고 인식 가능한 것은 영업권에서 제외시켜야 하기 때문이다. 그러기 위해서는 1) 취득일을 결정하고, 2) 취득자산을 식별하여야 하며, 3) 자산과 부채를 정확하게 인식하여야 한다.

공정가치와 평가

1) 공정가치평가

공정가치평가란 현행 시장 상황에서 시장 참여자 사이에 이루어지는 자산 혹은 부채를 이전하거나 매도하는 정상거래에서의 합리적인 가격을 추정함으로써 시장 참여자에게 기준을 제공해 주는 것을 말하며 평가방법은 가치평가 바이블인 3가지가 주류를 이루고 있다.

1) 시장접근법에서는 대상 자산과 유사한 거래자료를 수집·검증한 후, 하나 또는 그 이상의 비교단위를 선택하여 이를 분석하고 차이를 조정 한다.
2) 수익접근법에서는 검증을 거친 수집자료와 대상 자산의 손익계산서를 분석하여 장래 예상되는 순이익을 가치로 환원한다. 자본환원방식에 국제회계기준과 공정가치평가(직접환원법)와 수익환원법(예, 할인현금흐름 분석법)이 있다.
3) 원가접근법에서는 대상 자산의 취득비용과 동일한 효용을 가진 자산의 취득비용 그리고 소요되는 비용 등으로 가치를 산정한 후, 다양한 요인의 감가상각액(물리적 노후화, 기능적 진부화, 경제적 진부화)을 공제하여 최종가치를 산출한다.

2) 시장접근법을 적용한 공정가치 산출 사례

다음은 공정가치평가에 대한 실제적인 공정가치 산출사례를 통하여 평가 산출과정을 공부해 본다. A사가 보유하고 있는 50톤 프레스기를 시장접근법을 적용하여 공정가치를 산출하고 그 과정과 절차를 알아보자.

내용	단위: 천원
	기본정보
프레스 50톤 구입가격	200,000
현재 보유한 프레스 경과연수(년)	10
내용연수(년)	20
조사된 경과연수에 따른 시장가격률	시장가격 율 참조
경과연수(년) 10년의 시장가격	46.5%
공정가치평가	93,000

*상기 표의 파랑색란에만 기본정보를 입력한다.

경과연수(년)	시장가격 율
3	85%
5	80%
5	75%
6	68%
7	60%
7	50%
9	46%
9	42%
12	38%
15	35%
15	32%
18	25%
24	17%

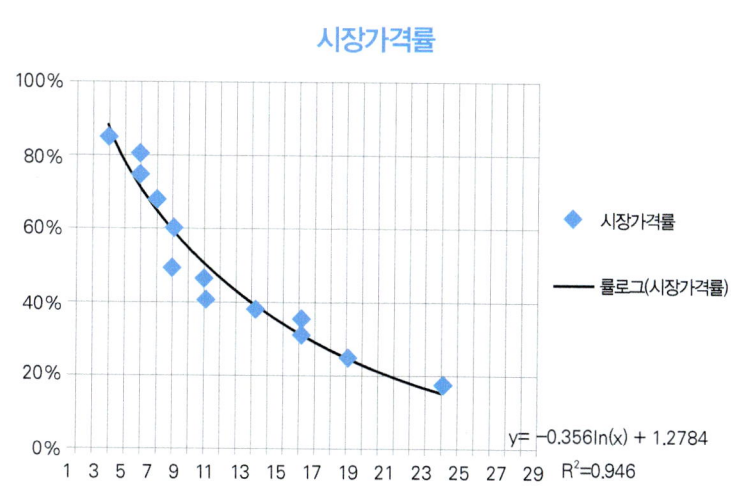

시장에서의 유사거래 시장조사에 의하여 프레스 50톤 경과연수에 따른 시장가격 율을 조사하여 상기와 같이 경과연수에 따른 시장가격율표를 작성하고 이를 기준자료로 하여 시장가격률 산포도 도표를 만든다. (도표 만드는 방법은 엑셀에서 분산형 도표를 선택하면 도표가 자동으로 생성된다.)

Note
- R^2가 1에 가까울 수록 최적화된 함수를 의미한다.
- 50톤 프레스의 경과연수 10년에 해당하는 시장가격은 46.5%에 해당하고 공정가치 평가액은 93백만 원이 된다.

3) 유형자산을 원가접근법을 적용한 공정가치 산출 사례

B사가 보유하고 있는 50톤 규모의 프레스기 을 원가법을 적용하여 공정가치를 산출하고 그 과정을 산출공식대로 알아보자.

	단위: 천원
내용	기본정보
기계 종류	프레스기 50톤
1. 경과연도(년)	8
2. 구입가격	80,000
3. 감가상각방법	정액법
4. 내용연수(년)	20
5. 잔존가치	8,000
6. 잔존가치율	10%
7. 신 기계 시중가격(동일 모델)	120,000
8. 구 기계 분당 프레스능력(회수)	25
9. 신 기계 분당 프레스능력(회수)	30

10. 비교 산출된 신기계가 =신기계 시중구입가 x (구기계 능력/신기계능력)^0.6	107,565

A. 동일 신 기계 기준 공정가치 산출 =신기계 시중가격 x (1−((경과연수)*(1−잔존가치율) /내용연수)) =7*(1−(1*(1−6)/4)	76,800

B. 유사한 신 기계 공정가치 산출공식 =비교산출된 신기계가 x (1−((경과연수)*(1−잔존가치율) /내용연수)) =10*(1−(1*(1−6)/4)	68,842

C. 공정가치를 산출 하는 데는 1) 물가인상을 반영시켜 주거나, 2) 현재 기계의 물리적 손상을 반영시켜 주거나, 그리고 3) 경제적 진부화 등의 손실을 추가로 반영시켜 공정가치를 산출하기도 한다.
이러할 때는 상기의 공정가치 산출방법에 이어서 아래의 공식을 추가로 반영시켜 곱하여 주면 된다.
1) 물가인상 율 반영 시=취득 시 물가지수/현재물가지수
2) 물리적 손상 시=경과내용연수 X (1−물리적 손상률)/내용연수(년)
3) 경제적 진부화 반영 시=(1− (현재능력/가용능력))^0.6

*상기 표의 파랑색란에만 기본정보를 입력한다.

4) 고정자산 외상매입 시 공정가치 산출 사례

C사는 D로부터 3년 연불 지급조건으로 건물을 매입하고 매년 이자는 지급한다. 매입 건물의 공정가치 산출과 회계처리를 알아보자.

	단위: 천원
내용	기본정보
구입시기	2014년 1월 1일
구입가격	100,000
연불기간(년)	3
이자율	5%
연 이자 지급액	5,000
내재 할인률	10%

1. 장부상 구입가격(구입가+총 이자)	115,000

2. 구입 건물 현재가치	75,131
(건물 현재가치=구입가격/(1+할인률)^연불기간)	
3. 지급이자	15,000
(연 이자액 x 연불기간(년))	
4. 이자 지급액 현재가치	12,434
(매년 지급이자/(1+할인률)^연불기간) 합계액	
5. 건물 공정가치액 (2+4)	87,566
6. 장부상 구입가격과 공정가치액 차이	27,434

공정가치 법 회계처리	
5. 공정가치 액	87,566
3. 지급이자	15,000
4. 현재가치 할인차금(6-3)	12,434
1. 공정가치 구입가격 (5+3+4)	115,000

*상기 표의 파랑색란에만 기본정보를 입력한다.

5) 고정자산 재평가 법을 적용한 공정가치 산출 사례

E사는 천안 근교에 자가 소유 공장이 있다. 인근지역에 주택이 들어서고 땅값이 올라 재평가를 하고자 한다.

주택지로 전환할 경우는 토지의 시장가격이 500,000천 원이 된다. 공정가치는 얼마가 될까?

	단위: 천원
계정과목 내용	장부가
1. 공장건물	80,000
2. 토지(100평)	200,000
3. 합계(1+2)	280,000

주택지 전환시 재평가 가격	
4. 토지 시중가격	500,000
5. 시중가격과 장부가격 차이(4-3)	220,000

공정가치 법 회계처리	
1. 공장 건물	80,000
6. 토지(2+5)	420,000
7. 공정가치 합계(1+6)	500,000

*상기 표의 파랑색란에만 기본정보를 입력한다.

Chapter 03 공정가치와 무형자산

공정가치 평가는 모든 자산과 부채에 모두 적용되는 것이지만 본 장에서는 실체가 눈에 보이지 않는 무형자산에 대한 평가가 주요한 이슈로 부상하게 됨에 따라 여기서는 무형자산의 공정가치평가에 대하여 전반적으로 조명하고자 한다.

1) 무형자산의 정의

무형자산이란 물리적 실체는 없지만 기업에 경제적 효익을 제공할 수 있는 과학적, 기술적 지식, 새로운 공정이나 시스템의 설계, 라이선스, 지적재산권, 상표(브랜드)등의 비화폐성 자산을 말하며 대부분 분리되어 구분인식이 가능하고 법적 권리와 지적 자산의 권리도 가진다.
그러나 시장에 대한 일반적인 지식이나 차별화된 경영과 기술적 재능 그리고 고객의 충성도 등 구분되고 이전될 수 없이 전체적으로 뭉텅 그려 수익창출에 기여할 수 있는 것은 영업권으로 인식 하여야한다.

2) 무형자산과 영업권차이

영업권이란 자체 내에서 생성된 것을 스스로 인정하는 것이 아니고 취득에 의한 것만 인정한다. 취득 시에 피 취득자의 순자산 장부금액을 초과하여 지불된 것 중에서 공정가치부분에 해당되는 값을 영업권으로 인식하게 된다. 그러나 과대평가 혹은 시너지 효과 등의 다양한 의미를 고려한다면 영업권으로 인식하는 데는 논쟁이 있을 수 있다.
무형자산과 영업권을 간단히 구분하는 요령은 무형자산이 구체적으로 한정되거나 구분 및 식별가능하고 내용연수가 한정되어 있는 반면 영업권은 구체적으로 분리할 수가 없고 내용연수도 비 한정적인 것이 특징을 가지고 있으며 한국국제회계기준(KIFRS)하에서는 감가상각을 하지 않는다.

3) 무형자산의 종류

무형자산은 너무 다양하여 다소 모호하거나 모두 표기할 수 없는 어려움이 있지만 일반적으로 아래와 같이 4종류로 대별하는 게 통설이다.
1. 마케팅관련 무형자산: 상표(브랜드), 도매인 등
2. 고객관련: 고객 주문잔고, 고객명단, 충성고객 분석표 등
3. 문화 예술관련: 기업문화, 영화, 비디오, 연극 등
4. 계약관련: 운영권, 건축인가, 고용계약, 대리점 및 판권계약 등

4) 무형자산의 평가

무형자산(Intangible Assets)의 가치평가란 만질 수도 없고 눈에 보이지 않는 비화폐성 자산을 경제적 가치로 평가하여 화폐액을 표시하는 것이 무형자산의 가치평가라고 하며, 무형자산의 공정가치평가라는 것은 시장참여자가 경제적 효익을 창출하기 위하여 해당 자산을 최고최선으로 사용하거나 혹은 최고최선으로 사용할 다른 시장참여자에게 해당 자산을 이전 혹은 매도하는 시장참여자의 능력을 고려하여 평가하여야 한다고 한국국제회계기준(KIFRS)에서는 제안하고 있다.

5) 무형자산의 평가목적

평가가 필요한 이유는 1) 보고목적, 2) 거래목적, 3)기타목적이 있기 때문이며 특히 특허, 실용신안, 디자인, 상표와 관련된 무형자산의 소송과 법적 보호 등이 부각된다
1) 공정가치평가와 재무회계목적
2) 무형자산 매매, M&A, 라이선스 등 거래목적
3) 담보와 소송 및 법적 보호목적

6) 무형자산 가치평가 방법

무형자산의 가치평가 방법은 일반적으로 통용되는 평가방법 분류에 따라, 1) 시장접근법, 2) 수익접근법, 3) 원가법, 4)실물옵션 법, 5)로열티 법, 6)기타 법 등으로 분류되며 각 가치평가 기법의 방법론과 내용은 본 서의 각 장에서 이미 설명되어 있으니 참고하면 된다.

그러나 유의하여야 할 것은 1) 이론적 관점에서 합당하여야 하고 2) 매 회계연도마다 지속적으로 적용 가능하여야 하며 3) 새로운 정보에 따라 평가결과의 갱신이 용이하여야 할 뿐 아니라 선택된 평가기법을 사용한 근거와 방법의 실제 적용이 용이하고 명확하게 하는 것을 잊지 말아야 한다.

7) 무형자산 가치평가 고려사항

무형자산의 가치평가에 필히 준비하고 고려하여야 할 사항은 아래의 8가지이다.
1. 무형자산의 잔존 경제적 내용연수 혹은 잔존 법정 내용연수
2. 무형자산의 수익창출능력
3. 무형자산의 성격과 연혁
4. 무형자산에 영향을 줄 수 있는 경제전망
5. 무형자산 소유권에 대한 과거 매매연혁
6. 대체투자 안에 대한 수익률과 시장자료
7. 유사 무형자산 또는 권의 취득관련 시장가격
8. 무형자산과 관련된 과거 재무제표.

8) 무형자산 평가와 관련법률

한국국제회계기준(KIFRS)에 의하면 무형자산은 공정가치로 평가되어야 한다고 했다. 따라서 무형자산 평가관련 법적 근거와 법률은 무엇이 있나 참고해 보자.

지식재산 기본법: 평가기법, 평가체계 그리고 평가관련 인력양성에 관한 것이다.

벤처기업육성에 관한 특별조치법: 대통령령으로 정하는 기술평가기관이 산업재산권 등의 가격을 평가한 경우 그 평가 내용은 「상법」 제299조의2와 제422조에 따라 공인된 감정인이 감정한 것으로 본다(제6조 2항).

기술의 이전 및 사업화 촉진에 관한 법률 대통령령으로 정하는 기관으로 하여금 기술이전·사업화 촉진사업의 기획·관리 및 평가에 관한 업무를 대행하게 할 수 있다(제15조 3항). 기술거래사, 변호사, 변리사, 공인회계사, 감정평가사, 기술사 자격을 취득한 사람으로 기술평가사업에 종사할 수 있는 전문가 3명 이상을 둔 경우 기술평가기관으로 지정한다(법 시행령 제32조).

발명진흥법: 산업재산권의 경제적 가치 및 기술적 우수성을 가액(價額)·등급 또는 점수 등으로 평가하는 산업재산권 서비스업의 업무(제2조 9호)에 대해 규정하였고, 기술성·사업성 평가를 전문적으로 수행하는 기관을 발명의 평가기관으로 지정(제28조 1항, 시행령 제12조)하는 것을 규정하고 있다.

동산·채권 등의 담보에 관한 법률: 지식재산권을 담보로 활용하기 위한 담보목적물에 대한 가치평가

관세법: 제30조(과세가격 결정의 원칙) 제1항 4호, 시행령 제19조(권리사용료의 산출) 1항과 2항에 특허권, 실용신안권, 디자인권, 상표권 및 이와 유사한 권리를 사용하는 대가로 지급하는 것으로서 대통령령으로 정하는 바에 따라 과세가격결정

상속세법 및 증여세법: 법 제64조(무체재산권의 가액), 시행령 59조(무체재산권의 평가), 시행규칙 19조(무체재산권 등의 평가)에 평가규정

9) 무형자산 평가와 평가주체

한국에는 공인회계사, 감정사, 기술사, 경영지도사, 세무사, 변호사 등 여러 전문가의 집단이 있지만 누가 무형자산 평가의 평가주체가 되어야 하는지는 법률이나 관련기관 혹은 업무에서 명시하고 있지 않다. 일반적인 평가업무에 관여해온 회계사는 주로 과거의 회계기록을 중심으로 분석하고 평가하는데 익숙하여 있고 감정사는 부동산에 대한 현시점의 평가와 자산 감정에 치중되어 있으며 기술사, 경영지도사, 변호사등 전문가들은 개인차에 따라 다르지만 평가에 대한 전문지식과 경험이 부족한 실정이다.

특히 무형자산이란 현재를 기반으로 미래의 수익과 성장동력을 가져오는 미래중심의 자산이기에 그 누구도 적합한 평가주체라고 언급할 수가 없게 되어있다. 현재 법률적으로 국가 자격증을 선점하고 있는 회계사, 감정사 그리고 변호사라는 집단의 법률적 우월의식으로 안주하고 있지만 부단한 연구와 전문적인 지식으로 발전시켜 새로운 평가주체가 새로이 태어나야 한다.

필자는 본 서를 집필과 함께 가치평가 시스템 프로그램을 개발하면서 무형자산 평가를 포함한 가치평가부문을 새로이 독립시켜 전문가 그룹으로 양성할 것을 제안한다. 이는 한국 산업의 발전과 미래동력을 활성화시키고 국제화로 진일보할 수 있는 기회라고 사료되며 가치평가사 제도는 민간자격에서 국가자격으로 승격하여야 타당할 것이다.

APPENDIX

시스템 프로그램
System program

Chapter 01 기업가치평가 시스템 프로그램(valuation)
Chapter 02 기술가치평가 시스템 프로그램(techvalue)
Chapter 03 엔젤&벤처투자 가치평가 프로그램(venturevalue)
Chapter 04 저작권 가치평가 시스템 프로그램(copyright)
Chapter 05 투자 포트폴리오(Portfolio) 작성 프로그램(invporfolio)
Chapter 06 브랜드 가치평가와 영업권 평가 시스템 프로그램(brandv)
Chapter 07 제품 포트폴리오와 제품력 평가시스템 프로그램(productportfolio)
Chapter 08 신용평가 자가진단 시스템 프로그램(credit2)
참고 중장기 사업계획 시스템 프로그램(BPM)

본 책자가 구성하고 있는 9장(Part1~Part 9)의 각 가치평가 툴들과 사업계획 툴이 각 기 시스템 프로그램으로 개발되어 가치평가 도구상자(Valuation Tool Box) 안에 넣어져 있다.

각 가치평가 시스템 프로그램이 가지고 있는 특성은 아래와 같으며 첨부된 각 프로그램 표지를 참고 하시기 바란다.

1. 각 시스템 프로그램은 모두가 쉽게 접근하고 사용할 수 있도록 엑셀로 만들어져 있다.
2. 각 시스템 프로그램은 다국적 언어(한국어, 영어, 중국어)가 가능하며 선택만 하면 프로그램이 자동으로 선택된 언어버전으로 전환되게 설계되어 있다. (본 부록에서는 다국적언어 기능을 탑재하지 않았음)
3. 각 시스템 프로그램은 30개의 프로젝트나, 평가대상 혹은 시나리오별로 저장할 수 있고 향후 필요 시 불러낼 수 있는 저장과 복구기능을 가지고 있어 유용하게 사용할 수 있다.
4. 각 시스템 프로그램은 보안을 위해 사용자명 등록과 유효기간이 정하여져 있어 등록된 사용자 외에는 사용이 불가능하게 되어 있다.
5. 본 서는 가치평가의 이론과 실제를 제시하고 또한 시스템 프로그램의 Documentation 으로서 사용 Manual이 된다.
6. 각 시스템 프로그램은 http://cafe.daum.net/ceopeter 에서 유료로 다운로드받을 수 있으며 필요한 시기에 유지보수 및 업그레이드 판을 제공한다.

사용자의 피드백은 언제나 환영하며 고견은 업그레이드 시에 반영할 것이다. 필요한 분이나 요청에 의하여 다국적 언어기능 프로그램, 고객맞춤(Customization) 그리고 교육 서비스를 제공한다.

첨부 각 시스템 프로그램 표지

Chapter 01 기업가치평가 시스템 프로그램(valuation)

기업가치평가 시스템 프로그램

Korean(한국어)   **English(영문)**   **Chinese(중문)**

Please Select One of Language Version:

한국M&A거래소 지음

가치평가와 투자비법
Valuation & Investment Secret

기업가치평가는 가치경영의 일환이자 측도이며
이해관계자에게는 신뢰와 믿음을 주고
기업에게는 자신감으로 위기관리능력을 높이는 효과가 있다

- 기업가치평가학 이론
- 피평가업체 요약 입력
- 피평가업체 요약표
- 기업가치평가를 위한 기본정보 입력
- 본질적 기업가치평가
- DCF 가치평가
- EBITDA 가치평가
- 청산가치평가
- 가치평가 보고서
- 저장과 복구

ceopeter@daum.net
http://cafe.daum.net/ceopeter 에서 다운로드받을 수 있습니다.

Chapter 02 기술가치평가 시스템 프로그램(techvalue)

기술가치평가 시스템 프로그램

Korean(한국어)   English(영문)   Chinese(중문)

Please Select One of Language Version:

기업가치평가는 가치경영의 일환이자 척도이며
이해관계자에게는 신뢰와 믿음을 주고
기업에게는 자신감으로 위기관리능력을 높이는 효과가 있다

가치평가와 투자비법

한국M&A거래소 지음

Valuation & Investment Secret

- 기술가치평가학 이론
- 피평가업체 요약 입력
- 피평가업체 요약표
- 가치평가를 위한 기본정보 입력
- 가치평가를 위한 현금흐름표
- 기술가치 예비평가
- 기술사업화 타당성 평가
- 수익법 기술가치평가
- 원가법 기술가치평가
- 로열티법 기술가치평가
- 시장법 기술가치평가
- 수익법 기술가치평가 보고서
- 원가법 기술가치평가 보고서
- 로열티법 기술가치평가 보고서
- 시장법 기술가치평가 보고서
- 저장과 복구

ceopeter@daum.net
http://cafe.daum.net/ceopeter 에서 다운로드받을 수 있습니다.

Chapter 03 엔젤&벤처투자 가치평가 프로그램(venturevalue)

엔젤&벤처투자 가치평가 프로그램

Korean(한국어)   **English(영문)**   **Chinese(중문)**

Please Select One of Language Version:

기업가치평가는 가치경영의 일환이자 측도이며
이해관계자에게는 신뢰와 믿음을 주고
기업에게는 자신감으로 위기관리능력을 높이는 효과가 있다

가치평가와 투자비법

한국M&A거래소 지음

Valuation & Investment Secret

- 엔젤 및 벤처투자 가치평가학 이론
- 피 평가업체(평가대상) 요약 입력
- 피 평가업체(평가대상) 요약표
- 엔젤 및 벤처투자기업 성공가능성 입력
- 엔젤 및 벤처투자기업 성공가능성 분석표
- 엔젤 및 벤처투자 기본정보 입력
- 엔젤 및 벤처투자 가치평가표 Ⅰ
- 엔젤 및 벤처투자 비계량적 기본정보 입력
- 엔젤 및 벤처투자 비계량적 가치평가표 Ⅱ
- 엔젤 및 벤처투자 단계별투자 정보입력
- 엔젤 및 벤처투자 단계별투자 가치평가표 Ⅲ
- 스타트업(Startup) 평가 기본정보 입력
- 스타트업(Startup) 가치평가표
- 가치평가 보고서
- 저장과 복구

ceopeter@daum.net
http://cafe.daum.net/ceopeter 에서 다운로드받을 수 있습니다.

Chapter 04 저작권 가치평가 시스템 프로그램(copyright)

저작권 가치평가 시스템 프로그램

Korean(한국어)　　**English(영문)**　　**Chinese(중문)**

Please Select One of Language Version:

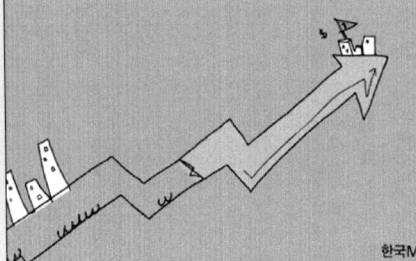

기업가치평가는 가치경영의 일환이자 측도이며
이해관계자에게는 신뢰와 믿음을 주고
기업에게는 자신감으로 위기관리능력을 높이는 효과가 있다

가치평가와 투자비법
한국M&A거래소 지음
Valuation & Investment Secret

- 저작권 평가학 이론 ▶
- 피평가업체 요약표 입력 ▶
- 피평가업체 요약표 ▶
- 저작권 가치평가 입력 ▶
- 저작물 평가표 1 ▶
- 저작물 평가표(로열티법) 2 ▶
- 저작물 가치평가 보고서 ▶
- 저장과 복구

ceopeter@daum.net
http://cafe.daum.net/ceopeter 에서 다운로드받을 수 있습니다.

Chapter 05 투자 포트폴리오 작성 프로그램(invporfolio)

투자 포트폴리오(Portfolio) 작성 프로그램

Please Select One of Language Version:
Korean(한국어) **English(영문)** **Chinese(중문)**

기업가치평가는 가치경영의 일환이자 측도이며
이해관계자에게는 신뢰와 믿음을 주고
기업에게는 자신감으로 위기관리능력을 높이는 효과가 있다

한국M&A거래소 지음

가치평가와 투자비법

Valuation & Investment Secret

- 투자 포트폴리오(Portpolio)학 이론 ➡
- 투자 포트폴리오 입력하기 ➡
- 투자 포트폴리오 표준표 ➡
- 투자 포트폴리오 실적분석표 ➡
- 포트폴리오 투자분석 판단표 ➡
- 투자 포트폴리오 보고서 ➡
- 저장과 복구 ➡

ceopeter@daum.net
http://cafe.daum.net/ceopeter 에서 다운로드받을 수 있습니다.

Chapter 06 브랜드 가치평가와 영업권 평가 시스템 프로그램(brandv)

브랜드 가치평가 시스템 프로그램

Korean(한국어)   English(영문)   Chinese(중문)

Please Select One of Language Version:

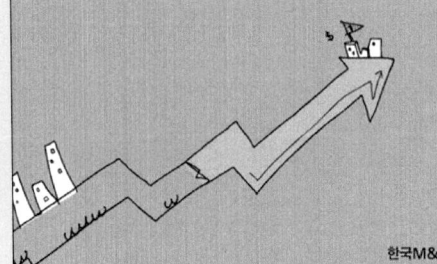

기업가치평가는 가치경영의 일환이자 측도이며
이해관계자에게는 신뢰와 믿음을 주고
기업에게는 자신감으로 위기관리능력을 높이는 효과가 있다

가치평가와 투자비법

한국M&A거래소 지음

Valuation & Investment Secret

- 브랜드 평가학 이론 ➡
- 피평가업체 요약표 입력 ➡
- 피평가업체 요약표 ➡
- 브랜드 가치평가 입력 ➡
- 브랜드 가치평가표 ➡
- 영업권 가치평가표 ➡
- 브랜드 및 영업권 가치평가 보고서 ➡
- 저장과 복구

ceopeter@daum.net
http://cafe.daum.net/ceopeter 에서 다운로드받을 수 있습니다.

Chapter 07 제품 포트폴리오와 제품력 평가시스템 프로그램(productportfolio)

제품 포트폴리오 평가분석(BCG Analysis)

Korean(한국어)   **English(영문)**   **Chinese(중문)**

Please Select One of Language Version:

기업가치평가는 가치경영의 일환이자 척도이며
이해관계자에게는 신뢰와 믿음을 주고
기업에게는 자신감으로 위기관리능력을 높이는 효과가 있다

가치평가와 투자비법

한국M&A거래소 지음

Valuation & Investment Secret

- 제품 포트폴리오학 이론
- 피평가업체 요약 입력
- 피평가업체 요약표
- 제품 포트폴리오 입력
- 제품력 분석입력
- 포트폴리오 분석(BGC) 도표
- 제품력 평가 도표
- 제품력 가치평가 보고서
- 저장과 복구

ceopeter@daum.net
http://cafe.daum.net/ceopeter 에서 다운로드받을 수 있습니다.

Chapter 08 신용평가 자가진단 시스템 프로그램(credit2)

신용평가 자가진단 시스템

Korean(한국어)   English(영문)   Chinese(중문)

Please Select One of Language Version:

가치평가와 투자비법
한국M&A거래소 지음
Valuation & Investment Secret

- 신용평가학 이론
- 피평가업체 요약표 입력
- 피평가업체 요약표
- 신용평가 기본정보 입력
- 기업경영분석비율표
- 종합경영능력 평가표
- 금융기관 신용평가 프로그램
- 기업공개(IPO) 신용평가 프로그램
- 금융등급 추정프로그램
- 신용평가 보고서
- 저장과 복구

ceopeter@daum.net
http://cafe.daum.net/ceopeter 에서 다운로드받을 수 있습니다.

참고 **중장기 사업계획 시스템프로그램(BPM)**

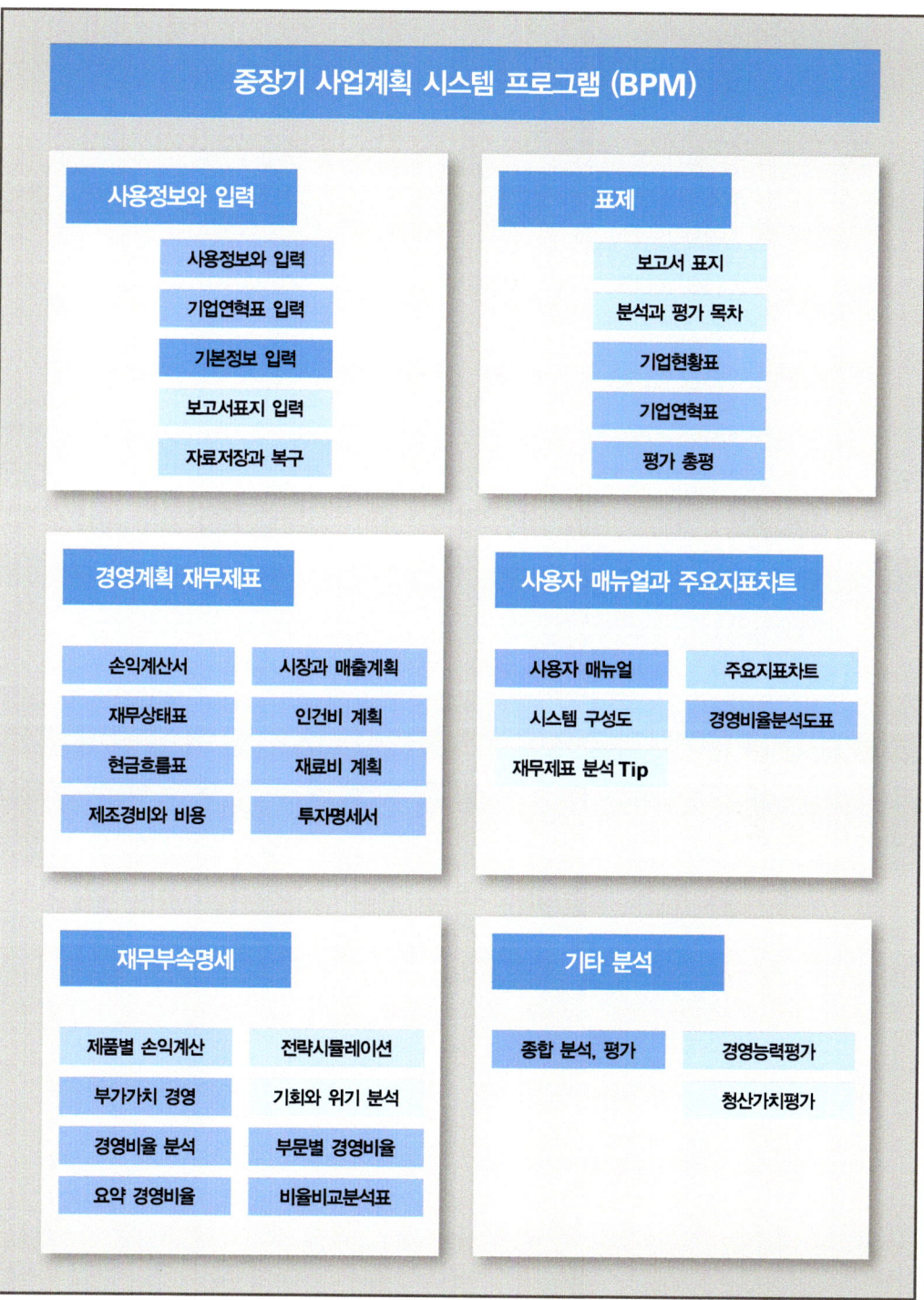